交渉
ケースブック

LEGAL NEGOTIATION

太田　勝造
野村　美明　編

商事法務

　　　　　　　は　し　が　き

　経済のグローバル化や自由化が進み、各国経済が相互に依存し合う度合いが増えるにつれて、国家や企業が友好的な交渉でものごとを決める機会がますます増加している。国内でも、金融、教育、司法サービスなど、規制産業の代表とされた分野で自由化が進展し、交渉可能な領域が飛躍的に増大してきた。今までなら「談合」のように仲間内で交渉すればよかったものが、いまや市民や投資家や株主の目を気にしながら、公共の場での交渉が求められる時代になったのである。

　日本では、かつて「日本人は交渉下手だ」というような議論が幅をきかしたことがあった。交渉下手なのは、「日本人は論理が苦手だからだ」とか、はなはだしいのは「日本語が論理的ではないからだ」という記述が、交渉の入門書と銘売った書物にも見られた。このような記述は、自分の著書を買わせるためのセールストークならいざしらず、「日本人」や「下手」や「論理」という言葉の定義を曖昧にした、論理的に不正確な表現だといえる。

　他方、交渉研究の蓄積がすすみ、学問的に正確な交渉学の書物も相当数出版されている。しかし、外国語の専門用語がそのまま使ってあったり、カタカナ表記になっていたりで、交渉に関心のある法律家や企業人からは、実際に使えないという批判があった。最近ようやく「法律家による法律家のための」優れた交渉学の書物が著されるようになったが、今度は法律を専門としない人や法律の初学者には取っつきにくいものとなっている。

　この本は、大学教員、弁護士、裁判官、外交官および企業人の筆になるものであり、教員と法曹からなる３年に及ぶ共同研究の成果である。この本の特徴は、次の３点をめざしたところにある。①専門が異なる読者が理解できること、②交渉の教育と学習のための教材として利用できること、③学問的な正確さと誠実さを維持すること。この目標を達成するために、「この本の

使い方」で説明したようなさまざまな工夫をした。

　この本は、おそらく日本で初めての本格的な交渉の教科書である。本書の目標と工夫をうまく機能させるためには、交渉の教育方法と教材に関するさらなる研究が必要なことはいうまでもない。読者のフィードバックを期待するゆえんである。

　この本のもととなった共同研究「実践的交渉教育普及のための戦略研究」は、財団法人日弁連法務研究財団の助成を受けた。財団事務局の大村芙美枝弁護士には共同研究会の運営とこの本の作成にあたって、熱心なサポートとアドバイスをいただいた。編者一同、心からの感謝を捧げたい。また、共同研究の発案者である久保田隆早稲田大学法務研究科助教授は、原稿の整理から校正作業まで献身的にお手伝い下さった。ここに記して感謝の意を表したい。

　　　　　　　　　　　　　　　編集代表　太田勝造・野村美明

●編集委員会（五十順、☆は編集代表）

☆太田　勝造
　大村芙美枝
　柏木　　昇
　久保田　隆
　豊田　愛祥
☆野村　美明
　ダニエル・H・フット

●執筆者（五十音順）

大澤　恒夫（おおさわ・つねお）	弁護士
太田　勝造（おおた・しょうぞう）	東京大学教授
大村　扶美枝（おおむら・ふみえ）	弁護士
奥村　哲史（おくむら・てつし）	滋賀大学教授
柏木　　昇（かしわぎ・のぼる）	中央大学教授
草野　芳郎（くさの・よしろう）	広島高等裁判所判事
久保田　隆（くぼた・たかし）	早稲田大学助教授
小林　昭生（こばやし・あきお）	デュポン株式会社代表取締役社長
佐藤　安信（さとう・やすのぶ）	東京大学教授
佐野　利男（さの・としお）	外務省
澤田　壽夫（さわだ・としお）	上智大学名誉教授・弁護士
茅野　みつる（ちの・みつる）	伊藤忠商事株式会社法務部
豊田　愛祥（とよだ・よしなか）	弁護士
中村　達也（なかむら・たつや）	国士舘大学教授／日本商事仲裁協会

西潟　眞澄（にしかた・ますみ）	株式会社マネジメントリソウシス代表取締役社長
野村　美明（のむら・よしあき）	大阪大学教授
ダニエル・H・フット（Daniel H. Foote）	東京大学教授
宮川　眞喜雄（みやがわ・まきお）	外務省／財団法人日本国際問題研究所所長
森下　哲朗（もりした・てつお）	上智大学助教授

（協力者）

早川　眞一郎（はやかわ・しんいちろう）東京大学教授

太田勝造ゼミ生

〔1999年〕畑中綾子（はたなか・りょうこ）

〔2000年〕川部清憲（かわべ・きよのり），木村吉博（きむら・よしひろ），佐久間央（さくま・ひさし），若松裕章（わかまつ・ひろあき）

〔2001年〕服部映里（はっとり・えり），山本美沙子（やまもと・みさこ）

この本の使い方

　この本は3つの目標を持っている。第1に、専門が異なる読者が理解できること、第2に交渉の教育と学習のための教材として利用できること、第3に学問的な正確さと誠実さを維持すること。これらの目標を達成するために、第1編理論編と第2編実践編にわけて、理論と実践の橋渡しを試みた。

　理論編では交渉に関する重要なテーマについて、小論文による正確な説明を行っている。各論文では、重要な概念を易しく説明し、さらに進んだ学習ができるように脚注に補足説明や参考文献を掲げた。また、各論文のはじめに論文が交渉の学習にあたってどのようなねらいを持っているかを示し、論文のあとには教室での議論や進んだ学習に利用するために、《コメントと問題》および《キーワード》を付した。

　実践編では、著者たちの実際の交渉経験や授業経験に基づくさまざまな模擬的な交渉事例を掲げた。英語による交渉の練習のための教材も含まれている。模擬事例の冒頭には《このケースのねらい》をおき、それぞれのケースでどのような理論的、実際的なポイントを押さえるべきかの例を示すとともに、授業での参考になるように、《交渉の進め方》のヒントを掲げた。

　学習効果を高めるために、理論編・実践編を通じて詳しい相互参照（⇨）を付している。この本の最後には、理論編、実践編を通じた「索引」をつけた。

　模擬事例の一部には、交渉の一方当事者のみが知っておくべき「秘密情報」を利用するものがある。そこで、この本には教師用のCDを作成し、「秘密情報」の一部を教師の指導のもとに利用できるようにし、さらに本体をコンパクトにするために、収め切れなかった模擬交渉事例もCDに収録することにした（[→CD]）（⇨教員用CDの入手方法）。

教員用 CD の入手方法

つぎの事項を記載の上、下記まで郵便または電子メールでご連絡下さい。おり返し詳細をご返事いたします。

記載事項：①氏名、②大学等所属機関、③担当科目（該当する場合）、④使用目的、⑤送付先（所属機関の住所）、⑥連絡先（所属機関の電話番号、電子メールアドレス等）

連 絡 先：『交渉教育支援センター』
〒560-0043
大阪府豊中市待兼山町1-31
大阪大学大学院国際公共政策研究科（OSIPP）
「交渉教育支援センター」
http//www.osipp.osaka-u.ac.jp/Nego/index.html
E-mail negocenter@osipp.osaka-u.ac.jp
Tel 06-6850-5629

読者からのフィードバック

本書についてのご意見ご感想は，下記までお寄せ下さい。
http//www.osipp.osaka-u.ac.jp/nego/index.html
e-mail negocenter@osipp.osaka-u.ac.jp

本書の研究に対しては、平成13～16年度科学研究費補助金「国際取引契約交渉の日米比較」（基盤研究(B)(2)13420012　研究代表者ダニエル・フット）および平成15～16年度民事紛争処理研究基金「国際契約における紛争解決条項と交渉のダイナミズム——ケース・スタディ」（研究代表者野村美明）の補助を受けた。

目　次

第1編　理　論　編

第1章　交渉と教育 … 3

第1　交渉理論の教育と交渉スキルの訓練 … 3
1　交渉について教育や訓練をすることができるか？ … 3
2　理由(a)　知識は力なり … 5
3　理由(b)　交渉の要諦は準備にあり … 7
4　理由(c)　多様な交渉パタンの体得の重要性 … 8
5　理由(d)　交渉の訓練や教育の目的レベル … 10
6　おわりに：善く生きるための交渉 … 11

第2　交渉の授業モデル
　　　　——テンプル・ロー・スクール東京校 … 13
1　授業の目的 … 13
2　教員と受講者の構成 … 14
3　授業の進め方 … 15
4　クラスルーム・ディスカッション … 15
5　模擬交渉 … 16
6　評　価 … 17

第3　交渉の授業モデル——東京大学法学部の場合 … 20
1　概　要 … 20

目　次

　　2　文献資料分析フェイズ……………………………………………21
　　3　交渉シミュレーション・フェイズ………………………………22
　　4　シミュレーション自作……………………………………………23
　　5　合宿ディベート……………………………………………………24
第4　ドラフティングの授業モデル……………………………………26
　　1　交渉とドラフティング……………………………………………26
　　2　ドラフティングの授業モデル……………………………………30
第5　交渉をどう評価するか……………………………………………37
　　1　能力評価（competency assessment）
　　　　　──外交交渉からのヒント……………………………………37
　　2　交渉のコツ──ビジネス交渉からのヒント……………………43
第6　インターカレッジ・ネゴシエーション・
　　　コンペティション…………………………………………………48
　　1　はじめに……………………………………………………………48
　　2　インターカレッジ・ネゴシエーション・コンペティションの
　　　概要…………………………………………………………………49
　　3　第2回大会の問題と結果…………………………………………51
　　4　交渉教育と交渉コンペティション………………………………54
第7　ネゴシエーション・コンペティションの
　　　評価基準とコメント………………………………………………57
　　1　論理性・柔軟性……………………………………………………58
　　2　相手との意思疎通…………………………………………………59
　　3　合　意………………………………………………………………59
　　4　チームワーク………………………………………………………59
　　5　事前準備……………………………………………………………60
　　　　　ラウンドB　評価票フォーム…………………………………61

目　次

第2章　交渉の基本原理………………………………66
第1　交渉のパターンと分類………………………………66
1　交渉状況による分類………………………………66
2　交渉過程による分類………………………………70
3　交渉当事者や案件の数による分類………………72
第2　ハーバード流交渉法と交渉力………………………73
1　ソフト型かハード型か……………………………73
2　原則立脚型交渉方法論と交渉理論………………75
3　原則立脚型交渉方法の特徴………………………77
4　原則立脚型交渉法のポイントと交渉力…………79
第3　上手な交渉・下手な交渉——プロセス・結果：win-winは実在するか………………………………88
1　上手な交渉・下手な交渉…………………………88
2　交渉のプロセスと文化……………………………91
3　win-winは実在するか……………………………93
第4　カリエールの交渉原理………………………………97
1　はじめに……………………………………………97
2　カリエールの交渉観………………………………97
3　交渉家の素質について……………………………98
4　交渉の方法について………………………………99
5　ま と め……………………………………………99
第5　交渉における異文化コミュニケーション…………102
1　交渉における文化の意味…………………………102
2　交渉の対象における異文化………………………104
3　交渉のプロセスにおける文化……………………105
4　異文化理解は交渉の鍵：第三の文化創造の可能性………108

目　次

第6　交渉における倫理……………………………………………110
　1　違法な交渉……………………………………………………110
　2　倫理に反する交渉……………………………………………111
　3　武器としての倫理……………………………………………115

第3章　交　渉　技　法……………………………………………118

第1　交渉戦略論……………………………………………………118
　1　は じ め に……………………………………………………118
　2　紛争解決交渉における交渉戦略……………………………119
　3　戦略的思考法の重要性………………………………………119
　4　戦争の原則……………………………………………………120
　5　兵力集中の原則………………………………………………122
　6　リデル・ハートの戦争の8原則……………………………123

第2　交渉の準備……………………………………………………125
　1　一般的な注意点………………………………………………126
　2　準備の項目……………………………………………………127

第3　交渉のゲーム論………………………………………………135
　1　「ゲーム」としての交渉……………………………………135
　2　対立競争的交渉戦略と協調協力的交渉戦略のゲーム論………135
　3　コミットメント………………………………………………137
　4　タイプ・シグナル……………………………………………140
　5　長い付き合い…………………………………………………144
　6　お わ り に……………………………………………………146
　　《コラム：初球はボールで》………………………………148

第4　説得とコミュニケーション…………………………………149
　1　コミュニケーションの構造…………………………………149
　2　コミュニケーション・モデル………………………………149

		目　次

　　3　コミュニケーション・モデルからの交渉への示唆……………152
　　4　コミュニケーション・モデルと説得技法…………………………154
　　5　おわりに………………………………………………………………159
第5　認知心理と異文化間交渉………………………………………………161
　　1　交渉者の認知心理……………………………………………………161
　　2　異文化間交渉…………………………………………………………166
第6　ディベートと交渉………………………………………………………172
　　1　ディベートと交渉とは異なった言語技術である……………………172
　　2　日常生活におけるディベートと交渉………………………………172
　　3　日本社会におけるディベート………………………………………174
　　4　言語技術の使い分け…………………………………………………176
第7　外　交　交　渉…………………………………………………………180
　　1　政府間の交渉…………………………………………………………180
　　2　2国間交渉と多数国間交渉…………………………………………180
　　3　秘密交渉と公開交渉…………………………………………………181
　　4　交渉における力学（政府の交渉だけに限られない）………………182
　　5　交渉する場合の法律知識の有用性と不可欠性……………………182
　　6　交渉における文書作成の意義………………………………………183
　　7　交渉における彼我の利益の差の認識………………………………183
　　8　交渉における時間の要素……………………………………………184
　　9　議会との関係…………………………………………………………185
　　10　世論と外交交渉………………………………………………………186
　　11　交渉官の素質…………………………………………………………187
　　12　交渉官の交渉権能の確認……………………………………………188
第8　組織における意思決定手続の違いと交渉……………………………190
　　1　日本の大企業の意思決定システム（稟議システム）………………190
　　2　日本の大企業の意思決定システムが交渉に及ぼす影響……………194

目　次

第9　法の活用と危機管理 …………………………………… 198
　　1　法の活用 ……………………………………………………… 198
　　2　危機管理ノウハウの活用 …………………………………… 202
第10　代理人交渉 …………………………………………………… 207
　　1　はじめに ……………………………………………………… 207
　　2　外交官の場合 ………………………………………………… 207
　　3　労働組合の指導者の場合 …………………………………… 209
　　4　弁護士の場合 ………………………………………………… 210

第4章　紛争解決のシステムと交渉 ………………… 214

第1　訴訟と交渉 …………………………………………………… 214
　　1　訴訟を梃子にした交渉 ……………………………………… 214
　　2　紛争解決交渉で考慮する要因 ……………………………… 215
　　3　交渉による解決とミニ・マックス戦略 …………………… 216
　　4　交渉の姿勢と「しっぺ返し戦略」 ………………………… 217
　　5　しっぺ返し戦略と原則立脚型交渉 ………………………… 218
　　6　交渉と訴訟に関連する諸制度 ……………………………… 219
　　7　UFJ グループの経営統合交渉をめぐる事件 ……………… 221
第2　訴訟上の和解と交渉 ………………………………………… 228
　　1　訴訟上の和解の意義および特色 …………………………… 228
　　2　訴訟上の和解についての裁判官の意識の変化 …………… 228
　　3　和解運営の理念的モデル（交渉中心型と心証中心型） ……… 230
　　4　和解交渉の基本原理 ………………………………………… 232
　　5　和解交渉の具体的技術 ……………………………………… 233
第3　国際ビジネス紛争解決手段としての建設的仲調
　　と交渉 ………………………………………………………… 236
　　1　国際的紛争解決手法の分類 ………………………………… 236

　　　　　　　　　　　　　　　　　　　　　　　目　次

　2　調仲、仲調と建設的仲調 …………………………………………238
　3　仲調の例 ……………………………………………………………239
　4　建設的仲調と交渉 …………………………………………………241
第4　国際仲裁事件の仲裁手続 ………………………………………244
　1　はじめに ……………………………………………………………244
　2　仲裁手続の開始 ……………………………………………………245
　3　仲裁人の選任 ………………………………………………………246
　4　審　理　手　続 ……………………………………………………247
　5　仲　裁　判　断 ……………………………………………………249

目　次

第 2 編　実　践　編

第 1 章　交　渉 …………………………………………………… 255

《交渉の基礎》
1．分割案提案ゲーム ………………………………………… 255
2．社会的ジレンマ実験 ……………………………………… 257
3．ラクダの背中にて ………………………………………… 259
4．鉛筆販売ゲーム …………………………………………… 261

《市民生活・民事・家事・行政事件》
5．製造物責任紛争シミュレーション（コタツ事件）…… 263
6．美容整形手術の失敗（エステ事件）…………………… 265
7．家電顧客サービス事例 …………………………………… 267
8．一人暮らしの老女に対する貸室返還交渉 ……………… 270
9．反権力交渉 ………………………………………………… 271
10．夫婦財産契約ケース ……………………………………… 274
11．渉外離婚調停実施要領 …………………………………… 277
　　《コラム：愛情による譲歩は小出しに》………………… 282
12．土地区画ゲーム …………………………………………… 283

《ビジネス・商事事件・国際・労働含む》
13．サブライセンス契約（フランチャイズ）交渉 ………… 284
14．同族会社の事業継承 ……………………………………… 287
15．会社の株式をめぐって …………………………………… 289
16．労使間の賃金交渉 ………………………………………… 290

17．肝疾患による長期療養と解雇 ………………………………… 291
《英語でビジネス交渉をしよう》
　　18．企業買収の事例 ………………………………………………… 293
　　19．合弁企業、特許ライセンスの事例 …………………………… 293

第2章　訴訟・ADR………………………………………… 294

《ADR》
　　20．シミュレーション「事実と真実」(ゴルフシャフト破損事件)… 294
　　21．調停型シミュレーション ……………………………………… 297
　　22．調停「料理店賃貸借紛争」…………………………………… 298
　　23．「杉の木隣人紛争」……………………………………………… 300
　　24．農薬合弁会社株式買取事件 …………………………………… 302
《訴訟》
　　25．家庭ごみ集積場所事件 ………………………………………… 304
　　26．訴訟上の和解交渉事例（土地訴訟）………………………… 305
《資料》
　　1．ブルウェアリズム（Boulwareism）についての判決の概要… 306
　　2．デューディリジェンスとは …………………………………… 306
　　3．企業買収の基礎知識 …………………………………………… 306
　　4．M&Aの4騎士　米国での買収に伴うリスクの予知と予防… 307

第1編　理 論 編

第1章　交渉と教育

第1　交渉理論の教育と交渉スキルの訓練(*)

―《この論文のねらい》――――――――――――――――――――
　交渉の理論やスキルを教育し訓練するとはどういうことかを、その可能性も含めて検討する。学生諸君は、本稿を読むことで、交渉の理論やスキルを学習することの目的と意義を自覚した上で、本書全体を学ぶことができるようになるであろう（⇨第1編第1章第2・第3）。

1　交渉について**教育や訓練**をすることができるか？

　多くの実務家は、交渉を教育したり訓練しようとすることはいわば「定義矛盾」であるという考え方の方により多くのシンパシーを抱いているように思われる。実務家からみれば、「交渉理論」という「座学」は「畳の上の水練」にすぎず、「交渉スキル」は交渉実践の中で「体得」するしかないものである。そして、「交渉センス」は生まれつきのものである。

　しかし、私個人としては、交渉理論の教育や交渉スキルの訓練の可能性について、もう少しポジティブにみている。なぜなら、交渉スキルのような実践的スキルは、交渉者の人格や人間性が大きな要素であり、教わって修得するような種類のものではないという実務家の意見が半分の真実しかいいえていないように思われるからである。もちろん、交渉教育や交渉訓練に対する

――――――――――
(*)　本稿は、人田勝造「交渉の教育と訓練：『法律実務家のスキルとしての交渉』を読んで」『判例タイムズ』、1044号43〜47頁（2000年）に加筆修正を施したものである。

第1章　交渉と教育

実務家の懐疑的態度が、「自惚れ」の裏返しでしかない「自負」の表出であるなどといっているのではない。教育・学習というものの本質の問題をいっているのである。われわれは、ものごとの知識を暗記することだけで学んでいるのではない。みずから考え、先人の発明や創造を追体験することによって学んでいるのである。教育とはソクラテスの「産婆術」のように、みずから考えみずから発見し、それを記憶する過程である学習に対して、契機としても触媒としても働きかけるものであり、学習にとって必要不可欠である。

　確かに水泳程度のスキルであれば、「センス」のよい人は、水に投げ込まれただけで一応の程度泳げるようにはなる。そこには流体力学の理論はもちろん不要であるのみならず、水泳理論も要らないであろう。しかし、第1にそのようなセンスのよい人でも、より速くより遠くまで泳げるようになるには訓練が必要であり、その訓練は我流では足りず、理論にもとづいた専門家の指導が必要である。第2に、センスがそれほどではない普通の人は泳ぎ方を指導してもらう必要がある。泳げるようになる過程や水泳上達の過程は、理屈や理論を教わり、みずから試してみて「なるほど」と発見して理解を本当のものとし、頭にも体にも覚えさせる過程である。この過程において、水泳理論の教育や水泳スキルの訓練が不可能であるという者はいないであろう。

　水泳以上に知的活動である交渉においてはこのことはさらに当てはまる。交渉は教えてもらって習うようなものではない、という交渉者も、みずからの成功した経験や失敗した経験から学んでいるのであり、さらに、種々の交渉事例を研究したり、ほかの交渉者を参考にしているものである。経験に学ぶこと自体、何らかの理論なしには考えられない。反省して新たな試みをするということ自体、シミュレーションの実践にほかならない。この意味において、交渉理論の教育や交渉スキルの訓練は可能であるのみならず必要でもあると考えるのである。

　以下ではより具体的に、交渉理論や交渉スキルの教育や訓練が可能であるのみならず、重要であると私が考える理由を説明してゆくことにしよう。

2　理由(a)　知識は力なり

　私が交渉の訓練や教育に対して、多くの実務家よりも積極的評価をしている理由の第1は、「知識は力なり」という点である。

　交渉術の最もラジカルな究極的形態は「洗脳（brain washing）」や「マインド・コントロール」であろうが、カルトのリーダーがどのような「技法」を用いるものであるかを知っている者と、そのような知識のない者とでは、洗脳やマインド・コントロールに対する「免疫性」ないし「耐性」がまったく異なるであろう。

　洗脳の技法には、①心理的抵抗の少ない小さな譲歩による段階的コミットメントを繰り返させて、最終的にはある特定のドグマや信条を確信させる（法学教育にも類似の側面があるのかも知れない──「リーガル・マインドコントロール」と揶揄する法学生もいる）、②集団討議の中で自己批判や相互批判をさせて、徐々に既存の信条や常識、そして自我を崩壊に導き、その上で特定の考え方を刷り込む（法学の演習や、今はやりの「ソクラテス・メソッド」にも類似の側面があるのかもしれない）、③何日も眠らせないで考え続けさせ、疲労させると（大声を出させたり、ヨガや運動を強制して眠らせない）、大脳が疲弊してきてついには朦朧状態の恍惚感へ至るので、そこで特定のドグマや信条を刷り込む、④外部の社会や物理世界から遮断し、非日常の環境世界を構築して心理的に「ハイの状態」を導き（③の技法なども使う）、批判的選択能力を弱めておいて特定のドグマや信条を刷り込む、⑤覚せい剤や麻薬などの脳に作用する薬物を用いて朦朧状態の恍惚感を人為的に作り出して、特定のドグマや信条を刷り込むなど、さまざまな方法が報告されている[1]。

　このような「手口」を知っていれば、「本当の自分を発見しませんか」などと路上で美男美女に勧誘されてついて行っても、洗脳される確率は、何も知

---

(1) 苫米地英人『洗脳原論』（春秋社、2000年）、藤井康宏『洗脳ごっこ：洗脳する人される人』（毎日新聞社、1999年）、米本和広『教祖逮捕』（宝島社、2000年）など参照。

らない者より低いであろうことは明らかであろう。まして、朦朧状態になってきたとき、算数の簡単な計算等をすると洗脳に耐えることができやすくなる、などの知識があればなおさらである。

　通常の交渉において上記の洗脳技術がそのまま使われることはまれではあろうが、豪華絢爛な交渉会場を設定するとか、多数のサクラで取り囲むようにして集団の圧力をかけるとか[2]、タバコの煙だらけの会議室で徹夜で長時間の交渉を強いるなどの技法は、洗脳技術と通じるものがある。営業担当者の「セールス・トーク」やテレビのコマーシャルをよくみれば、洗脳技術と同様の技法がさまざまにちりばめられていることがすぐに気づかれる。このような技術を知っているかいないかで、対応の仕方がまったく異なるであろう。

　交渉とは相手に対する説得の相互作用であるから、説得術は交渉術に通じる。よく知られた説得の技法[3]には、人々が心理的に一貫性を保持しようとする性向があることを利用して、小さな依頼を同意させ、だんだんと段階的に大きな依頼をしてゆき、最後には目的である大きな内容の同意を取り付けるというFoot-in-the-Doorと呼ばれる技法がある[4]。アメリカ合衆国での社会心理学実験では、まず安全運転のステッカーを車に貼ってほしいと依頼し、承諾が得られると、さらに庭に交通安全の大きな看板を置かせてくれと依頼した場合、初めから大きな看板を置かせてくれと依頼した場合よりも高い確率で同意が得られている。人々が「義理」を感じると互譲をしてお返しをしようとする性向があることを利用して、まず大きい要求を拒否させて、

---

(2) アッシュ、S.E.（岡村二郎・訳）「集団圧力が判断の修正とゆがみに及ぼす効果」、カートライト、D.＆ザンダー、A.（三隅二不二＆佐々木薫・訳編）『グループ・ダイナミクスⅠ（第二版）』第10章227－240頁（誠信書房、1969年）参照。

(3) 今井芳昭『影響力を解剖する』（福村出版、1996年）、榊博文『説得を科学する』（同文舘、1989年）、チャルディーニ、ロバート『影響力の武器』（誠信書房、1991年）榊博文『説得と影響』（ブレーン出版、2002年）など参照。

(4) 以下はチャルディーニ前掲注(3)による。

つぎに小程度・中程度の依頼へ移って、目的の同意を得るというDoor-in-the-Faceもよく知られている。アメリカ合衆国の社会心理学実験では、2年間週2時間のボランティア活動をまず依頼して拒否させ、翌月のみのボランティアを依頼した方が、初めから翌月のボランティア活動を依頼するより同意が得られやすいという結果が出ている。詐術に近い説得術として、人々が自己の一貫性とコミットメントを重視する性向があることを利用して、まず、利益や特典をつけて応諾させ、上司に叱られたなどの嘘の理由をつけてその利益や特典を取り去るLow-Ballも消費者契約の文脈ではよくみられる。初めに応諾しているので、利益や特典が撤回されてもお詫びをされると、契約破棄はしにくいものである。セールスの技法としては、さらに、人々は相手が自分を対象に説得しようとしていると認識していないときの情報の方を信用する性向を持つことを利用して、展示即売会場などで、正面から論じるより他の客同士（本当はサクラ）の誉めことばを「漏れ聞かせる」という技法も知られている[5]。これらの説得の技法を知っているかいないかで、同意するか否か、騙されるか否かの確率は大きく異なることは明らかであろう。

3　理由(b)　交渉の要諦は準備にあり

　私が交渉の訓練や教育に対して、多くの実務家よりも積極的評価をしている理由の第2は、「交渉の要諦は準備にあり」という点である。そもそも交渉に際してどのような準備をするべきかを知っておくことがまず必要である。

　交渉の教育や訓練とは、単に交渉の場での駆け引きや説得のテクニックや精神の教育や訓練のみではなく、むしろ、交渉の前にどのような点に注意し、どのような内容の準備をするかを教えることでもある。事実と証拠の収集、法的・倫理的側面からの調査、支援者の確保、代理人の選任、費用の調達、他の代替的解決方法の調査など準備段階こそ交渉の最も重要な段階でもあ

---

(5)　榊前掲注(3)参照。

第1章　交渉と教育

る。すなわち、法的交渉に際しては、あらかじめ、法律的にみた自分の側の強みと弱点、判決予測とその損得勘定、非法律的な面（道徳的、経済的その他）での自分の側の強みと弱味、法律的に見た相手側の強みと弱点、非法律的な面での相手側の強みと弱点、自分の側と相手の側について和解できる最低限（BATNA: Best Alternative To a Negotiated Agreement）と妥当な和解と見込める最大限、自分の側の交渉戦術と相手の側に予想される交渉戦術、などについてあらかじめ検討しておくことが重要である。

このような点は、一度教えられれば当たり前のようなことかもしれないが、交渉に際してきちんとこのような準備をしているか否かは、交渉の結果に大きな違いをもたらすであろう。このような点の教育も交渉の教育と訓練の一環である[6]。

また、交渉の準備としてのシミュレーションも重要である。重要な交渉や国際外交交渉に際しては、相手方交渉当事者に発想、考え方、表情、話し方などの諸特徴の似た者を代役として、交渉シミュレーションをあらかじめ行って準備することも現実になされている。たとえば、レーガン大統領が初めてゴルバチョフと会談する際には、当時のソ連側が準備するであろうジョークなどまで想定して、ゴルバチョフ役のマットロックと交渉シミュレーションをして備えていた[7]。

4　理由(c)　多様な交渉パタンの体得の重要性

私が交渉の訓練や教育を積極的に評価する第3の理由は、「多様な交渉パタンを体得することの重要性」である。交渉のような実技的で実践的なスキルは「相手との真剣勝負」だから教育できないという実務家も、テニスや野

---

(6) 法的交渉の準備については太田勝造『民事紛争解決手続論』第3章（信山社、1990）も参照。

(7) Matlock, Jack F. Jr., *Reagan and Gorbachev: How the Cold War Ended*, (Random House、2004)。

球、剣道での「素振り」、あるいは、柔道や空手での「受け身」や「型」の練習の価値を否定はしないであろう。相手との仕合といういわば「真剣勝負」であっても、素振りや型の修得という一種のシミュレーション（相手の協力による「練習」である場合もあれば、相手のいない「シャドー・ボクシング」のようなものである場合もある）で、体の流れや動きのパタンをまさに「体に覚えさせておくこと」は必須である。イメージ・トレイニングがスポーツ訓練で利用されることからみてもこのことはわかろう。

　このパタンの修得の点は交渉の文脈においても妥当する。交渉シミュレーションを実践することで、交渉の流れのさまざまな「典型的パタン」を覚えておくことや、交渉の相手が示すであろうさまざまな反応や反論の種々の「典型的パタン」を身につけること自体が交渉の訓練・教育である。

　そもそも心理学的にみても、「交渉のマインド・セット」ないし交渉における心理的「構え」を身につけておくことは重要である。交渉シミュレーションの経験のない段階では、自己の要求を出すとか、相手の要求に反駁するとかの行為に対して羞恥を感じたり、高めに要求を出すことを悪いことをしているように感じたり、譲歩することが自己の非を認めるようで肯んじ得ないと感じたりするものである。このような心理的抵抗を取り除くのも交渉の教育と訓練であり、交渉に際しての自己の心の動きや相手の心理を理解することは、必ずしも交渉のテクニックや上手さに直結しないかもしれないが、重要なことである。このように、交渉に際しても心の持ち様についての理解を得ることが「交渉のマインド・セット」の修得であり、これはシミュレーションによっても修得できる。

　みずからの交渉経験に学んできた交渉者や、種々の交渉事例研究でみずからの交渉能力を彫琢してきた交渉者は、交渉パタンの「引き出し」をできるだけたくさん準備しておくことの重要性を日々実感しているものである。

第1章　交渉と教育

5　理由(d)　交渉の訓練や教育の目的レベル

　私が交渉の訓練や教育に対して積極的評価をしている理由の最後は、「そもそも交渉の訓練や教育の目的は何か」という点である。

　交渉の訓練や教育の目的は、交渉の達人を養成することでもなければ、すべての人を交渉上手にすることでもなかろう。スポーツの大選手や天才的科学者、大政治家などにだれもがなれるわけではないし、これらの「スーパー・マン」や「スーパー・ウーマン」が教育や訓練のみによって創られたわけでもない。しかし、だからといって、教育や訓練が無意味であることにはならない。交渉の天才についても同様である。交渉の天才を教育や訓練のみで創り出すことはできないであろう。しかし、だからといって、交渉の教育や訓練が無意味だということにならない。教育や訓練を受けなければ、スポーツや科学、政治についてのどんな才能の持ち主も、それを開花させることはできないであろう。同様に、交渉の教育や訓練を受けたことのない者には、建設的な交渉を遂行することが多くの場合にほとんど不可能である。

　交渉の訓練や教育の第一次的な目的は、あくどい交渉者につけこまれることのないだけの知識と、そのような悪い交渉者に対抗できる技術を習得させること、および、一定以上の合理的な交渉ができる程度の知識と技術を修得させることである。これは確かに謙抑的な目的設定ではあるが、高望みをするべきではない。この謙抑的目的を前に、交渉スキルの教育・訓練の可能性に絶望する者はいないであろう。

　市民の訴訟代理人となり、被疑者・被告人の弁護人ともなる法律家の場合も、交渉教育の基本的目的は本質的に同様である。相違点があるとすれば、要求される交渉スキルのレベルが、一般人に対する交渉教育の場合よりも若干高く、かつ要求される交渉倫理の水準も高くなるという点のみである。すなわち、法専門家の場合の交渉教育は、上記の第一次的な目的の達成という基礎の上に、法的知識の交渉文脈への応用力、法的専門分野というドメインに固有の交渉問題を解く能力、および、法専門家の中の辣腕交渉者を向こう

に回しても依頼人に不利益をもたらさない程度の対抗能力を身につけさせることである。

　以上の基礎的事項が交渉教育のめざすものであり、それらを超える交渉理論と交渉スキルの獲得は、交渉者が自己研鑽と、他の優れた交渉者との切磋琢磨を通じて涵養するべきものであり、大学や大学院レベルの交渉教育の目的を超えるものであろう。

6　おわりに：善く生きるための交渉

　交渉理論や交渉スキルというと、騙しのテクニックや駆引き交渉の手練手管などのように、情報コストを高め市場の失敗をもたらす取引費用の源泉であるかのように思い込んでいる実務家も多いようであるが、それは交渉の例外的な病理現象であるにすぎない。社会性動物であるヒト種の個体であるわれわれは、必然的かつ本質的にその存在は他者との相互依存関係にある。したがって、われわれの人生とは、他者との関係を交渉を通じて構築するプロセスにほかならない。よって、交渉理論と交渉スキルを習得することは、他者とのよりよい関係性を構築するための理論とスキルを学ぶことにほかならない。以上から、交渉の教育と訓練の真の究極的目標は、よりよき生活者として「善く生きる」ために必要不可欠な理論とスキルを習得してもらうことであることがわかろう。すなわち、人生とは交渉であり、交渉教育とは人生教育に通ずるものなのである。

―《コメントと問題》――
1　あなたは、恋人に結婚のプロポーズをするとしよう。これはいかなる意味で交渉であろうか？　あなたはどのような準備をして、どのような作戦を立てるか？
2　あなたは、就職のための面接に望むとしよう。これはいかなる意味で交渉であろうか？　あなたはどのような準備をして、どのような作

第1章　交渉と教育

　　戦を立てるか？
　3　あなたは、国政選挙に立候補してこれから演説をするとしよう。これはいかなる意味で交渉であろうか。あなたはどのような準備をして、どのような作戦を練るか？

――《キーワード》――――――――――――――――――――

　知識は力なり、洗脳、マインド・コントロール、Foot-in-the-Door, Door-in-the-Face, Low-Ball、漏れ聞かせ、交渉の要諦は準備にあり、交渉パタンの体得、交渉教育の目的、人生としての交渉

《参考文献》

＜日本語＞

・アッシュ、S.E.（岡村二郎・訳）「集団圧力が判断の修正とゆがみに及ぼす効果」、カートライト、D．＆ザンダー、A．（三隅二不二＆佐々木薫・訳編）『グループ・ダイナミクスⅠ（第二版）』第10章227-240頁（誠信書房、1969年）。
・今井芳昭『影響力を解剖する』（福村出版、1996年）。
・太田勝造『民事紛争解決手続論』（信山社、1990年）。
・榊博文『説得を科学する』（同文舘、1989年）。
・榊博文『説得と影響』（ブレーン出版、2002年）。
・チャルディーニ、ロバート『影響力の武器』（誠信書房、1991年）。
・苫米地英人『洗脳原論』（春秋社、2000年）。
・藤井康宏『洗脳ごっこ：洗脳する人される人』（毎日新聞社、1999年）。
・米本和広『教祖逮捕』（宝島社、2000年）。

＜外国語＞

・Matlock, Jack F. Jr. *Reagan and Gorbachev: How the Cold War Ended*, (Random House, 2004)

〔太　田　勝　造〕

第2　交渉の授業モデル──テンプル・ロー・スクール東京校

―《この論文のねらい》――――――――――――――――――――
　この論稿では、交渉を教える際に検討すべきポイント（授業目的・構成等）を過去の授業モデルを通じて明らかにする。
―――――――――――――――――――――――――――――――

　ネゴシエーションの授業は、多くの米国のロー・スクールおよびビジネス・スクールにおいて重要な選択科目の1つである。本稿では、テンプル・ロー・スクール（Temple Law School）の東京校において筆者が活用した授業モデルを紹介する。

1　授業の目的
　一概に「交渉」といっても、その授業内容は受講者の種類によって異なる。筆者の授業を受講した学生達は大きく分けてつぎの2つのグループに属した。
　①　Temple Law School のみならず、その他の米国の法科大学院から一学期間日本に留学している法学博士（J.D.）課程の米国人学生
　②　日本の社会人で、Temple Law School の法学修士（LL.M.）課程の学生

　米国人留学生達は、将来アメリカで弁護士資格を取得し、日米間のビジネスに携わる法律業務を行うのに必要なスキルを習得することを望んでいた。他方、日本人の学生達はその大半がすでにアメリカ企業と取引を経験したことのあるビジネスマンであり、米国企業と対等に交渉できるようになることを目標としていた。これらの要望を踏まえ、筆者の授業では次の事項を学ぶことを目的とした。
　（目的1）　交渉術の理論および交渉テクニック
　（目的2）　日米文化における交渉術の相違点

第1章　交渉と教育

（目的3）　日米企業間交渉において不可欠な企業・法律知識
（目的4）　交渉をする際に念頭におくべき弁護士倫理
（目的5）　交渉結果を正確に反映した契約書作り

2　教員と受講者の構成

　本授業は国際法務において実務経験がある日本資格の弁護士と米国（カリフォルニア州）資格の弁護士による共同授業とした。この方法には、いくつかのメリットがあったと考えられる。まずその1つは、日本法および米国法それぞれの実務専門家を起用したことにより、授業内容は「交渉術」という単なる理論の範疇を超え、現実味を増した。また、交渉の授業は学生に対する教師のフィードバックが重要だが、1人ではなく2人で学生を観察し、評価することにより、学生に対してより客観的なアドバイスを提供できたと思われる。さらに、日本の弁護士と米国の弁護士が共同で授業を進めることにより、日米双方の学生に安心感を与えたのではなかろうか。

　後述するが、この授業では学生による活発な議論が要求され、また、実際に学生同士が交渉をする機会が多い。講義ではなく、ワークショップ的な要素の強い授業である。人数が多いと、複数の相手と交渉できるというメリットがあるものの、議論を進めるには支障を来す場合がある。実際問題として、22人以上の学生が受講した学期は人数が多すぎると感じられた。他方、人数が少ないと、学生達が互いをよく知ることになるために、発言も自由になるというメリットはあるものの、何度も同じ相手と交渉をすることになってしまう。10人の学生が受講した年はそのような結果となった。したがって、交渉の授業においては18人前後が最適な学生数であると考えられる。

　また、学生達による積極的な参加が本授業の成功に不可欠であるため、10分以上の遅刻および無断欠席は減点の対象となることはもとより、14回の授業のうち、3回以上欠席した場合には落第する方針とした。その結果（後述の通り、本授業がPass/Fail[1]の授業であったにもかかわらず）無断欠席は1人も

おらず、ほとんどの学生が無遅刻・無欠席で授業に臨んだ。

3　授業の進め方
本授業は14週で週1回（150分）とし、次の3種類の教材を使用した。
① 交渉術の概論を説明したもの（「ハーバード流交渉術」[2]など）
② 法律的要素を含む交渉について述べたもの（「Legal Negotiation」[3]など）
③ 交渉に関する日米間の文化比較をしたもの（「The Japanese Negotiator」[4]など）

前述の5つの目的を達成するために、本授業をクラスルーム・ディスカッション、模擬交渉および自他評価の3部で構成した。

4　クラスルーム・ディスカッション
交渉術の理論とテクニック（目的1）、日米間文化における交渉術の相違点（目的2）および弁護士倫理（目的4）を学習するために、2週間に1回はクラスルーム・ディスカッションを実施した。具体的には、上記3の教材を読むことをまず宿題とし、米国法科大学院特有のソクラテス方式（Socratic Method）を用い、教材内容につき学生達を指名して質問し、意見を発表させた。さらに、学生達の個人的経験を語ってもらうようにした。米国人学生は日本に住むことにより2国間の交渉文化の相違を日常生活において体験しており、たとえば賃貸に関して大家と交渉したときのエピソードなどを披露し

---

(1) A, B, C等の成績はつかず、授業に合格（Pass）したか否（Fail）かが成績となる授業。
(2) Fisher, Roger, and William Ury, *Getting to Yes* (New York, NY: Penguin, 1991).
(3) Gifford, Donald, *Legal Negotiation: Theory and Applications* (St. Paul, MN: West Publishing Co.).
(4) March, Robert, *The Japanese Negotiator* (New York, NY: Kodansha America, Inc).

てもらった。また、日本人学生は社会経験が豊富な者が多かったため、彼らにはビジネスにおいて米国企業と交渉した経験談を話してもらった。

日米企業間交渉において、特に日本企業の意思決定構造を把握することが重要な場合がある。そこで、交渉において必要な企業知識（目的3）を特に米国人学生に知ってもらうために、日本企業における意思決定プロセスを実際の稟議書を検討しながら説明した。この部分では日本人学生にも説明者になってもらい、各人の会社組織およびいかに意思決定がなされるかを学んだ。

学生達は必ずしも日本法または米国法に精通しているわけではなかったので、日米企業間交渉において最低限必要な法律知識を学ぶ（目的3）必要が生じた。特に、契約法（米国における約因（consideration）の考え方など）、会社法（出資形態（会社、パートナーシップなど）、ガバナンス（役員、執行役員、Officerの役割など）、知的財産法および労働法（米国における「差別」の考え方など）の説明をディスカッションの合間に織り込んだ。

5　模擬交渉

クラスルーム・ディスカッションの翌週は、学生達が実際に交渉のテクニックを学べるように計画した（目的1）。具体的には、学生同士の模擬交渉を実施した。まず、学生達を毎回2人から3人のチームに分け、それぞれのチームの交渉相手を決めた。つぎに、すべてのチームに共通の情報（General Information）と同じチーム員しか知らない秘密情報（Confidential Information）を事前に配布した。14週間を通じて平均5つの模擬交渉を違う相手と行わせ、その内容をより難度の高いものにした。たとえば、最初の交渉内容は簡単な物品売買交渉であるところ、最後は日米合弁事業立ち上げに関する交渉とした。この最終交渉は約5時間の2回の授業にまたがって行われ、それまでに学んだ交渉テクニックのみならず、法律知識（どのような形態の合弁事業にするか、どちらの会社が知的財産を所有するかなど）を活用することが期待された。

また、交渉において事前準備の重要さを教えるために、学生達にはチームごとに「交渉計画」を事前に作成させ、提出させた。交渉時間は約2時間とし、学生達が各々交渉している間、その模様をわれわれ教師は観察し、後の評価のために詳細なメモを取った。学生達を観察することにより、交渉力の向上および彼等なりの工夫がわかり、大変に参考となる。ときには、交渉相手として上手くいかない学生同士（互いに感情的になり、険悪になる場合など）を、そのつぎの交渉で同じチームに配属し、あえてもう一度交渉相手にしたりすることもあった。

　たとえ交渉で両者間が合意に達したとしても、合意内容を正確に文書で表現できなければ交渉術を学んだ意味がない。そこで、交渉結果を正確に反映した契約書作り（目的5）を可能にするために、模擬交渉終了後、（両者間が合意に至った場合には）合意内容を書面化させた。最初は契約書の一条文のみを両者で作成するところから始まり、最後の合弁事業立ち上げ交渉においては、両者間で合弁意向書を締結することを最終目標とした。

6　評　　価

　交渉上手になるためには、自己評価および他人を正しく評価することが不可欠である。交渉力を向上する秘けつの1つは、交渉の成功の可否が何によるのかを的確かつ客観的に認識できることであろう。そこで模擬交渉が終わったあとは、交渉前に作成した「交渉計画」と実際の交渉の比較を含む自己評価を作成させた。また、授業の中でも自己評価を発表してもらい、教材から学んだ交渉術を試みたか、それがうまく機能したかなどを検討させた。ときには交渉中の自分の発言内容を覚えていない学生もいるので、われわれ教師が交渉観察中に気づいたことを述べたりもした。互いを評価することも重要であるので、交渉相手にも意見を聞き、1つの交渉が終わるごとによかった点、さらに気をつけなければならない点などを明確にし、つぎの模擬交渉に臨むようにさせた。

第1章　交渉と教育

　本授業は学生の貢献度により授業のレベルが左右されるので、出欠、議論への参加度合い、宿題の提出（交渉計画および交渉後の自己評価）を評価の対象とし、その評価方法も pass/fail とした。本授業およびわれわれ教師も当然のことながら学生達による評価対象となる。この科目が学生の高い評価を得た最大の理由は本授業モデルが当初設定した授業目標を達成するために適したものであったからであろう。最後に、本授業で用いたシラバスの要約版を添付する。

シラバス（要約）

第1週	授業目的の紹介、交渉術の基礎、模擬交渉 No.1
第2週	教材に基づく議論、交渉術の基礎を議論、模擬交渉 No.2 配布
第3週	模擬交渉 No.2 の内容検討
第4週	模擬交渉 No.2 実施、模擬交渉＃3 配布
第5週	模擬交渉 No.2 の評価および契約書提出、模擬交渉結果検討、交渉術議論、模擬交渉 No.3 計画提出
第6週	模擬交渉 No.3 実施、模擬交渉 No.4 配布
第7週	模擬交渉 No.3 の評価および契約書提出、模擬交渉結果検討、交渉術議論、模擬交渉 No.4 計画提出
第8週	模擬交渉 No.4 実施
第9週	日米企業間において不可欠な法律の説明（契約法、会社法、知的財産法、使用許諾など）
第10週	交渉技術議論、合弁意向書および合弁契約書についての説明、日米企業間合弁交渉についての説明、合弁交渉計画提出
第11週	合弁交渉実施（Part 1）
第12週	交渉術議論、合弁交渉 Part 1 結果検討
第13週	合弁交渉実施（Part 2）
第14週	合弁交渉の評価および合弁意向書提出、合弁交渉結果検討、一学期のまとめ

―《コメントと問題》――
1．外国人との交渉をする上で日本人が有利となる点と不利となる点を考えられるだけ列挙しなさい。
2．異文化間での交渉を実体験できるためには、シミュレーションをどのように工夫したらいいであろうか。思いつくアイデアをお互いに議論しなさい。
3．交渉結果を上手に合意書にまとめるためにはどのような工夫・役割分担がいいであろうか（⇨第1編第1章第4）。

―《キーワード》――
交渉の授業内容、授業目的、受講者、教員、教材、クラスルーム・ディスカッション、ソクラテス方式、模擬交渉、評価、シラバス

《参考文献》

Fisher, Roger, and William Ury, *Getting to Yes* (New York, NY: Penguin, 1991).

Gifford, Donald, *Legal Negotiation: Theory and Applications* (St. Paul, MN: West Publishing Co. 1989).

March, Robert, *The Japanese Negotiator* (New York, NY: Kodansha America, Inc 1990).

〔茅野 みつる〕

第1章 交渉と教育

第3 交渉の授業モデル——東京大学法学部の場合

―《この論文のねらい》――――――――――――――――――――
　本稿は、筆者が東京大学でのセミナー（演習）として行っている交渉教育の概要を説明することを通じて、シミュレーションやディベート等を用いた交渉教育・交渉訓練のあり方の1つを示す。

1　概　　要

　東京大学での法学部・大学院合併の演習として1991年以来、交渉のセミナーを実施してきている。参加者は年度によって異なるが、最近では20名弱から30名程度であり、だいたい3分の2が学部生、残る3分の1が大学院生である。大学院生には職業人や外国人留学生が半数程度含まれている。参加者の男女比も偏らないようにしている。これらの正規参加者以外に、外国人研究生も数名参加するのが通常である。交渉のセミナーのレヴェルと効果にとっては、現実に顧客対応交渉や商取引交渉、住民対応交渉、社内交渉などの経験のある職業人大学院生の存在が非常に大きいといえる。セミナーの規模としてはかなり大きいが、通常のセミナーと異なり、教材に基づくグループ報告とその報告内容に関連する自作シミュレーションの創作が基本的課題であり実質2週間の演習セッションの主宰となるのでグループ内では緊密な人間関係が形成されると共に、毎週のように2人シミュレーション、3人シミュレーション、あるいは4人シミュレーションを持ち帰りで行なうので、セミナー参加者間の人間関係は非常に緊密となる。

　セミナーの内容は、上記のように主として2つのフェイズから構成される。第1が文献資料に基づく交渉の分析のフェイズであり（文献資料分析フェイズ）、第2が文献資料で得られた理論と技法を実践するための交渉シミュレーションの実施のフェイズである（交渉シミュレーション・フェイズ）。

セミナーの期日構成としては、文献資料分析フェイズと交渉シミュレーション・フェイズの割合を1対1から2対1程度にしている。なお、一部の交渉シミュレーションは持ち帰りの宿題としても実施している。

なお、セミナーではさらに、裁判官、弁護士、司法書士、企業経営者、企業の交渉担当者などを講師として招いて、専門的な交渉の実務と理論を学ぶ。異文化交渉に関連して外国人の学者や実務家を講師として招くことも多い。

2　文献資料分析フェイズ

講読する文献資料としては、フィッシャー&ユーリー『ハーバード流交渉術』（ティビーエスブリタニカ、1998）とアクセルロッド『つきあい方の科学：バクテリアから国際関係まで』（ミネルヴァ書房、1998）を基本的教科書とすることが通常である。これに加え、各種文献資料をプリント教材として配布して講読する。また、交渉訓練用のヴィデオや、交渉にとって参考となる映画（『博士の異常な愛情』、『未知への飛行』、『身代金』、『ガンホー』、『民暴の女』、『ディボース・ショウ』など）を上映して、検討と議論を行うこともある。

配布プリント教材の構成は、おおむねつぎのような構成としている。すなわち、①交渉の基礎理論（原則立脚方交渉など）、②交渉の心理学（認知心理学や社会心理学の成果など）、③交渉と戦略（ゲーム理論や戦略論など）、④交渉と文化（異文化交渉、交渉の日米比較など）、⑤交渉と紛争解決手続（あっせん、調停、仲裁、裁判における交渉など）、⑥特殊な交渉（ヤクザの裏世界交渉や民暴問題、カルトのマインド・コントロール術、企業の悪質クレーム対策術、住民運動論など）、などについての文献資料である。理論的なものから実録的なもの、さらにはマニュアルの類まで種々の文献資料を用いている。交渉においては「知識は力なり」という格言が当てはまるからである。

文献資料分析フェイズでは、担当者がまず文献内容の要旨の報告を行い、その後、全員で質疑応答をするという通常のセミナー形態を採用している。ただし、本セミナーの特色といえるかもしれないのは、報告担当者がパソコ

第1章　交渉と教育

ンとプロジェクタによるプレゼンテーションをする点であろう。インタネットの利用による資料提示をする参加者もいる。さらに、大学院生には、質疑応答の司会者となってもらうとともに、適宜、発言の少ない参加者を指名して質問への回答を要求してもらっている。

3　交渉シミュレーション・フェイズ

交渉シミュレーションとは、一種のゲームであり、演習参加者は、交渉当事者の役割（たとえば裁判上の和解交渉における原告、被告、裁判官の役割、売買交渉の売り手と買い手など）を割り当てられる（ロール・プレイング）。各自は自分に与えられた事例についての情報に基づいて、シミュレーションとしての交渉を行うというものである。与えられる情報は、シミュレーション参加者全員に共通に与えられる「共通の情報（common information）」と、各交渉者にのみ与えられる「秘密の情報（confidential information）」とで構成されているのが通常である。

交渉シミュレーションの実施によって交渉の相当程度の現実的な状況や心理を実体験することができ、交渉における理論的問題や法的問題に対して現実感をもってアプローチすることが可能となる。交渉シミュレーション参加によって交渉や駆引きが上手になることは、その後社会人となった卒業生からの感想によって実証されている。交渉においては「経験こそ力なり」との格言があてはまるので、擬似的体験であれシミュレーションの経験が役に立つのである。

交渉シミュレーションの模様ならびに合宿でのディベートの模様はビデオに記録して参加者に配布し、反省材料としてもらっている。姿勢、態度、表情、声の調子、発言における表現などはビデオなどを見ることで、文字通り「百聞は一見に如かず」の効果が期待できるからである。

4　シミュレーション自作

　交渉シミュレーションについて重要な点であり、かつ、本セミナーの特色といえる点は、シミュレーション事例を参加者に自作してもらっている点である。さらに、シミュレーション作成者には、期日オーガナイザーとしてセミナーでのシミュレーションの運営も任せている。チーム分けや人選、シミュレーションの進め方などを管理・運営してもらうのである。

　シミュレーション作成者には、自己の現実の経験や知見に基づいて独自の交渉シミュレーション事例を作成することが期待されている。その際には、文献資料分析フェイズやゲスト講師の講演で得られた知識、知見、理論を血肉化できるようなシミュレーション事例となるよう、工夫を凝らしてもらっている。

　交渉シミュレーションを自作することで、抽象的な交渉理論の要諦を明確化でき、交渉の心理とスキルと戦略の奥義を具体的にイメージできるようになるからである。自作シミュレーション事例としては、2当事者間交渉に限らず、3当事者間交渉、調停手続、仲裁手続、裁判手続、ディベート、オークション、グループ意思決定なども認めている。これまでの例としては、クラブ活動やサークル活動で実体験した「もめごと」のシミュレーション化、他のセミナーで研究した判例事案に基づくシミュレーション、下宿やアパートで実体験した紛争のシミュレーション化、両親が巻き込まれた不動産の相続争いのシミュレーション化、銀行員、弁護士、地方公務員など社会人として経験した現実の取引交渉・顧客対応・企業間紛争などのシミュレーション化、企業で経験した土地開発プロジェクトでの多様な立場の多人数の利害調整のシミュレーション化、など多種多様なものが提出されている。フォーマットとしても、想定される多種多様な証拠資料（契約書、鑑定書、証言など）をあらかじめ準備しておき、交渉の流れの中で交渉者が必要に応じてたずねると渡すような凝ったシミュレーション（情報蒐集量が交渉ペアごとに異なる）や、利害の異なる3人交渉で、交渉をAB間、AC間、BC間、そしてABC全

第1章　交渉と教育

員のようにフェイズ分けしたものなど、多様な工夫をしてくれている。

　交渉シミュレーションの終了後は、交渉結果のチーム間の比較、交渉担当者の反省の弁、交渉シミュレーション作成者の解題などを行う。作成者の意図通りの交渉パタンとなったのか、もくろんだような合意に到ったのか否か、合意に失敗した場合にはそれがなぜか、交渉戦略はどのようなものであったか、などについて、分析と議論を進める。反省こそ、さらなる向上のスタートだからである。

　グループによっては、社会心理学の実験のように、参加者を2グループや3グループに分けて、事例や秘密の事情などを操作して、交渉の経過や結果を比較するという高度の交渉シミュレーションを企画して実施する場合も多い。

5　合宿ディベート

　セミナーの最後には1泊2日程度の予定で合宿を行っており、通常はチーム分けによるディベート合戦を実施する。ディベートのテーマ設定やチーム分け、対戦組合せ、審査基準の作成などは参加学生の自主性にゆだねている。

　この合宿ディベートのテーマと、チーム分けや対戦組合せは、2週間から1カ月まえまでに決定してもらっている。各チームが肯定（賛成）側、否定（反対）側のどちらになるかは、合宿当日にくじ引きやゲームで決めることが多い。テーマ選定とチーム分けを事前に決定し、立場を当日に決めるのは、全員に肯定・否定双方についての十全の準備をするインセンティブを与えるためである。「交渉の要諦は準備にあり」という格言に従ったものである。現実にも、インタネットや図書館等で種々の情報を大量に蒐集し、整理した内容を肯定側用、否定側用双方をパワーポイント・ファイルや書証などの形で準備してくる。

第3 交渉の授業モデル

―《コメントと問題》――
1. あなたがこれまでに体験した紛争やもめごとを1つ思い出して、交渉事例の基本シナリオを創作してみなさい（共通の事実関係）。
2. あなたが上記1で作成した「共通の事実関係」シナリオをもちいて交渉シミュレーションをさせるために、各当事者に渡す「秘密の事情」を作成してみなさい。
3. あなたがディベートのオーガナイザに選任されたとしよう。どのようなテーマをあなたは選択するか？　どのようなフォーマットとルールでディベートを実施するか？　ディベートに関する資料を検索し、蒐集して検討しなさい。　　　　（⇨第1編第1章第6、第2）

―《キーワード》――
ロール・プレイング、シミュレーション、プレゼンテーション、ディベート

《参考文献》
・アクセルロッド、ロバート（松田裕之・訳）『つきあい方の科学：バクテリアから国際関係まで』（ミネルヴァ書房、1998年）
・フィッシャー、ロジャー＆ユーリー、ウィリアム（金山宣夫＆浅井和子・訳）『ハーバード流交渉術』（ティビーエスブリタニカ、1998年）

〔太　田　勝　造〕

第1章　交渉と教育

第4　ドラフティングの授業モデル

> 《この論文のねらい》
>
> 　国際ビジネス交渉では、法律家は常に交渉結果を契約書等の法律文書に表現することを念頭におきながら交渉をする。ここでは交渉とドラフティングの関係を考察した。
>
> 　　　（⇨第2編第1章《英語でビジネス交渉をしよう》18、19）

1　交渉とドラフティング

　交渉には、ドラフティング担当者（多くの場合は弁護士）が同席することが望ましい。その理由はつぎのとおりである。

　(1)　交渉の正確なニュアンスがわからないと当事者の合意を正確に反映した契約書などの法律文書は作成できない。たとえば、ビジネスマンは「当分の間」「原則として」というような曖昧な言葉を使いがちである。しかし、「当分の間」は何時までなのかよくわからない[1]。このような曖昧な表現は後日の紛争の種となるので極力排斥すべきである。

　この点に関して、交渉の法律担当者は、曖昧であることがどちら側に有利に働らくか、ということを常に計算しなければならない。法律要件の発生は、原則としてその効果を主張する当事者が立証しなければならない。したがっ

---

(1)　法律にもこの曖昧な「当分の間」が使われることがある。たとえば仲裁法附則第3条においては「消費者（消費者契約法（平成12年法律第61号）第2条第1項に規定する消費者をいう。以下この条において同じ。）と事業者（同条第2項に規定する事業者をいう。以下この条において同じ。）の間の将来において生ずる民事上の紛争を対象とする仲裁合意（次条に規定する仲裁合意を除く。以下この条において「消費者仲裁合意」という。）であって、この法律の施行後に締結されたものに関しては、<u>当分の間</u>、次項から第7項までに定めるところによる。」（アンダーライン追加）これは、実際には、「世論に動かされて法務省が動くまで」ということになろうか。

て、「離婚した夫は離婚した妻に、当分の間毎月金5万円を支払わなければならない。」と離婚条件に記載した場合には、「当分の間」が経過したということは、5万円はもう支払わなくともよいだろうと主張する者、すなわち多くの場合は離婚した夫が立証しなければならない。そうすると、「当分の間」とはどのような期間を意味していたのかという了解を離婚した夫は立証しなければならないことになる。これは、場合によってはかなり面倒なことになるであろう。

　「原則として」も多くの場合は、「当事者に別段の合意のない限り」という言葉に置き換えることができ、その方が明確であるが、当事者としては意図的に曖昧にしておきたい、という心理が働くことがある。しかし、その曖昧にしたことの効果がどちらに有利または不利に働くのか、ということを十分に考慮する必要がある。前記の立証責任のほかに、たとえば元請けと下請けの関係のように、裁判所で最終的な決着をつけることが当事者の関係やメンタリティなどで困難な場合には、曖昧な表現は力関係の弱い者に不利に働く結果になることが多い。明確な表現は、力による「ごり押し」をしにくくする効果があるので、立場の弱い者に有利である。

　(2) ビジネスマンと法律家とでは視点が異なるので、交渉当事者が本来なら確かめるべきことを確かめないですごしてしまう場合が多い。交渉とドラフティングを切り離してしまうと、ドラフティング担当者がドラフティングを行う際に当然に配慮する肝心の点について当事者の合意内容が不明確でわからず、往生することがある。

　ドラフティングの基礎は、当事者の権利義務の発展を予測し、自分の側の権利に対する相手方の合理的言い逃れをいかに封ずるか、という詰め将棋に似たところがある。しかし、この法的詰め将棋においては、法律家が最もよく相手の先の手を読むことができる。相手の逃げの手に対して法律的に効果的な待ち駒（相手の法的言い逃れに対する法的対策条項）は法律家しか考えつかない。この法律的待ち駒を交渉で念を押しておく必要がある。

第1章　交渉と教育

　たとえば、合弁契約では、株式の優先買取条項（first refusal right clause）が挿入されることが多い。これは、たとえばある株主が株式を売却したい場合に、ほかの株主に優先買取権を与えるものである。ほかの株主としては、株式の売却を希望する合弁パートナーがよからぬ第三者に勝手に株式を売却してしまうことは望ましくない。そこで、合弁会社のほかのパートナーが、その保有株式を売却したいと希望したときには、まず、ほかのパートナーである株主に対して売りの申込をして、ほかの株主がその株式を買わないときに、第三者に売却できるとすることがある。そのとき、まず条文として「合弁契約のいずれかの当事者（「売却希望当事者」）が、合弁会社の株式を第三者に譲渡することを希望する場合には、売却希望当事者は合弁契約の他の当事者に売却希望株式の売りの申込をした後でなければ、その株式を第三者に譲渡できない。」と規定してはどうであろう。もし、売却希望当事者がほかのパートナーの反対意見にかかわらずどうしてもある特定の第三者に合弁会社の株式を譲渡したいと思ったときにはどうすればよいか。これだけの単純な条文ではいろいろ抜け道が考えられる。たとえば、売却希望当事者が他の合弁パートナーに法外な価格で譲渡を申し出て拒絶させ、その後で特定の第三者に安い価格で売却する。あるいは、売却希望当事者が他の合弁パートナーに株式の売りの申込をし、他の当事者が社内検討をする時間を十分与えずに申込に対する承諾がないとして意中の第三者に売却する、など多くの手段が考えられる。これらの行為が前記条項に違反するかどうかは、少くとも明白ではない。したがって、売却希望当事者が他の当事者に対して行う最初の売り申込は、(1)書面で、(2)承諾のための十分な期間を与え、(3)売却価格を明示した上でさせなければならない。承諾のための期間は申込を受領した他の株主の社内検討期間を十分にカバーするものでなければならない。買申込は、売申込を受けた株式の全体についてのみすることができるのか、一部でもよいのか、も確認しておく必要がある。ほかの合弁契約当事者が承諾期間内に買申込をしなかった残りの株式について、売却希望当事者は第三者に売却することが

できることになるが、その売却価格はほかの当事者に申し込んだ価格以上でなければならない。また、このような手続をとった上で、何ヵ月あるいは何年も放置し、事情が変わってから第三者に売却することを防ぐために、売却期間も制限しておかなければならない。

このように抜け道を封ずるために優先買取条項はかなり複雑な長文の条項になるのが通常である。交渉においても、このような押さえのポイントをしっかり交渉しておく必要がある。

(3) 口頭証拠排除原則（parol evidence rule）のあるコモン・ロー国法が準拠法となるような契約では、重要な合意事項はすべて網羅的に書面の中に取り込む必要がある。しかし、ドラフティングの素人は、口頭了解で残すしかない事項あるいは別書面で記録を残すべき事項と、契約書の中に取り込むべき事項の区別がつかない。日本のように、口頭証拠排除原則や詐欺防止法のなく、かつ、多くのビジネスマンが契約書は短く取引の基本的精神だけを記載すればよいと考えがちな国[2]の法律担当者は、コモン・ローが準拠法となる契約書の起草については特に注意が必要である[3]。

(4) 交渉に参加しないドラフティング担当者が、交渉参加者から交渉内容を聞いてドラフティングを行った場合には、上記のように交渉に参加していれば当然に確認したであろう曖昧な点については交渉による合意だけでは十分な契約とならないので、どうしても交渉で合意していないことまで補充して契約書を作成せざるを得ない。この場合そのドラフトは当然に自社に有利に条文を起案する。そのために、そのドラフトは相手の会社の顧問弁護士あ

---

[2] このことが正しいかどうかについては議論がある。「特集・契約意識の国際比較」、『名古屋大学法政論集』196号（2003年）参照。
[3] ちなみに、私は企業法務部時代は、私が交渉に参加していなかった契約書に関しては、それが合意のすべてを表明しているという口頭証拠排除原則をベースとした完全合意条項（entire agreement clause）を規定しなかった。それは、契約書が本当に当事者の合意を十分にカバーしたものであるかどうか、確信が持てなかったからである。

るいは法務部から拒絶され、契約書案がまとまるまでにさらなる時間とエネルギーが費やされることになる。

また、さらに特に弁護士が交渉に参加せず、かつ、その弁護士が取引に通暁していないと、起こりそうもない事態を起こりそうな問題と考え、重箱の隅をつついた条項が挿入されがちとなる。弁護士にとっては、それが起こりそうもない問題であっても、契約書に規定することの害は少ないからそのまま契約書に残り、契約書の頁数は多いが的外れの契約書ができあがることになる。

2　ドラフティングの授業モデル

(1)　スキルの伝授はなんどもやらせてみる必要がある

私のドラフティング技術の演習では、後述のドラフティングの基本理論を学生に説明してから、架空の事例について、クレーム・レター、Legal Memorandum、Letter of Intent、簡単な売買契約などを起草させた。実際に書かせてみると、学生の初回の作品は、私が事前に説明した理論をほぼ完全に忘れて作成されている。そこで、作品のひとつひとつに赤ペンで修正を入れ、かつなぜ修正したか理由を短く記載する。技術を教える場合に大切なことは、なぜ学生の作品に修正を加えたかという理由を説明することである。この理由は客観的で具体的なものでなければならない。教師としては、具体的理由の説明ができない修正は加えるべきではない。説明のできない修正の多くは、気分と好みによる修正であり、そのような教師の好みを押しつけることには害すらある。なお、蛇足ではあるが、弁護士や企業の法務部員でも、契約書のチェックというと気分や好みの修正を主に行っている者が多い。「甲は……する。」という文章を「甲は……するものとする。」と修正することを契約書チェックの主たる業務と考えている者が結構多い。

さらに、教室で全体の講評を行い、ある程度共通するドラフティング上の問題を丁寧に説明する。その上で、学生に作品の書き直しを求める。書き直

した作品についてさらに赤ペンで修正を入れ、さらにその理由を書き、学生に返却する。1つのテーマについてはこれで終了とし、つぎのドラフティングのテーマに移る。このような作業で、上記のようないくつかのテーマを一通り終了すると赤ペンによる修正も少なくなり、学生の技術はかなり向上していることがわかる。一種の徒弟教育であるが、スキルの教育には徒弟教育は不可欠である。

　問題は、このような赤ペンによる修正と説明を個々の学生に行うことは、実に時間をとる作業であることである。このようにして教えることのできる学生数はせいぜい15名までが限度である。なお、上記のドラフティングの演習は、英語で行った。その理由は、ドラフティングの理論は日本語であろうと英語であろうと同じでなければならないからである。また、ドラフティングと同時に国際取引の実務を国際取引の実際上の用語である英語で教えたかったからである。英語で教えることにより、美文の書き方を教えるのではなく、後述のように事実と思想を正確に伝える技術を教えることに集中できるメリットがあった。

　(2)　ドラフティング理論の追求

　大きな問題は、日本ではドラフティング理論が確立していないことである。私は、前記のようにその基本は、事実と思想を正確に文章に書く技術であると考えている。この主張は、木下是雄『理科系のための作文技術』によっている[4]。この本はその題名にもかかわらず、その6割は文科系のための作文技術にも妥当する。そのほかにも重要なルールとしてつぎのようなものがある。

　　①　情緒や感情を排する。

---

[4]　木下是雄『理科系のための作文技術』（岩波新書1981年）5頁は他人に読んでもらうことを目的として書く仕事の文書は「読者につたえるべき内容が事実（状況をふくむ）と意見（判断や予測をふくむ）に限られていて、心情的要素をふくまないことである。」という。

私は、法律家の書く文章は、事実と思想を冷静に書いたものでなければならないと考える。そして、その結果として、法律家の文章から情緒と感情は徹底的に排除すべきであろうと考える。前記の『理科系の作文技術』でも心情的要素をふくまないことを仕事の文書の基本要件に入れている。しかし、現実には、弁護士の書く準備書面や上告理由には、「原審の判断は噴飯もの」あるいは「原審の判決理由は支離滅裂である」とか、情緒的な感情表現の羅列がときどきみられる。昔の最高裁判所判事でも、「馬鹿もやすみやすみご教示たまわりたい」と判決文に書いた人がいた。多くの弁護士にこの観察を話すと「それは依頼人の方を向いて、弁護士がこんなに事件に入れ込んでいるということを示すためです」という人が多い。しかし、それにしても度がすぎている人が多いように思われる。他方、アメリカの弁護士の文章は、極度に感情を抑えた文章が多いように思われるが[5]、逆に、アメリカでは感情的なあるいは倫理的訴えも場合によってはより説得力を増すことになる、と指摘されている[6]。

② 受け身型は使わない。

　契約書は、主として当事者の権利・義務を規定した文書である。したがって権利義務の主体を明確にする必要がある。受け身型を使用すると、だれが権利義務の主体なのか不明確になりがちである。むかし、イラク政府を相手としたプラント建設請負契約で、セメントが政府支給品であったという前提で、Cement shall be supplied in Baghdad, Iraq. という規定を置いたところ、後日だれがバグダッドでのセメント供給の義務者であるかについての解釈で紛争になったことがあった。

---

(5) アメリカの最高裁判決の少数意見でも、感情的な激烈な調子で書かれることがある、という交渉研究会メンバーの指摘もあった。
(6) Squires Lynn B. & Marjorie D. Rombauer, *Legal Writing in a Nutshell* 3rd ed., West Pub. (2003) 196.

③　契約書の文章は、権利義務規定、定義規定、事実の担保規定に分かれる。

　契約書の文章は、「甲は……することが出来る。」を典型とする権利規定と、「甲は……するものとする。」を典型とする義務規定と、「本契約書で貸付とは、第〇条に規定する甲乙間の金銭消費貸借を意味する。」というような定義規定と、「甲は、第△条に規定する不動産に関しては一切の抵当権その他の担保権が設定されていないことを保証する。」というような事実の表明の文章に分類できる。これらの分類に合わない文章は、これらの文章に還元することができ、その方が文章が明確になる。これは、私の経験則に基づくものである。

④　文章は、条件節＋主語＋述語＋第一目的語＋第二目的語が基本。

　文章は、普通に書く文章より少しくどいくらいが確実を期すためにはよい。Because というような言い訳を書く人がいるが、言い訳は、前提条件節として書き直すことができる。その方が文章が明確になる。たとえば、「〇×法科大学院の学生は、〇×法科大学院の名誉を傷つけることになるので、キャバクラに入ってはならない。」という文章があったとする。「〇×法科大学院の名誉を傷つけることになるので」という節は、「〇×法科大学院の名誉を傷つけるときは」という文章に置き換えることができる。この場合は、〇×法科大学院の名誉を傷つけない場合には、キャバクラに入場できる、ということになる。たぶん、酒屋のアルバイトでビールを届けるためにキャバクラに入ることは許されることになろう。〇×法科大学院の名誉を傷つけるかどうか判定がむずかしく、そのためこのような前提をつけた場合にはこの禁止規定の実効性が少なくなるから、例外なしにキャバクラへの出入りは全面禁止するという趣旨であれば、「〇×法科大学院の名誉を傷つけるときは」という限定を削除し「いかなる場合でも」とすればよい。そうすると、こんどはキャバクラの火事の際に人命救助のためにキャ

バクラに入るような場合はどうなる、という疑問が出てくる。このように将来のいろいろな状況を想像して、その状況に耐えうる文章であることを確実にすることによって、文章のより正確化が進められる。法律文書では「キャバクラ」のような流行語を使う場合には、意味がはっきり確定できない場合が多いので、定義を試みる必要がある。

⑤　文章は短く、1つの文章には1つの主張のみを書く

長い文章は読みにくく、文章の意味を不明確にする。判決文の中には、『判例時報』や『判例タイムズ』の2段にわたった文章をよくみる。そのような文章を英訳しようとすると、最初の主語に対応する述語が途中で消えていることに気が付くことがある。悪文の典型である。

⑥　事実と意見は明確に区別して書く。

⑦　要件効果が一義的に確定されるように書く。

「本来、法律効果を発生させる文書においては、その記載自体から、その要件、効果が一義的に確定されるよう、明確に記載さるべきである。」[7]

⑧　ある文書の中である特定の意味に使われた言葉はその文書中では同じ言葉を使用する。

同じ意味を表すには、1つの文書の中では異なった表現を用いてはならない。ある事柄をある言葉で定義した場合には、同じ事柄については必ず定義された言葉を使用する。1つの文書の中に矛盾があってはならない。

以上のようなことは、「理論」というほどのことはないが、よい法律文書を起草するための基本技術のルールは何か、ということを考えながらドラフティングの授業を行う必要がある[8]。法律文書のお手本を見せて真似をさせる「美しい手紙の書き方」式の教育は効果が少ないし、法科大学院あるいは

---

(7)　経営指導念書に関する東京地判平成11年9月30日『金法』1584-85号89頁。
(8)　このような技術の詳細については、前掲注(6) Squires and Ranbauer 参照。

第4　ドラフティングの授業モデル

大学生相手の授業ではレベルが低すぎる。このような法律文書作成の基本技術のルールについては、さらに多くの知恵を集めることが必要である。

―《コメントと問題》――――――――――――――――――
　最大の問題は、日本のこれまでの文章読本の多くが文学者によって作成されてきたためか、感激を相手につたえる技法のみが発達し、事実と思想を正確につたえる文章技法が発達しなかったことである。ドラフティング技法の理論はまだ端緒についた段階にすぎない。

―《キーワード》―――――――――――――――――――
　first refusal right、parol evidence rule、徒弟教育

《参考文献》

1．木下是雄『理科系のための作文技術』岩波新書（1981年）。

2．Squire, Lynn B. & Marjorie D. Rombauer, *Legal Writing*,（West Pub. 1982）。

3．Dickerson Reed, *The Fundamentals of Legal Drafting*, 2nd ed.（Little Brown & Co　1985）。

4．Child Barbara, *Drafting Legal Documents: Principles and Practices*（West Pub. 2nd. ed. 1992）。

5．Pratt Diana, *Legal Writing: A Systematic Approach*, 2nd ed.（West Pub. 1993）。

6．Bryne Hugh, & Richard Grimes, *Professional Skills for Lawyers, A Student Guide*,（Butterworth, 1994）。

7．Brody Susan, Jane Rutherford, Laurel Vietzen, and John Dernbach, *Legal*

Drafting, (Little Brown and Co., 1994)。

8．Neumann Richard, Jr., *Legal Reasoning and Legal Writing*, Aspen Law and Business, (2001)。

9．Andersen Mark, *Drafting and Negotiating Commercial Contracts*, Butterworths (1997)。

〔柏　木　　　昇〕

第5　交渉をどう評価するか

1　能力評価(competency assessment)——外交交渉からのヒント

> 《この論文のねらい》
>
> 　外務省で豊富な交渉経験を有する筆者は、大阪大学大学院の模擬交渉の授業で、学生による模擬交渉を評価するために「ネゴシエーション評価基準および評価」を作成した。この評価基準は、授業の冒頭で学生に配布され、説明された。これはその説明を筆者がまとめたものである。この基準を参考に、よい交渉とはどのようなものか、よい交渉者とはどのような資源を持っているのかを考えてみよう。

　ネゴシエーションの評価基準は種々あるであろう。ただ、いずれの場合も変わらざるものとして以下の2点を挙げたい。第1に戦略的な視点が十分か否か。この成否が、動態として常に局面が変わりうる状況あるいは場面に的確に対応できるか否かを決める。戦術的ミスはその後の過程で取り返しうるが戦略的失敗は取り返しがつかないといわれる。十分な作戦会議により交渉の目標を固める作業が不可欠である。可能な限り双方が満足しうる結果をめざしたい（win-win）。第2に、フェアプレイの精神を貫きたい。過度に技法に流れることなく、爽やかな後味が残るような戦術、技法、イニシアティヴを発揮したい。1回限りの交渉に勝っても交渉者（国）のイメージを悪化させることは往々にして交渉者の本意ではない。むろん、どうしても負けられず、なり振り構わず勝ちに行く場合は別である。以下は、主に多国間の会議外交の経験に基づいた評価基準の一例である。

第1章 交渉と教育

ネゴシエーション 評価基準および評価 ※

(1) 声量が適度であり、発音が明瞭であること。
(2) 論理および構造であること=支離滅裂ではないこと、つまりあれやこれやと話をとばさないこと、事実と評価、主観と客観を分けること、時間的、空間的、論理的関係=たとえば因果関係などをふまえることに留意すること。
(3) 適切な質問をすること。

	受講者の名前									
I. 事前準備										
（資料の活用・事例の理解・事前の計画性）										
II. プレゼンテーション										
(1)主張の体系化の成否（理由付け）										
(2)発表の明確さ（声量、発音、速さ）										
(3)的確な言葉の使用										
(4)論旨の明確さ（聞き手に整理させる・三段論法）										
(5)聴き手への配慮（分かり易さの工夫）										
II. 総合										
III. ネゴシエーション										
(1)発言・応答の的確さ・正確さ（含む文脈の把握）										
(2) a戦略性の意識（到達目標の認識）										
b戦術性の意識（*）										
c説得の技法（**）										
(3)交渉への貢献度・積極的な参加										
(4)maturity（含む落ち着き・安定性）										
(5)イニシアティヴの発揮・リーダーシップ										
III. 総合										
I～III. 総合										

A（優）B（良）C（可）D（不可）

(*) 例として、
・他グループの最大限の活用（グループ間における事前の戦術協議・根回し）
・立証責任の転換（議論を自らの土俵で戦わせる工夫など）
・妥協案の提示などにより相手の立場がどの程度固いかを探るなど
・布石（逆算の発想）

(**) 例として、自己の主張が相手にとってもメリットがあるという形で説得することなど。

※ これは98年度プロジェクト（ネゴシエーション）演習にて佐野利男客員教授（当時：外務省総合外交政策局軍備管理軍縮課長）が作成した基準を基にしている。

(1) 事前準備

・ネゴシエイションにおいては「事前準備が勝敗を決する」といっても過言ではない。インターネット等を駆使し、与えられた演題につきその背景や経緯を十分理解した後、主要論点を把握する。その際、極力論点を相対立する立場から整理する。有益なのは主要紙の論説、社説等であり、対立した論説がみつかれば大いに役立つ。

・つぎに、その論点に従い、予想される複数のシナリオを策定する。想像力を逞しくし、ネゴシエーションの流れを予想し、それに基づき相手より提起されうる質問なり、反論を可能な限り多くリスト・アップし、それらへの答えを準備しておく（注：所謂「想定問答」の作成）。その際留意すべきはその答えはできる限り過去の事実や統計等の数字に裏打ちされたものが望ましい。数字や事実ほど雄弁なものはなく、また反論しにくいものはない。

・また、各論点を積極的に「打って出る」点と相手からの問題提起に「受けて立つ」点に区別しておく事は有益である。ここにその人の性格が出る。積極的な人は前者に十分な時間をかけ、後者が疎かになりがちである。だが、弱点を突かれる場合に負けが多いことに留意し、「受けて立つ」準備に重心を置くべきかも知れない。積極的に勝ちに出るか、「勝ちはしなくても負けもしない」準備をするかは演題によるところが大きい。

・プレゼンテイションはパワー・ポイント等を活用し視覚に訴えたいものだ。

(2) プレゼンテーション

① 主張の体系化

・ここでいう「体系化」とはある結論を導く主な理由をいくつか挙げる際、その理由自体が複数の事由なり事象により正当化され、全体としてバランスのとれ、安定した「三角形」をなしていることをいう。仮にある理由が反論され崩れてもほかの理由によりその論理体系が崩れることを防

第1章　交渉と教育

　げる。「砂上の楼閣」を避けるため、それら複数の理由が信頼すべき世論調査の結果とか国連統計とかに基づくものであれば頼もしい。
・つぎに主張の正当化を行う際は包括的視点に立ち、望むらくは相手の主張がその部分に過ぎないことを示したい。議論の過程で、経済的、社会的、政治的、歴史的、国際的観点からその問題がどういう位置づけにあるのかを理解したい。
②　発表の明確さ（声量、発音、速さ）――――――コメント不要であろう
③　的確な言葉の使用――――――――――――――コメント不要であろう
④　論旨の明確さ（聞き手に整理させる・三段論法）――コメント不要であろう
⑤　聴衆への配慮（わかり易さの工夫）
・冒頭にプレゼンテーションの大筋、論理の流れおよび結論を説明する。その際ダイヤグラム、表、グラフを活用する。パワーポイント等を使用し、視覚に訴えるなど、聴衆の立場に立ってみる。

(3)　ネゴシエーション
①　発言・応答の的確さ・正確さ（含む文脈の把握）――コメント不要であろう
②　(あ)　戦略性の意識（到達目標の認識度）
・戦略などという大仰な語を使用したが、要は動態としてのネゴシエーションの過程でその時点での議論がいかに目標達成に貢献しているかにつき常に明確な認識を持つことが重要である。議論は未熟であればある程枝葉末節に流れ、脱線していく。
・また、目標を設定する場合、ボトムラインを考えておく。交渉に100パーセントの成功はまず無いものと思って、最低限譲れない線（これを下回るならば交渉からの離脱の方が良い）、譲りたくない点、場合によっては譲ることもやむを得ない点、譲れる点を整理しておくことは有益である。今後長くお付き合する相手の場合100パーセントの勝利はむしろ「敗北」を意味するかもしれない。

(い)　戦術性の認識
・他者の活用
　　これは多者（国）間の交渉で有効ないわば常套手段である。多者（国）の中には目標をすべてではないにしても、部分的に共有する者が必ずいる。あるいは、ある時点まで同じ道を歩みうる者がいる。その者達との作戦会議、戦術協議、事前の根回しが重要になる。自分が主張すれば不利になる点や自分が「悪者」になりたくない場合、これを他者に発言してもらう、あるいは、「他者の陰に隠れる」といった技術もありうる。正義感の強い人や表面に出たがる者は利用しやすい。自分がそうであれば、利用されないよう留意する必要がある。
・立証を求める
　　相手が提出した論拠、証拠、統計などの信頼性にチャレンジすることもときとして有益となる。それにより相手から「もう少し調べてみたい」などの言葉を引き出せれば相手の主張の信頼性を揺るがすことに成功する。
・妥協案の提示
　　これにより相手の立場がどの程度固いかを探ることができる。ただし、妥協案の提示により自分が妥協を求めていることを相手に知らせることになり、みずからの交渉ポジションを弱めてしまうことに留意すべし。その場合、条件つきで妥協案を提示する、他者に提案させるなどの手段もある。
・布石を打つ
(う)　説得の技術
　　例として、自己の主張や妥協案が相手にとってもメリットがありうるという形で主張し、トータルにみて相手にとってもその主張を受け入れることが問題ないとする技法である。相手のメリットを考えてやる、あるいは少なくともその姿勢をみせることは交渉上有効である。

第 1 章　交渉と教育

③　交渉への貢献度・積極的な参加————————コメント不要であろう
④　交渉者の成熟度（落ち着き・安定性）————コメント不要であろう
⑤　イニシアチブの発揮・リーダーシップ————コメント不要であろう

―《コメントと問題》――――――――――――――――――――――
　つぎの小林論文に続く《コメントと問題》を参考にして、議論しなさい。
―――――――――――――――――――――――――――――――

〔佐　野　利　男〕

2　交渉のコツ——ビジネス交渉からのヒント

> 《この論文のねらい》
>
> 　以下は国際合弁会社をはじめとする数々のビジネス交渉を経験した筆者が、大阪大学大学院における模擬交渉の授業で受講生に伝授した交渉者としてのポイントであり、いわば交渉のコツである。「阿蘇噴火図」は、筆者による交渉のコツを覚えやすくまとめたものであり、交渉に臨んだ際のチェックリストとしても利用できる。

　本書46頁の「阿蘇噴火図」の下方にある「阿蘇噴火あり」は、交渉のコツを覚え易くするための語呂合わせであり、各ポイントの項目の英語の頭文字を組み合わせて作ったものである。決して、交渉はときに激論となり、噴火のように決裂することを警告しているものではない。

1　どのような心構えで交渉に当たるべきか

aim awareness（目的の自覚）

　交渉のときにはどんな目的を達成しないといけないかをはっきり自覚することが大切である。

　日本人はぼやっと目的をとらえることが多いが、この交渉で何を達成しなければならないか、目的とその達成水準まではっきりと自覚することが大切である。

2　交渉はどのように準備すればよいか

scenario simulation（シミュレーション）

　相手の置かれた立場に応じ、相手はいろいろな論理と手段で交渉に臨んでくるのが普通である。そのシミュレーションをする。情報を総合すれば、相手はこうでてくるだろう。それなら自分はこうでるのがよかろうといったよ

うなケースがたくさん考えられる。慣れてくるとこのケースの数は少なくなる。

outcome estimation（結果の予想）

交渉のシミュレーションをしてみると、いろいろの結果が出ることが予想される。好ましい結果については、それに至る筋道を補強する資料を、好ましくない結果については、それに至る筋道を反駁する資料を用意しなければならない。

fact collection（事実収集）

上述の事前に想定された結果とそれに至る筋道に関し、なるべくたくさんの事実や資料を集め、それに対して必要な分析を行い回答を用意しておくことが大切である。

number preparation（数字を用意する）

相手に対して説得するときは数字で言うと（特に欧米人の場合には）説得力が増す。数字をあげると客観性があるように聞える（本当はそれほど客観的でない場合もあるのだが）。

交渉では、自分がいかにたくさん準備しているかということが勝負の分かれ目になる。予想外のことをいわれると慌て勝ちだが、そういった状況に陥らないよう、なるべく多くのケースを想定しておいて、数字や、データを使い論理的に反論できたらこちらが優勢になる。

以下のC（consultation）とA（approval）は模擬交渉のときにはあまり必要ではないが、組織の一員として交渉するときには、大変必要である。

consultation (horizontal)（相談）

自分が組織を代表して交渉する場合、バックにいる人間から見放されると

大変である。たとえば、「新しい工場の建設」についての交渉に出かける場合、工場の技術を所轄する人の意見、財務の人の意見、法務の人の意見等を聞いて集約し、かつその集約した案につき、それぞれの部門の了解をとってから出て行かなければいけない。

approval（vertical）（上司の指示を受ける）
つぎに、上司の意見もあらかじめ聞いておかなければいけない。組織の中では、自分の上司の意図と違うことを決めてくることは、原則として許されない。交渉が行き詰ったときに、上司に聞くのでは、時差の関係で困難が生じてしまったりニュアンスがうまく伝わらないことがあるので、あらかじめ想定したケースにつき上司から指示を受けておくのは、有能なネゴシエーターの必要条件である。

3　どのように交渉すべきか
articulate expression は後述として、まず
logical construction（論理）
本番のときは、論理的に筋道の通った話の進め方が大切である。そしてその論理がデータで裏づけられていることが望ましい。

articulate expression（表現）
話し方は、明確・明晰であること。いかに論理的に話していても聞き取りにくいほど小声であったり発音が不明瞭では説得力に欠ける。

impressive presentation（プレゼンテーション）
明晰なだけでなく、印象的なプレゼンテーションをすることが大切である。表や図にあらわしたり、重要な所は色を変えるなどさまざまな工夫をして相手にわかりやすいプレゼンテーションにすれば、相手にも印象的になる。

第 1 章　交渉と教育

```
─────────────── 阿 蘇 噴 火 図 ───────────────

   N    =   A
   Negotiation  Aim
              awareness

   （交渉前段階）


       S   ──→   O   +  F   +  N   +  C    ・ A
       ←────
    Scenario    Outcome   FACT     Number      Consultation  Approval
    simulation  estimation collection preparation (horizontal) (vertical)

              （交渉準備段階）


       +  A    ・ L    +  I
       Articulate  Logical    Impressive
       Expression  construction presentation

              （交渉本番段階）


          「ASOFNCA・ALI ＝阿蘇噴火あり」
```

46

第 5　交渉をどう評価するか

──《コメントと問題》────────────────
1. 本章第 5 の 1 の佐野利男氏の評価基準と比較して、共通する点、相違する点はどこだろうか。筆者の経験してきた交渉が外交交渉か、ビジネス交渉かで評価基準に違いが現れているだろうか。本章第 7 のネゴシエーション・コンペティションの評価基準とはどのように比較できるだろうか。
2. 第 3 章第 6 のディベートと交渉の《コメントと問題》1.および 2.では、日本型交渉は論理的ではないのだろうかと問うている。これに対して、佐野も小林も、論理の重要性を説く。佐野や小林の主張する交渉のポイントは、外交やビジネスにおける西欧型交渉に対応するためのものなのだろうか、それとも日本社会においてもここで説かれているポイントは重視されるのだろうか。

──《キーワード》────────────────
阿蘇噴火図、交渉と事前相談、交渉と上司の指示、交渉前の事実収集と数字の活用、交渉での心構えと表現、交渉と論理性、交渉とプレゼンテーション、交渉のコツ、交渉の準備

〔小　林　昭　生〕

第1章　交渉と教育

第6　インターカレッジ・ネゴシエーション・コンペティション

―《この論文のねらい》――
(1)大学対抗で行われている交渉コンペティションの実際を紹介する。(2)交渉教育における大学間の協力や企業や法曹界との連携の重要性を説明する。

1　はじめに

　交渉学は実践的な学問である。交渉は、結局は人と人とのやりとりであり、さまざまなバックグラウンドをもち、気まぐれで、感情の起伏があり、個性あふれた生身の人間という要素を欠いては存在しえない。したがって、よりよい交渉を行うためのさまざまな理論を頭で学んだとしても、やはりみずから実践してみてその効用や限界を身をもって知る必要がある。

　『インターカレッジ・ネゴシエーション・コンペティション』は、交渉を学ぶ学生にそのような実践の場と目標を提供する目的で、2002年（平成14年）から開始された大学対抗戦である。交渉を学ぶにあたって模擬交渉を行う際、同じクラスの友人と行うよりも、他大学の学生と行った方がより真剣勝負ができるのではないか、そうすることで、一大学の枠内での通常の授業では伝えることのできない何かを学んでもらうことができるのではないか、というのが発足の趣旨である。

　第1回インターカレッジ・ネゴシエーション・コンペティションは、2002年（平成14年）11月16日、17日に上智大学で行われ、東京大学、名古屋大学、大阪大学、上智大学の4校から74名の学部生・大学院生が参加した。第2回大会は、2003年（平成15年）11月29日、30日に、同じく上智大学で行われ、8校から129名が参加している。本コンペティションでは、ホームページ（http://www2.osipp.osaka−u.ac.jp／～nomura/project/inter/index.html）を

設けており、規則や問題等をダウンロードできるようになっている。また、後援者である住友グループ広報委員会のホームページ（http://www.sumitomo.gr.jp/index.html）では、大会の様子を動画でみることもできる。

2 インターカレッジ・ネゴシエーション・コンペティションの概要

(1) 基本的な形式

コンペティションは国際的なビジネスの場面を題材とする交渉と仲裁という2つのラウンドから構成されている。このように交渉と仲裁という2つの要素を組み合わせているコンペティションは世界的にみても珍しいのではなかろうか。交渉と仲裁は一見するとまったく異なるプロセスのようにもみえるが、実際の世界では両者は密接に関連している。特に、ビジネスの場面では、交渉は訴訟や仲裁に至った場合のことを視野に入れつつ行われる必要があるし、訴訟や仲裁が紛争解決のための交渉の1つの手段として用いられるにすぎない場合も少なくない。せっかく日本各地から集まって2日間にわたってコンペティションを行うのであるから、両方を体験して欲しいと考えた。

本コンペティションはいまだ発展途上であり、毎回少しずつ改良を加えるべく努力しているところであるが、以下では第2回大会を題材に、特に交渉に関する部分を中心に概要を説明することとしたい。

(2) 対戦の形式

各大学は4名から8名を1チームとしたチームを構成し、1つの大学から一定の上限までであれば複数チームが参加することも可能である。各チームは1つの架空の会社を構成する。参加者は社長、弁護士、医薬品部長、といった役を分担し、それぞれの役職に応じた働きをすることが求められる。実際の対戦はチーム単位で行われ、チームの平均点が大学の得点となる。

本コンペティションを企画する際に参考にした海外の交渉コンペティショ

第1章　交渉と教育

ンでは、各大学からは1チームのみが参加でき、また、1チームの人数は2名である。この違いは、これらのコンペティションがロー・スクールでのプロフェッショナル養成を念頭においたものであるのに対し、本コンペティションが学部・大学院を通じたより一般的な交渉教育の一環であることを想定していることによる。また、本コンペティションが大学での授業の延長戦上のものとしてスタートしたことも、各大学からの参加者数が多めに設定されている理由である。本コンペティションのような形態では、相手との交渉とともに、チームワークも重要となる。大規模な交渉ではチームワークが結果を左右することも少なくなく、同じ一言でもチームの中のだれがいうかによってその効果が大きく異なる場合も多い。参加者はチームとして機能することの重要性と難しさをも学ぶことができる。他方、1チームの人数を増やしすぎると1人当たりの発言の機会が減ってしまうなどの問題が生じる。5～6名程度が上限として適当かもしれない。

　なお、本コンペティションには日本語の部と英語の部が設けられている。国際ビジネスにおける英語の重要性を考えると、英語で堂々と交渉できる人材を育てることも重要である。

(3)　交渉ラウンドの構成

　参考にした海外のコンペティションでは交渉の時間は50分であり、その後、10分間の自己評価が行われる。このように一回の交渉が短時間で行われる一方、各チームは1日のうちに異なるチームと複数の対戦を行う。これに対し、本コンペティションでの交渉時間は3時間半（第2回大会の場合）であり、各チームは1つのチームとしか対戦しない。これは、本コンペティションが1チーム当たりの人数を多めに設定していることにも関係するが、むしろ、本コンペティションで参加者が行うべき内容が豊富であるということを理由とする。すなわち、本コンペティションでは、何を交渉の争点として取り上げるか、どのような順番で、だれとだれとの間で交渉するかなどもすべて参加

者の交渉に委ねられている。また、最後には交渉の結果合意できた事項を合意書にまとめるというプロセスもある。こうした盛りだくさんの内容のため、3時間半でも時間が足りないくらいである。3時間半の交渉を乗り切るためには、周到な準備が必要であることはいうまでもないが、予想もしなかった局面に臨機応変に対応できる柔軟性や創造性も要求される。他方、本コンペティションのような形式では、各チームは1つの対戦しか経験できず、相手チームとの相性によって交渉内容、ひいては審査結果が左右されるという面があることは否めない。

交渉終了後は海外のコンペティションにならって各チーム15分の自己評価の時間を設けている。自己評価では、①事前に作成した交渉方針メモに照らして実際に行った交渉をどのように評価するか、②もし明日同じ状況で交渉を行ったとしたら、どの部分を同じように行い、どの部分を違うように行うか、③交渉の結果は望ましいものであったか、について各チームから理由を付して説明がなされた後、審査員からさまざまな質問がなされる。この自己評価の目的は単なる感想を述べてもらうことにあるのではない。交渉の状況を客観的に把握・分析することを参加者に要求するものであり、交渉をコントロールする能力を養うためには重要なプロセスであると考える。

3 第2回大会の問題と結果

(1) 問　　題

第1回大会では問題は外部のものを利用したが、第2回大会から運営委員会で問題を自作している。第2回大会の問題は契約書の抜粋等を含む24頁に及ぶものである。問題は、発展途上国であるネゴランド国の中規模製薬会社であるレッド社と、先進国であるアービトリア国の大手化学・薬品等製造業者であるブルー社との間の合弁事業に関するものであり、各チームはレッド社かブルー社のいずれかを担当した。

レッド社は遺伝子組換ヒト成長ホルモン製剤の開発に注力してきたが研究

第1章　交渉と教育

資金面で限界を感じていた。他方、ブルー社は豊富な資金を有し、また、遺伝子組換ヒト成長ホルモン製剤の可能性に着目しつつも、研究スタッフや研究の蓄積等の面で問題を抱えていた。こうしたことから、レッド社とブルー社は、遺伝子組換ヒト成長ホルモン製剤の開発・販売のための合弁会社イエロー社をネゴランド国に設立すること（レッド社が3割、ブルー社が7割を出資）等を内容とする事業提携契約を締結した。

数年後、ネゴランド国とアービトリア国の関係が悪化したことなどからイエロー社での研究開発の継続は不可能となり、イエロー社は清算されることとなった。この時点で、イエロー社での遺伝子組換ヒト成長ホルモン製剤の開発には画期的な成果はないものの、研究の過程でブルー社製医薬品の効果を増幅する成分を発見しており、イエロー社が特許を取得している。今はブルー社が無償で使用しているが、この特許権をどのように処理するかは交渉の1つの論点である。また、イエロー社の研究者50名（45名はレッド社出身、5名はブルー社出身）の処遇も問題である。研究者は全員が引き続き雇用され研究を継続することを希望しており、継続によって何らかの成果が得られる可能性もあるが、研究の継続には相当の資金がかかる。また、イエロー社は累損を抱えており、清算にあたってのレッド社・ブルー社間の損失分担も論点であった。以上のような問題から明らかな論点のほか、各当事者には秘密情報が渡された。秘密情報を相手に開示するのか、あるいは、隠すのか、相手の秘密情報をどうやって聞き出すのか、なども各チームの腕の見せ所であり、うまく情報交換できれば、お互いにとってより高い満足を得られることとなっていた。

(2) 結　果

交渉の状況は各チームによりさまざまであった。自社の方針を説明するために資料やパワーポイント等を用意してきたチーム、あらかじめ合意書の案を用意してきたチームもあれば、そうでないチームもあった。主として限ら

第6 インターカレッジ・ネゴシエーション・コンペティション

れたメンバーが発言していたチームもあれば、全員が万遍なく発言していたチームもある。全体としていえることは、参加者は非常に熱心に準備し、真剣に対戦に取り組んでいたということである。多くの審査員から、学生が非常によく準備していることに感心した、との評価を得たが、参加者がここまで熱心に取り組んでくれるというのは運営委員会の予想をも超えていた。第2回大会終了後に実施したアンケートでは、約9割の参加者が参加してよかったと回答し、参加しない方がよかったと回答した者はいなかった。他方、参加者は相当の時間を費やして準備をしており、かなりの負担感があったようである。参加してよかったし、友人にも勧めるが、自分がもう1度参加したいと考えるかどうかは別、といった回答も散見された。参加した学生からのコメントとしては、「チームワークの重要さを学んだ」「どこかに答えがあるのではなく、それを自分たちで見つけ出す過程が重要であるとわかった」「相手の欲することを理解することにより、互いが満足できる対話の重要性を痛感した」「考えたことを明確に表現することの困難さを感じた」等がみられた。

　一般的な傾向としては、自分達が準備してきた論点や想定していたやりとりについてはとてもよく説明できていたが、予想していなかった相手方からの発言をしっかりと受け止めて柔軟に対応できていたかどうか、という点では改善の余地があった。資料等についても同様のことがいえ、自分の主張を一方的に説明するための資料は準備できていても、交渉の展開に応じた効果的な資料の活用は今後の課題として残ったように思われる。また、最後の合意書の作成は、時間や設備（コンピュータや印刷設備）が足りなかったこともあり、あまりうまく行かなかったようである。日々の大学教育で、自分で考えたことを自分のことばで文書にまとめることについてのトレーニングがほとんど行われていないことも、できあがった合意書が実際に行われた交渉のレベルに比して稚拙なものに止まった原因かもしれない。実際の交渉における合意の文書化のプロセスの重要性に鑑みると、合意書の作成というプロセ

第1章　交渉と教育

スをもっとしっかりと位置づけていく必要があるように思われる。

　第2回大会では、円満な解決をめざすための交渉であることを問題文中に明記した。そのため、多くの対戦で基本的には双方の利益を最大化すべく友好的な雰囲気で交渉が行われたようである。自己の内部事情を自発的に開示したチームもあれば、情報開示に非常に消極的であったチームもあった。また、自分たちの提案の合理性を説明するに際し相手方の将来の事業運営のあるべき姿のアドバイスにまで踏み込んでいたチームもあった。チームごとの個性や相手チームとの相性によって交渉の進み方、そして、結果はさまざまであった。このような各交渉の展開の違いが何により生じるのかを解明することは非常に興味深い研究となろうが、今のところ運営委員会にその余力がないのは残念である。なお、第1回大会では、1つの紛争についてまず交渉を行い、交渉で解決しなかった点について仲裁で決着をつけるという構成をとったこともあり、仲裁で自己により有利な結果を導くために相手方から情報を得るためのプロセスとして交渉を位置づけたチームもあった。どのような交渉が良い交渉かについては1つの正解があるわけではない。とはいえ、少なくとも自分が設定した交渉の目標を実現できることはよい交渉であるための1つの要因であろう。本コンペティションで、最後に自己評価のセッションを設けているのもこうした考え方による。

4　交渉教育と交渉コンペティション

　こうしたコンペティションの教育効果はきわめて大きいというのが実感である。みずからとは異なる目的・利益をもつ相手と対峙するために戦略的に考え、振舞うことの訓練は、整理された知識を伝達することが主である大学教育の場ではなかなか実施しにくいものである。また、社会でもチームで仕事をすることが少なくないが、学生はチームワークの大切さとむずかしさ、そして、優れたチームワークが生み出す「文殊の知恵」効果(これは運営委員の一人でもある東京大学の太田勝造の表現である)を実感したことと思う。ま

第6 インターカレッジ・ネゴシエーション・コンペティション

た、いろいろな人と真剣に交渉することにより、相手を理解すること、相手を説得すること、相手に理解してもらうこと、などの楽しさとむずかしさを経験してくれたことと思う。目的が明確で論点が整理されていた仲裁と比べ、交渉では一切が参加者の自由に委ねられていた。その意味では、真っ白なキャンパスに共同作業で絵を描くようなものかもしれない。しかも、相手により、また、交渉の進展に応じて、キャンパスの状況は刻々と変化する。普段の授業で正解を習うことに慣れていた学生は、きっと「何か」を得て帰ってくれたものと確信している。

このようなコンペティションにおいて、交渉の審査をどのように行うかは難問である。今回のコンペティションでは、①論理性・柔軟性、②相手との意思疎通、③合意に向けた努力と合意内容、④チーム・ワーク、⑤事前準備、⑥自己評価のプロセス等を審査のポイントとしたが、審査のための明確な基準を示すことはむずかしく、また、何がよく、何が悪いのか、についての審査員相互間の意見も必ずしも一致していたわけではない。実際の採点結果をみても、審査員で相当点差が開いたところもあった。また、審査員の事前打合会では、合意内容や自己評価の結果をどこまで重視するかで意見が分かれた。このような違いは、各審査員の属性、交渉経験や交渉哲学の違いにもよるように思われるが、今後、交渉についての研究・教育がより一層進んでいくことにより、より明確な審査基準を提供できることになろうか。また、第2回大会では8チーム中上位4チームのみの順位を公表し、しかも、各審査員の評点は公表していない。この点については、参加した学生からより多くのフィードバックを求める声も少なくなかった。教育的視点からは、どのように審査結果を開示していくべきか、審査員によるフィードバックのあり方等、検討すべき課題も多い。

本コンペティションには、改善すべき点も少なくない。とはいえ、熱心に参加してくれる学生がいる限り、本コンペティションの土台は揺るがないと思われる。この点に関連して、新たに開設される法科大学院の学生がどのよ

第1章 交渉と教育

うな姿勢をみせるかは興味深い（もちろん、本コンペティションは法学部や法科大学院の学生に閉じたものではない）。当初の法科大学院構想の理想に反し、学生が司法試験受験のための勉強以外には目もくれない、といった状況になるのであれば、法科大学院の学生にとって本コンペティションは何ら魅力のないものとなろうが、交渉力のない弁護士を雇うこととなった顧客は気の毒である。

〔注〕

本稿執筆後、2004年（平成16年）11月20日、21日に12校の参加を得て第3回大会が行われた。その内容についてはホームページを御覧頂きたい。

---《コメントと問題》---
審査および評価基準については、⇨第1編第1章第7。

---《キーワード》---
交渉教育、交渉コンペティション、仲裁、交渉の審査基準、交渉の評価基準

〔森下哲朗〕

第7　ネゴシエーション・コンペティションの評価基準とコメント

> 《この論文のねらい》
> 　大学対抗交渉コンペティションの評価基準はコンペティションの評価目的のための特殊なものであるが、交渉の重要ポイントも含んでいると思われるので参考までに掲載する。（⇨第１編第１章第２・第３・第６）

　第２回インターカレッジ・ネゴシエーション・コンペティションは、2003年（平成15年）11月29日30日の２日間、上智大学で開催された。架空の事例を前提として初日は仲裁を行い（ラウンドＡ）、２日目は交渉を行った（ラウンドＢ）。このコンペティションの詳細については、森下哲朗「第２回インターカレッジ・ネゴシエーション・コンペティション」『法学教室』282号（2004）108頁を参照されたい。後掲の評価票は２日目の交渉について、参加各校の成績評価のために用意した評価票を交渉研究会メンバーの批判を参考にして少し修正したものである。2002年（平成14年）の第１回コンペティションでは、このような評価票を作らなかったため、参加者から評価基準について疑問が呈されたことを契機として、審査員間の基準の客観性を幾分でも高めるために用意されたものである。このような評価票に関しては、評価項目あるいは評価要素をどのように決めるか、そのウェイトをどのように置くか、というのはむずかしい問題である。この評価要素とウェイトは、コンペティションの目的で作成されたため、現実の交渉での重要要素とそのウェイトには必ずしも対応しない。たとえば、「６．自己評価の項目」は、現実の交渉とは無縁の教育目的の項目である。また、現実の交渉では、交渉結果の内容の評価がすべてであるという側面も否定しがたく、その見地からは、論理性・柔軟性など、添付評価票の評価項目は、できるだけ有利な内容の交渉結果を

得るための技術項目を羅列したものとなろう。しかし、交渉結果内容についての判定項目を置かなかった。これは、教育目的の交渉コンペティションで、結果のみを追求することによって学生による技術の向上訓練が歪められることをおそれたためである。しかし、この点については異論もあろう。

各評価項目について、現実の交渉での重要性の観点からコメントを試みる。

1 論理性・柔軟性

論理性は、論理性がすべてではないが異文化間の共通の説得力要素として国際交渉では特に重要である。その論理は客観的な論理である必要がある。交渉者の主観的論理では異文化間の共通の説得要素になり得ない。しかし、論理性ばかりに頼らずに場合によっては、義理人情や、脅し、嘆願、はったりなども効果を上げる場合がある。また、状況によっては正確な論理より多少不正確でもわかりやすい論理を使う必要がある。たとえば、ある会社が当期利益の全部を内部留保に回し配当はしない方針を株主総会で説明する場合、株主としては配当所得を得るより内部留保が増したことによる株価の上昇を利用して株式を売却し、売却益を申告分離課税方式で税金を納めた方が得であることを数式で説明するより、会社の基盤をしっかりさせる必要を説きそのために利益を内部留保に回すことの承認を求めた方が、税務の素人が出席者のほとんどである株主総会では効果的である。

ここでは、義理人情に訴えるやり方や、脅し、嘆願、はったりなどの技術は評価の対象になっていない。学生に交渉技術の基本を教える場合には、これらの手練手管はむしろ害になると思うのだが、いかがであろうか。おそらく、このような手練手管は多数の交渉の経験を積んでから会得する技能であって、交渉の初心者が試みる場合はむしろリスクの方が大きいのではなかろうか。

2　相手との意思疎通

　交渉には、コミュニケーション能力はどのような場合にも必須の能力である。その意味からは、配点がすこし少なかったかもしれない。発言の明晰さと表現の正確さを保つことも重要な技術である。もっとも、場合によっては曖昧な表現で相手を煙に巻くことも需要な技術であるが（たとえば政治家には必須の技術のようである）、これも交渉の経験を積んだ者が使うべき技術で、初心者には基本を教えるという目的からは外れるのではなかろうか。

3　合　意

　この点は、現実の交渉では合意内容が決定的要素であり、あるいは交渉の目的自身であり、結果の合意内容だけで交渉が評価されることが多い。その他の要素は、よい交渉結果を得るための技術である。しかし、この技術を中心として学生を教育しようという交渉コンペティションでは、逆に合意内容はあまり評価されないことになる。

　また、交渉技術を評価しようという目的の交渉コンペティションで、交渉合意ができたかどうか、またその内容いかんを評価の対象に加えると、架空事例の交渉では学生の交渉態度を歪めるおそれもある。この点は、まだ検討の余地があるかもしれない。

4　チームワーク

　結果のみが問題となることの多い現実の交渉では、チームワークはそれほど問題にならない。アメリカの交渉団は、チーフ・ネゴシエーター（ビジネス交渉の場合は executive officer がなることが多い）と会計の専門家と弁護士の3人組で交渉団が組まれることが多かった。日本の交渉団は、チーフ・ネゴシエーターには役員や部長などその交渉事項の担当のトップがなることが多い。交渉のスキルはチーフ・ネゴシエーターを決定する場合には考慮されない。このチーフ・ネゴシエーターを事務レベルの担当者が補助する。さらに、

第1章　交渉と教育

その案件に関係の深いスタッフ部門（財務部、企画部、審査部、法務部など）のエキスパートが交渉団に参加することもある。

5　事前準備

　学生の交渉コンペティションでは、かなり複雑な事例を与えるから、その事例を完全に理解し記憶していないと、交渉では圧倒的に不利になる。さらに、法的論点についてもリサーチをしておかないと同様交渉の席では目に見えて不利になる。この点について現実の交渉では、交渉団員はその仕事の担当であるから交渉対象事項の詳細を十分に理解していることは当然であり、必要な情報について交渉に先立っておさらいをしておく必要性はそれほどない。相手方情報についても同じである。交渉の戦略に関しては、日本の交渉団は事前準備はほとんど行わない。交渉の戦略を検討することは、誠実な交渉態度に反すると考えられているようであり、交渉は相手の出方に応じて臨機応変に対応するのがよい、と考えられているようである。しかし、本来は、自社の弱み強みと相手方のそれを十分に理解し、あらかじめ交渉戦略を検討すべきであろうが、私の経験では日本の交渉団は困ったことにほとんどこれをしない。

第 7　ネゴシエーション・コンペティションの評価基準とコメント

ラウンドB　評価票フォーム

大学チーム名：＿＿＿＿＿＿＿＿＿＿＿＿＿＿＿＿
（相手方チーム名：＿＿＿＿＿＿＿＿＿＿＿＿＿）
審査員名：＿＿＿＿＿＿＿＿＿＿＿＿＿＿＿＿＿

　各項目とも5段階で評価する。評価は絶対評価とし、対戦相手との相対評価ではない。したがって、ある評価項目について対戦両チームとも5評価ということもあり得る。
絶対評価については次の目安による。
1評価：物足りない点が目立つ
2評価：やや問題あり。実務経験がないという点を考慮しても、やや物足りない。
3評価：標準。大学生に要求される水準にてらし、標準的水準である。可もなく不可もなし。
4評価：よい。物足りなさが残るが、学生としてはかなり優れたパフォーマンスであった。
5評価：非常によい。実務で要求される水準に照らしても、相当のパフォーマンスが見られた。

1．論理性・柔軟性（10点満点）
(1)　主張は説得力があったか。（説得力：論理性、明晰性）

　　1　2　3　4　5
　　├──┼──┼──┼──┤

(2) 相手方の主張、交渉状況の変化に応じて柔軟に対応していたか

```
1    2    3    4    5
|----|----|----|----|
```

　　　以上の点数合計　＝　_____(1)

2．相手との意思疎通（10点満点）

(1) 相手方の主張、事情を正確に聞いて理解したか。自分達たちが伝えるべきであると考えたことが正確に相手に伝えられていたか。効果的な問いかけができていたか、円滑な意思疎通のための工夫を行っていたか。

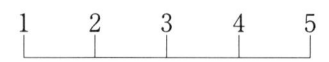

```
1    2    3    4    5
|----|----|----|----|
```

(2) 態度、話し方、姿勢、振る舞い、（意図せず感情に走ることはなかったか、個人攻撃はなかったか、発言は明瞭であったか、相手方に対する目線、態度など。）

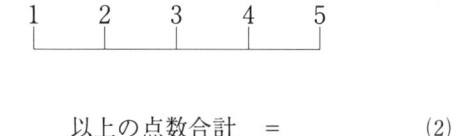

```
1    2    3    4    5
|----|----|----|----|
```

　　　以上の点数合計　＝　_____(2)

3．合意（和解）（5点満点）

(1) 和解案の可能性を導くような情報を聞きだそうとしていたか。

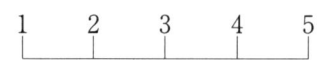

```
1    2    3    4    5
|----|----|----|----|
```

(2) 和解が成立したか（和解が成立しなければ一律に1.5をつける。和解がwin winの案にいたれば、双方2.5とする。和解に至ったが、内容がよくない場合は1.5より下の点数とする。逆に有利な和解案を勝ち取った場合はその分1.5に点数を加算する。）

第7 ネゴシエーション・コンペティションの評価基準とコメント

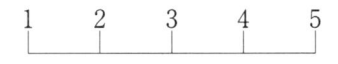

1　2　3　4　5
├──┼──┼──┼──┤

　　　以上の点数合計点 x　1/2：_____(3)

4．チームワーク（5点満点）
　チーム全員がうまく役割を分担し、機能していたか、発言者が自己の役割を認識した交渉が行われていたか、言語明瞭性、姿勢、目線、態度。

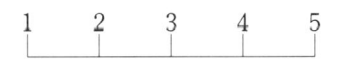

1　2　3　4　5
├──┼──┼──┼──┤

　　　以上の点数合計　＝　_____(4)

5．事前準備は十分だったか（10点満点）
(1)　問題文の事実関係、資料等の内容を理解していたか。

1　2　3　4　5
├──┼──┼──┼──┤

(2)　戦略など、交渉の組立や主張内容について十分準備していたか。

1　2　3　4　5
├──┼──┼──┼──┤

　　　以上の点数合計　＝　_____(5)

6．自己評価と総合評価（10点）
(1)　自己評価は冷静に自己のチームの良かった点、足りなかった点を的確に評価しているか。

1　2　3　4　5
├──┼──┼──┼──┤

第1章　交渉と教育

(2) ラウンドB全体を通じて、交渉の技術のすべてを評価するとどうなるか。

1　2　3　4　5

以上の点数の合計　＝　_____　(6)

総合得点(1)+(2)+(3)+(4)+(5)+(6)=_____

《注》

1　たとえば、Raifffa, Howard, *The Art and Science of Negotiation*, Belknap/Harvard (1982)、78では、一定時間内に合意に達することを成績加算のポイントとすることは、学生による交渉シミュレーションにおいては学生の交渉のやり方に影響を与える、という。

――《コメントと問題》――
1．交渉のプロセスと結果のいずれを重視するべきかディベートをしなさい。
2．あなたならどのような交渉評価票を作るか。実際に作成して議論しなさい。

――《キーワード》――
交渉の評価基準、論理性、意思疎通、合意評価、準備

第7　ネゴシエーション・コンペティションの評価基準とコメント

《参考文献》

佐藤安信「交渉における異文化コミュニケーション」本書102頁。

加藤新太郎編『リーガル・コミュニケーション』(弘文堂、2002年)。

亀田尚己『国際ビジネスコミュニケーションの研究』(文眞堂、2003年)。

〔柏　木　　昇〕

第2章　交渉の基本原理

第1　交渉のパターンと分類

> 《この論文の狙い》
> 交渉当事者の置かれた状況によって交渉のパターンも大きく異なるため、本稿ではこれを交渉状況と交渉過程から分類し、各々の特徴を説明する。

1　交渉状況による分類

交渉には、当事者の置かれた状況によっていくつかのパターンがある。交渉者はみずからの置かれている状況を読み取り、交渉パターンに応じた対応をする必要である。状況の読み違いにより対応を誤ると、事態を不必要に悪化させたり、解決の糸口を見失ったりする。

交渉をごく一般的に、「複数の当事者間の利害や立場の対立または意見の食い違いを調整し、当方にとって望ましい影響を他の当事者の意思決定に及ぼすことを目的としたコミュニケーションのプロセス」と定義してみる。しからば、その交渉は、実際にはどのような状況の下で行われるのであろうか。ハッキリした対立を避けて通れない場合がある、まだハッキリした対立に至らないが対立の可能性がある場合もある、相手が交渉に応じる気持ちの無いこともある、また、トラブルに巻き込まれてやむを得ず交渉する場合もある。重要なことは、交渉を始めるにあたってその交渉の状況を正確に認識することである。

4つの交渉状況から交渉を検討する。

1）現実の対立交渉

まず、当事者間の立場／利害／意見が明らかに対立している場合、がある。これは最も典型的な交渉状況である。賃金その他の労働条件をめぐる労使間の交渉では明らかに対立がある。北方領土返還、拉致事件、農産物の輸入問題、等外交上の交渉の多くは対立が明白である。企業間の取引では売り手と買い手の間で取引条件に関して利害が対立する。対立点は当事者間の主張や要求が示された段階で明白になる。

立場や利害、また意見の対立は、従来関係の無かった者同士でも起こりうるが、多くの場合、相互の長年にわたる係わりの中で発生する。つまり、労使間、国家間、企業間、友人の間、夫婦や兄弟の間のようにお互いがよく知り合っており、通常は良好な関係を保っていながら、特定の問題について利害が対立してコンフリクトが生じることがある。また何かにつけ、対立することの多い間柄で、コンフリクトの種を常に抱えていて、またやったというような場合もある。相手の立場の根底にある利害・欲求の見極めやBATNAを含めた交渉力の吟味、問題解決型に持ち込む努力などが必要になる。

本書に掲載したケースでこの状況にあるのは「料理店賃貸借紛争（299頁）」「労使間の賃金交渉（290頁）」「コタツ事件（263頁）」「エステ事件（265頁）」「ゴルフシャフト破損事件（295頁）」などがある。

2）対立の可能性がある交渉

食い違いがのっぴきならない対立に発展するのを未然に防いで何らかの打開策を見出すことを目的とする交渉状況もある。すなわち、当事者の間に立場や利害ないし意見の食い違いが予想される場合、である。これは、1）の場合の前段階ともいえる。放置しておけば相互の立場の主張が表に出て、引っ込みがつかなくなりコンフリクトに発展する。いまだにはっきりとした

第 2 章　交渉の基本原理

対立には至っていないが、お互いの言動から察してこのまま放置すれば利害対立は避けられないであろうと推察される場合である。たとえば、遺産相続に関して、兄弟・姉妹の置かれた状況からみて、このままいけば摩擦が起こる可能性が大きいと予測される場合。経営環境が大きく悪化して、リストラや賃下げその他緊急な措置がとられる可能性が大きいとき。輸入が急増して国内の関連業界の経営が不振となり政府レベルでの対立が予想される場合。この時点での利害調整の話し合いは、いまだ交渉の形態をとっていないようにみえていながら、明らかに交渉の一形態である。コンフリクトに至る前に行えば、放置することにより1）の状況に発展させるより、お互いに経済的また心理的により少ない犠牲で問題解決になりうる交渉である。いわば対立予防交渉ともいえる。いまだこの状況にあるにもかかわらず、すでに対立状況にあると即断してことを進めると、相手に不必要な対立的立場を採らせる結果になる。後述の態度交渉が重要な局面である。

　本書のケースで該当するものに、⇨「夫婦財産契約ケース（274頁）」「会社の株式をめぐって（289頁）」「土地区画ゲーム（283頁）」「企業買収の事例（Acquisition of Billy's Burgers）（293頁）」などがある。

3）状況認識の食い違いのもとに行われる交渉

　以上1）と2）の状況は、当事者がお互いの立場、利害、意見の食い違いまたはその可能性を何らかの形で認識することにより、話し合いの土俵に上がる場合である。しかし、そうでない交渉状況もある。つまり、当事者の一方が何らかの行為によって自分の利益を実現しようと意図しているにもかかわらず、その利益の実現に大きな影響力をもつ他者が話し合いに関心を寄せなかったり、交渉の必要性を頭から認めないような場合である。交渉の必要を認めない相手を交渉の場に引き出す交渉である。すなわち、当事者の立場、利害、意見の主張が一方的であり相手がその不一致の調整を必要と感じていない場合である。ある人を会長や総裁に推したいが、相手にその気が無い場

第1　交渉のパターンと分類

合、土地を売ってもらいたいが、相手は売る必要を感じない場合、新規の取引をしてもらいたくても、相手が「間に合っている」とき、交渉は果たして存在しえないのか。このような状況でも、相手には「放っておいて貰いたい」「現状維持で結構」という利害があり、こちらの利害と対立しているという意味では交渉状況になりうる。しかしその場合、上記2つの場合と異なったアプローチが必要になる。この状況では相手に土俵に上がってもらう説得が鍵になる。

　本書のケースで該当するものに、⇨「1人暮しの老女に対する貸室返還交渉」（270頁）などがある。

　同じ交渉という行為でも、以上3つの状況下は交渉の準備や進め方にかなりな相違がある。また、これらの状況は、同じ交渉案件の時系列的に異なったノェーズという場合もある。

4）トラブルからの脱出交渉

　交渉には、以上のような3つのどのパターンにも当てはまらないものがある。それは、予期せぬ形で何らかのトラブルに巻き込まれて、そこから脱出したい、という状況である。実際には、よく状況を判断すればそれらのトラブルは予知することもまた回避することも可能な場合もある。しかし、現実には、このような状況に陥って交渉を余儀なくされることが多い。すなわち、自動車事故を起こしたり巻き込まれた場合、キャッチセールスや悪徳商法にかかりなんとか抜け出したい場合、製品に対するクレームが悪化して対応を迫られるような場合である。いわゆるトラブル交渉である。交渉力の吟味もさることながら、多様な解決アイデアの創出とタイムリーな対応が求められる。

　本書のケースで該当するものに、⇨「トラブル脱出（ラクダの背中にて）」（259頁）、「家電顧客サービス事例」（267頁）などがある。

　現実の交渉案件がそれら4つのパターンのどれに当てはまるかが判断され

第2章　交渉の基本原理

れば、それぞれに適した交渉の組み立てや交渉力の吟味や行使をすることができる。

2　交渉過程による分類

交渉は、またその過程により次のように分類することもできる。同じ交渉案件の中に、次のような交渉が内在する。

1）分け前交渉（Zero Sum）

交渉は本質的に分け前交渉であるという考えはかなり根強い。つまり1つのパイを複数の人が分け合う場合、ある人の取り分が増えればほかの人の取り分がそれだけ減るという結果になり、増加分は減少分と相殺されるので、プラス・マイナス・ゼロということである。マージャンが典型的であるが、ほとんどのスポーツの試合やゲームはゼロ・サムである。そこには勝った方と負けた方が歴然と存在する裁判において判決に至ると多くの場合ゼロ・サムになりがちである。

2）問題解決交渉（Win-Win および Variable Sum）

交渉をお互いの問題解決のプロセスと捉え、相互の立場の根本にある利害や本音を表面化し、立場のぶっつけあいでなく、利害に焦点を合わせた解決策を相互に求めるという考え方で、ハーバードのロジャー・フィッシャー教授の *Getting to Yes*（邦訳『ハーバード流交渉術』）によって提唱された原則立脚型交渉であり、文化的な枠を超え普遍性のある交渉論理として大きな影響を与えている。同じ案件でも、判決によらず和解により当事者の利害の調整を図るという考え方や ADR がその現れである。

この考え方の線上に、パイそのものを大きくして各人の分け前の絶対量を増やすというやり方や、目の前の案件をその他の案件と一緒に処理し、より大きなまた創造的な解決策の検討を可能にするという手法もある。

3）仲間内交渉（交渉前交渉）

　グループとグループが交渉する場合、それが国家であれ、企業同士であれ、労働組合と企業というような組織であれ、事前にまた交渉の進行中にそれぞれのグループ内部で交渉の目標レベルや進め方、さらには交渉担当者の選定などをめぐる内部の交渉が行われる。交渉プロセス全体にわたって、誰がイニシアティブを取るか、どのような合意と支持が得られるかなども内部交渉によって決められる。

　よい仲間内の交渉を踏まえた組織は交渉にあたって有利な立場に立つことが多いが、ときには意図的に内部対立を演出して相手の対応を惑わせる戦術を使うこともある。

　仲間内交渉が対外交渉より容易であるということには必ずしもならない。お互いの手の内を知り合った同士や、日ごろの微妙な関係が絡んでむしろ、感情的な側面を伴い複雑な交渉になることがある。代理人と依頼者間にもこの微妙な仲間内交渉が行われる。

4）態度交渉（関係作り）

　交渉を円滑に進めるために、相互に有効な態度を形成する過程がある。それは、交渉相手との関係もあれば、自分のグループ内部の関係もある。内部では、上記の仲間内の交渉を経て交渉に臨む姿勢や心積もりを整える過程がある。また相手方の誰とどのような関係を持ち、交渉を進めるかもそれ自身交渉の１つの重要な側面である。人によっては、相手方と望ましい関係ができなければ、交渉を行うこと自身意味がないと考える向きもある。また、継続的でかつ深い関係を持つ当事者の間では、お互いの関係悪化の可能性がある交渉を避けようとする傾向があるのは当然である。

5）自分自身との交渉

　交渉者自身が相対立する個人的な欲求や目標、好みの物事の進め方などを

第2章 交渉の基本原理

持っている。特定の交渉に臨むにあたって、それらの中から何に重点をおき、何は抑えるかという決定を行う必要がある。

3 交渉当事者や案件の数による分類

交渉は必ずしも2者間で1案件に限って行われるものだけではない。1対多数（例：選挙、北朝鮮対5カ国等）、多数対多数（例：環境をめぐる京都議定書会議）、また同時に複数案件が対象になることもある。

《キーワード》

分け前（分配型）交渉（distributive negotiation）、ゼロ・サム、問題解決（型）交渉、ウィン・ウィン

《議論のための問題》

① あなたは、通勤電車の車内で痴漢に間違われて弁明している状況にあるとする。これは4つの交渉状況による分類のうち、どれに当てはまるであろうか？

② あなたは、労働組合の委員長として賃上げを要求しているが、内心では賃上げなど不可能なことがわかっているとしよう。この交渉に意味があるとすれば誰に対する交渉として意味があるのであろうか？

③ あなたは、自分自身との交渉として、どのようなことに取り組んだことがあるか？

〔西 潟 真 澄〕

第2　ハーバード流交渉法と交渉力[1]

―《この論文のねらい》――――――――――――――――――――
　この論稿では、日本でも有名なハーバード流交渉法について理論的に分析し、「交渉力」強化のためのいくつかのポイントを明らかにする。
――――――――――――――――――――――――――――――

1　ソフト型かハード型か

　われわれは経験や直感から、世の中の交渉スタイルを「ソフト」と「ハード」または「協力的」と「競争的」という対立図式でとらえてしまう。実際、米国の弁護士に対して行われたある調査では、あなたは「友好的で協力的」な交渉者か「タフで競争的」な交渉者かという質問がされている。しかしながら、調査結果は想像とは異なり、効果的なネゴシエーターは両方を使い分けているというものであった[2]。

　『ハーバード流交渉術』（以下『ハーバード流』という）[3]によれば、人はソフト（協力的）な交渉者であるべきかハード（競争的）な交渉者であるべきかで、つぎのようなジレンマに悩んでいるという。ソフトな交渉者は人間的な衝突を避けたいので、合意に至るために簡単に譲歩してしまう。その結果かえって搾取されてつらい思いをする。これに対して、ハードな交渉者は、どんな状況でも相手より、より極端な立場をとってできるだけ長く我慢した方が有利になると思って、意志の強さを競う。その結果、勝ちたいと思うの

---

(1)　本稿は、野村美明「法律家としての交渉力を高めるために―経験から学べるか」『月刊司法書士』平成16年7月号（No.389）(2004) の「四」を独立の論文として書き直したものである。

(2)　Gerald R. Williams, *Legal Negotiation and Settlement*, 24-25, 41-42, 49 (1983).

(3)　Fisher, Ury & Patton, *Getting To Yes* (Penguin, 2d ed., 1991). 日本語訳は、ロジャー・フィッシャー、ウィリアム・ユーリー、ブルース・パットン著、金山宣夫、浅井和子訳『新版ハーバード流交渉術』（TBSブリタニカ、1998）参照。

第2章　交渉の基本原理

に相手方から同様のハードな反応を引き出してしまい、自分自身も自分の資源も消耗して相手方との関係も損なってしまう。そのほかのよくみられる交渉戦略も、ソフトとハードの間にあるとみることができ、いずれも要求貫徹か人間関係の維持かのジレンマが真の問題であると考えているというのである。このジレンマに対するフィッシャーとユーリーの回答が、第3の道としての「原則立脚型交渉」であった。その特徴は、表1にあらわされている。

表1　ソフトかハードか

問題　立場駆け引き交渉　どちらのゲームをプレイするか		正解　ゲームを変えよう　―実質を交渉せよ―
ソフト型	ハード型	原則立脚型（正解）
○参加者は友人である	○参加者は敵対者である	○参加者は問題の解決者である
○目的は合意にある	○目的は勝利にある	○目標は効果的かつ友好裏に賢明な結果をもたらすこと
○友好を深めるために譲歩する	○友好関係の条件として譲歩を迫る	**1、人と問題を分離する**
○人に対しても問題に対してもやさしく当たる	○問題に対しても人に対しても強硬に当たる	○人に対してはやさしく問題に対しては強硬に
○相手を信頼する	○相手を疑う	○信頼するしないとは無関係に進める
○自分の立場を簡単に変える	○自分の立場は変えない	**2、立場ではなく利害に焦点を合わせる**
○提案する	○脅かす	○利害を探る
○最低線を明かす	○最低線を隠して誤信させる	○最低線を出すやり方を避ける
○和解を成立させるためには一方的に不利な条件をも受容する	○和解の対価として一方的に有利な利益を強要する	**3、双方にとって有利な選択肢を考え出す**
○答えはただ一つ―相手が受け入れるものを探す	○答えはただ一つ―自分が受け入れられるものを探す	○まず複数の選択肢をつくり、決定はその後にする
○合意に固執する	○自分の立場に固執する	**4、客観的基準を強調する**
○意志のぶつかり合いを避けようとする	○意志をぶつけ合って勝とうとする	○意志とは無関係な客観的基準に基づいて結果を出す
○圧力に屈する	○圧力をかける	○理を説き、理には耳を傾け、圧力ではなく原則にあわせる

『新版ハーバード流交渉術』20頁より作成

2 原則立脚型交渉方法論と交渉理論

　交渉や裁判外紛争処理（ADR）に関する米国の教科書で、フィッシャーとユーリーの『ハーバード流交渉術』にふれていないものはない[4]。「原則立脚型交渉」は、米国のハーバード・ロー・スクールで開発され、その授業[5]や研究教育プログラム[6]で用いられている。原則立脚型交渉の方法は、対立・競争型交渉理論ではなく、問題解決型理論に合致したものだといわれている[7]。ここで少し対立・競争型交渉理論と問題解決型理論について説明しておこう。

　まず、対立・競争型交渉理論はつぎのように考える。人間の行動は自己中心的な利己心に支配されている。そして、世の中の資源は有限だから、競争によって配分されるしかない。つまり、世界は、一方のプラス（利得）は他方のマイナス（損失）になるようなゼロ・サム・ゲーム（ゼロ和ゲーム）である。交渉を双方の利害が対立するゼロ・サム・ゲームととらえれば、交渉の目標は自分の利得の最大化になる。

　これに対して、問題解決型理論はつぎのように考える。人間の行動は、賢明な利己心に支配されている。世の中の資源は有限であるが、人それぞれの好みは異なるから、お互いに必要だと思う財貨を交換することで解決をはかることができる。たとえ人々が必要とするものが補完的関係にないとしても、当事者は交渉で全体の「パイ」を大きくすることができる。したがって、

---

(4)　この書物は日本でもベストセラーとなったが、アメリカにおいては、この書物によって交渉に対する社会的評価が格段に高まったとされる。野村美明「アメリカにおける裁判外の紛争処理」『北大法学論集』42巻4号1065頁以下、1073-1076頁（1992年）参照。

(5)　くわしくは、野村前掲注(1)7頁注14参照。

(6)　ハーバード・ロー・スクールでは、他大学との協同方式による「プログラム・オン・ネゴシエーション」（通称PON）という組織が、交渉に関する研究・教育および広報活動に当たっている。くわしくは、野村前掲注(1)7頁注(15)および次のURL参照。〈http://www.pon.harvard.edu/main/home/index.php3〉

(7)　John Murray, Alan Rau and Edward Sherman, *Process of Dispute Resolution: The Role of Lawyers* (2d ed.1996) 127頁参照。

第2章　交渉の基本原理

問題解決型理論では、たとえゼロ・サム・ゲームの状況のようにみえても、これをゼロ・サムでないゲーム[8]や「ウィン・ウィン」のゲームに転換することをめざすのである。たとえば、1つのオレンジをめぐって2人の姉妹がケンカをして半分ずつに分けたが、本当は一方は実が食べたくて他方はケーキを焼くのに皮が欲しかったという有名な例を考えればよい。

しかし、原則立脚型交渉方法論は、問題解決型理論にのっとってはいるが、理論そのものはない。著者たちにいわせれば、それは実践的な方法であり戦略である（『ハーバード流』「序文」）。もっと厳密にいえば、交渉に関する「理論」、「戦略」および「スタイル」を区別することができる[9]。

「理論」とは、ある状況の性質やその行為を分析し、理解し、予測するためのものであり、仮説や受け入れられた原理および手続ルールのシステムである。要するに、ある仮定（または仮説）を前提とし、そこから論理的に結論を導き出すことを意味する。

これに対して、「戦略」とは、交渉者が目の前にあるプロジェクトを実施するためにどのように行動すべきかを計画するものである。言い換えれば、交渉理論における戦略とは、相手の手を予測してこちらがどう行動すべきか（という意思）を決定することで、行動計画の意味である。

したがって、前掲表1の正解欄のような「○○せよ」というのは、戦略というよりももっと一般的な原則かガイドラインと呼ぶべきものである。これに対して、「スタイル」とは、戦略実施のために交渉者が個人的にどのような行動をするかという、個人的な行動パターンのことをさす。フィッシャーとユーリーのハード型、ソフト型というのは交渉スタイルといえる。この区別に照らせば、原則立脚型方法は具体的な交渉に関する戦略というよりも、問

(8) 当事者双方が部分的には利害が一致し、部分的には対立する状況を、ゲーム理論では非ゼロ和ゲーム（non-zero sum game）という。
(9) Murray 前掲注(7)125頁によれば、法律家は交渉に関する「理論」、「戦略」および「スタイル」を区別しないで用いるという。以下では著者達の用語法を尊重して説明する。

題解決型の交渉をするための一般的なガイドラインの体系というべきである。

3 原則立脚型交渉方法の特徴

表1は、従来の立場駆け引き型方法論と比較した原則立脚型方法の特徴をあらわしている。その中心をなすのはつぎの4つのポイントである。①「人と問題を分離する」、②「立場ではなく利害に焦点を合わせる」、③「双方にとって有利な選択肢を考え出す」および④「客観的基準を強調する」。以下では表1を参照しながら、本節3で原則立脚型交渉方法の特徴を明らかにするために、その交渉観を他の方法と比較することにする。次の4では、交渉力を高めるために原則立脚型交渉のポイントをどう使えばよいかを考える。

表1によれば、原則立脚型交渉方法は、交渉と交渉者について、「参加者は問題の解決者である」、「目標は効果的かつ友好裏に賢明な結果をもたらすこと」という見方をしている。このような交渉観は問題解決型理論と共通している。これに対して、ハード型の基本姿勢は「参加者は敵対者である」、「目的は勝利である」であるから、対立・競争型と共通している。しかし、つぎの2点を誤解してはならない。

第1に、「対立・競争型理論」イコール「ハード型交渉方法」ではない。なるほど交渉観や交渉スタイルに着目すれば共通点があるが、「対立・競争型理論」はゼロ・サムの世界観を前提とするという意味では、ソフト型交渉方法とも共通点がある。フィッシャーとユーリーは、「ハード型」交渉戦略と「ソフト型」交渉戦略とを対照して「どちらをとるか」を問うて、「どちらでもない」と答える[10]。なぜなら、ソフト型/ハード型はともに「立場駆け引き型」であり、対立・競争型と同じゼロ・サムの世界観を前提としているからである。

第2に、原則立脚型交渉方法は、「問題解決型理論」とは同じではない。まず、原則立脚型交渉方法は理論ではなく[11]、表1の4つのポイントのように、

---
[10] 『ハーバード流』16頁参照。

第2章 交渉の基本原理

具体的にこうすべきだという処方あるいはガイドラインからなりたっているからである[12]。つぎに、フィッシャーとユーリーは、自分たちの方法論はソフトでもハードでもなく、ソフトとハードの両方を含んでいるというからである(『ハーバード流』「序文」)。

以上にもかかわらず、原則立脚交渉方法は、つぎの点で問題解決型理論の特徴をもっている。すなわち、問題解決型理論は、ゼロ・サムの状況(前記の姉妹の例では、オレンジをとるかとられるか)を無視するのではなく、交渉によってゼロ・サムではない状況(半分ずつ分けるか、姉は中身、妹は皮というように、本当に欲しい部分をとる)に転換できると考えているからである。

このような考え方は、ハードな交渉を旨とする弁護士からしばしば「非現実的」な交渉論だとして厳しく批判される。たとえばハードな交渉論の論客として著名な米国のある法律家[13]は、『ハーバード流』を批判してつぎのようにいう[14]。世の中には最終的にはハード・バーゲニングにならざるを得ないゼロ・サム的な状況(「わたしに1個はあなたにはマイナス1個」)があるのに、上手な交渉者ならすべての交渉を問題解決型に転換することによって伝統的な交渉理論がいう困難な配分の問題を回避できるかのように主張するのは、「ナイーブ」である。現実をねじ曲げている。これに対して、フィッシャーはつぎのように答える。

> 学生に真実を教える、つまり典型的に用いられる交渉の仕方を含めた現実の厳

---

(11) 前述の「理論」の定義を参照。
(12) 本文では「具体的に」といったが、どういう具体的な状況なのかが明らかにされていないので、戦略というには一般的すぎるだろう。
(13) 1977年に出版された Harry Edwards & James J. White, *The Lawyer as a Negotiator* の著者の一人で、今は米国統一商事法典の権威として知られるホワイト教授である。
(14) James J. White, "Essay Review: The Pros and Cons of Getting to Yes," 34 *Journal of Legal Education*, 115-117, 119-122 (1984).

しさを教えるのも1つの仕事である。しかし、私は彼らにその父親よりもうまく交渉してもらいたいと思っている。したがって、その人の感情および心理的状態だけではなく、他の人がいかに振る舞うだろうかということをも考えに入れた可能な最善の規範的なアドバイスを与えてやることこそ、自分の仕事だと思っている[15]。

『ハーバード流』に対する上の批判はさらに続けて、一方のプラスが他方のマイナスになる状況では、客観的基準ではなく当事者の相対的な力が結果を決めるものだという。別の実務家も、労使交渉を例に、交渉は論理と議論だけで決まるのではなく、多くのダメージを与えた方が勝利する「力の闘争」であり、客観的基準とは関係ないという[16]。では、原則立脚型交渉法では、交渉における力の問題に対してどのような対策を用意しているのだろうか。

4 原則立脚型交渉法のポイントと交渉力

原則立脚型交渉法には4つのポイントがあった。①人と問題を切り離す、②立場ではなく、利害を強調する、③お互いが満足できるような選択肢(オプション)を増やす工夫をするおよび④客観的基準を使うことにこだわるということである。しかし、もう1つ、交渉に関する文献のほとんどが用いる重要な概念を忘れてはならない。それは、フィッシャーとユーリーが「相手方の交渉力が勝っているとき」の対策として示した「BATNA」(バトナ)という考え方である[17]。

BATNA (Best Alternative to a Negotiated Agreement) とは、交渉による合意が成立しなかった場合の最善の代替策である。BATNAは不調時対策

---

[15] ホワイトの厳しい書評に対するコメントである。"Comment by Roger Fisher," 34 *Journal of Legal Education* 120 (1984).
[16] McCarthy, "The Role of Power and Principle in Getting to Yes," 1 *Negotiation Journal* 59, 64-65 (1985). Lord McCarthyは、英国政府の労使関係アドバイザーであった。
[17] 『ハーバード流』147頁以下参照。

案とも呼ばれるが、最低受忍限度（ボトムライン）とは区別すべきである。最低受忍限度は交渉における最低水準のこと（140万円でないと絶対買わない）であるが、BATNAは現在の交渉以外での最善の代替案（たとえば、140万円を超えるなら、別の人と交渉する）である。たとえば、交渉を打ち切って訴訟するというのも、それが可能でありベストならば、BATNAである。

　人は自分の時間と労力を投資した交渉で合意できないかもしれないと思うと、相手に譲りすぎてしまう傾向がある。その結果、冷静に考えると拒否すべきであった条件を飲んでしまうことになる。BATNAは、交渉相手から提案される合意案を評価する基準である。BATNAは、一方では不利な条件を承諾してしまうことから守ってくれるし、他方では有利な条件を拒否してしまうことからも守ってくれるのである[18]。

　以上のように、BATNAはボトムラインほど単純ではない。したがって、交渉で合意できないとすればどんな代替案があるかというさまざまな可能性を考える必要がある。つまり、さまざまな代替案を考えて、比較して、最後に最善策を選択するという「BATNAの開発」が必要なのである。さらに、相手方のBATNAを正確に把握することができれば、交渉からなにを期待できるかも評価することが可能となる。

　フィッシャーとユーリーは、「相手方の力が強ければこちらがどんな交渉方法をとっても結果は変わらないのではないか」という疑問に対して、そうではないと答える。相手方がすべてのカードをもっているときにこそ、いかに交渉するかが絶対的に重要になる、交渉技術が活きるのであるという[19]。交渉経験豊富な日本の弁護士が、米軍占領下の沖縄の伊江島の住民がいかに米軍と渡り合ったかを例に引いて、彼我の力の差があるときにこそ交渉技術や交渉戦略がものをいうと指摘しているのは興味深い[20]。

　フィッシャーとユーリーは、交渉力（negotiation power）とはだれかに何

---

(18)　『ハーバード流』152頁参照。
(19)　『ハーバード流』271-272頁参照。

かをするように説得する能力であるであると定義する（『ハーバード流』272頁）。そして、交渉力と交渉力の元となる資源を区別して、資源が圧倒的に相手に有利であっても、交渉力を上げる可能性はたくさんあるという。なぜなら、短期的には相手方がベスト・カードをすべて握っているという場合もあるだろうが、この相互依存的な世界には、技術のあるねばり強い交渉者が利用できるような資源と潜在的な同盟者が、ほとんど必ず存在しているからである。こうして、力のバランスを完全に覆すことはできなくとも、てこの支点をずらすことくらいはできる（『ハーバード流』273頁）のである。ではどのようにすれば交渉力を強化することができるのだろうか。

よいBATNAを用意しておくことは前述した。さらに、①人と問題の区別、②利害をみること、③選択肢（オプション）を増やすことおよび④客観的基準を重視することがすべて交渉力の資源となる。以上4つのポイントのうち、ポイント①はわれわれの思いこみや過去の経験がじゃまになって学習しにくいと思われる。これを交渉力強化の観点からまとめると、つぎのようになる。

〇交渉当事者間で仕事ができる良好な関係を築くことは、交渉力を高める。

「仕事ができる良好な関係」とは、単なるよい関係ではない。日本語では言い表しにくいが、英語では"a good working relationship"である。フィッシャーとブラウンは"working relationship"を「人々が自分たちの相違とつきあうこと」であると定義している[21]。この定義からもわかるように、相手が好きか嫌いかに関係なく交渉を進めるという目的から出た、ドライでプラグマティックな関係である。

---

[20] 豊田愛祥報告、野村美明・茅野みつる・柏木昇・豊田愛祥「パネルディスカッション　法律家のための交渉力入門」日本弁護士連合会編『平成15年版日弁連研究叢書　現代法律実務の諸問題』（2004年）895頁以下、908-909頁参照。

[21] Roger Fisher and Scott Brown, *Getting Together: Building A Relationship That Gets to Yes*, 9-125 (1988).

第 2 章　交渉の基本原理

仕事ができる関係を築くためには、つぎのようにコミュニケーション能力と聴く能力を高める必要がある[22]。

・　相手の思いこみによってこちらの真意が誤解されないために、相手の耳に届きやすいような伝え方を工夫すべきである。
・　相手の意図を知るためには、よく聴くことが肝心である。そのためには、相手に対するみずからの思いこみを疑い（色眼鏡をはずし）、相手が何を言うかを予測して準備しなければならない。

　見落とされがちな交渉力の淵源として、確約（コミットメント）がある（『ハーバード流』281頁）。『ハーバード流交渉術』でも6つ目のポイントとされる。コミットメントも日本語になりにくい。交渉のゲーム理論ではこれを「プレイの前にプレイヤーがとるべき行動を公表し、さらに将来、確実にその行動を実行するという意思表明」と広く定義している[23]。翻訳書では、「責任引き受け」と翻訳している。ここでは、可能な選択肢を減らして、残った1つの選択肢に自分を拘束するというような意味である[24]。

　〇確約（コミットメント）の仕方を工夫することによって交渉力を上げる。
　たとえば、人を雇おうとするときに、こちらから明確なオファーをして、相手がイエスといえば合意成立という状態にするという例がわかりやすいだろう。フィッシャーとユーリーは、つぎのような指針を示している。

・　こちらが何をするかを明確に示す。すなわち、利害と選択肢を検討し

---

[22]　『ハーバード流』51頁以下参照。
[23]　岡田章『ゲーム理論』（有斐閣、1996年）102頁。ただし、ゲーム理論では「脅かし」の例が多いように思われる。
[24]　自分が特定の選択肢にコミットしたことを相手に明確に伝えるようなコミットメントのことを、「信用できるコミットメント」ということがある。背水の陣で味方に決死の覚悟をさせて敵を破った『史記』の例があげられる。太田勝造『交渉のゲーム論』139頁（⇨本編第3章第3）。

第2　ハーバード流交渉法と交渉力

たうえで、相手の BATNA より有利なオファーをして、これが最後だと確約する。
・　相手に何をしてほしいかを明確に示す。

最後に、交渉力のもととなる資源にはどのようなものがあるかを表2で別の文献[25]から引用しておく。チェックリストとして活用してもらいたい。

表2　交渉力の源

| 情報と専門家の力 |
| 資源の管理 |
| 正当性の力 |
| 　　権威 |
| 　　評判 |
| 　　実績 |
| 組織内での位置づけ |
| 　　仕事の中心性 |
| 　　重要度と関連性 |
| 　　柔軟性 |
| 　　可視性 |
| 個性の力 |
| 　　魅力と有効性 |
| 　　誠実 |
| 　　持続性と粘り強さ |
| 　　感情 |

レビスキー他『交渉学教科書』227頁より作成

専門家の力は、専門的技術と知識からなる。知識の重要性については、「知識は力なり」ということばに集約されている[26]。正統性については、『ハーバード流交渉術』の第4ポイント「客観的基準を強調する」ことによって獲得することが可能となる。フィッシャーは別の本で、外部的スタンダードをみつけることによって正統性を獲得できることを指摘する[27]。公正な基準は相手を説得する力になる。同時に、公正な基準は

[25]　ロイ・レビスキー、デビッド・サンダーズ、ジョン・ミントン著、藤田忠監訳『交渉学教科書：今を生きる術』（文眞堂、1998年）。
[26]　太田勝造「交渉理論の教育と交渉スキルの訓練」3頁以下（⇨本編第1章第1）はこの立場に立つ。
[27]　Roger Fisher & Danny Ertel, *Getting Ready To Negotiate? The Getting To Yes Workbook* (Penguin, 1995).

第2章　交渉の基本原理

自分たちが不公正に扱われ（ぼられ）ないように守ってくれる盾になるという。

このように、原則立脚型交渉方法は、客観的な基準には譲っても、不当な圧力には決して屈するべきでなく、毅然とした態度で臨むことを主張する[28]。また、正統性は、強者と交渉する場合の「大義名分」の重要性とつながるといえよう[29]。原則を強調する「毅然とした態度」と原則を強調する「分かり易さ」は、「交渉の目標は効果的かつ友好裏に賢明な結果をもたらすこと」であるという「上品な」交渉観とあいまって、「しっぺ返し」戦略[30]の強さの秘訣に通じるところがあるのは興味深い。

最後に、交渉力は、交渉の資源を交渉目的達成のための効果的な戦略によって用いることによって、強化することができるということを強調しておきたい[31]。

---

[28]　表1の「正解」欄1「人と問題を分離する」における、問題に対してはハードにというガイドラインは、ソフト型の人間関係のための協調や協力とは異なり、毅然とした態度をとることにつながる。

[29]　豊田前掲注(20)参照。

[30]　「しっぺ返し戦略」とは、繰り返し囚人のジレンマ・ゲームで勝利したプログラムの名前であり、最初の一手は協調、それ以降の手は相手の手をまねするという戦略のことである。言い換えれば、こちらからは手を出さないが、やられたらやり返すという戦略である。くわしくは野村前掲注(1)6頁以下参照。

[31]　具体的な紛争における戦略の例については、豊田前掲注(20)参照。

第 2　ハーバード流交渉法と交渉力

―《コメントと問題》――――――――――――――――――――――

1．筆者は、フィシャーとユーリー（『ハーバード流』272頁参照）を引いて、交渉力とはだれかに何かをするように説得する能力であると説明する。これは組織のリーダーが構成員をある方向に動かす能力と同じだろうか。

2．筆者は本書第1編第3章第6で、『広辞苑』を引用して交渉とは「相手と取り決めるために話し合うこと」と説明している。そして、交渉は「何かを取り決める、合意する」という目的性が「話し合い」より強いと指摘している。この説明によれば、交渉力とは「相手方に何かを取り決めるまたは合意するために説得する能力」と定義することはできないだろうか。

3．本書84頁の注(30)およびその本文を読んで、原則立脚型交渉方法が囚人のジレンマゲームの「しっぺ返し戦略」（本書144頁、217頁以下）と共通する特徴をもつかどうか、もし共通する特徴をもつのであれば、それはどのようなことを示唆するのかを議論しなさい。

4．問題解決型理論は、メンケル・メドウの「法的交渉のもう1つの考え方のために――問題解決の構造」という論文で提唱された。Carrie Menkel-Meadow, "Toward Another View of Legal Negotiation: The Structure of Legal Problem-Solving," 31 *UCLA L. Rev.* 754（1984）、法交渉実務研究会・小島武司編『法交渉学入門』（商事法務研究会, 1991年）220頁以下に紹介がある。メンケル・メドウは、注(13)およびその本文で紹介したホワイト教授に関して、別の論文でつぎのような興味深い記述をしている。交渉は、弁護士業務の科学と技芸という二つの側面を深めるのに適した、得るところの多い題材である。なぜなら、交渉ではその目標と内容である対象物を明確にとらえる必要があり、また、実施面での行動的・道具的な分析も必要だからである。したがって、米国統一商事法典（UCC）編纂の主導者であったルウェリン

(Llewellyn) なら、交渉こそロー・スクールで教えるべき厳しい「職人芸」だと考えたのではないだろうか。交渉学の最も初期のかつ効果的な教師・研究者であったミシガン大学のホワイト教授（James J. White）が、UCC に関する著名な体系書を著した人物であったことは、偶然だろうか。ホワイトが交渉学の最も初期の教科書をエドワーズ裁判官（Judge Harry T. Edwards）とともに著したという事実は、商事法、労働法、契約、物権法などの多様な科目で、技術と中身が密接に関連していることを示しているのである。"Symposium on The 21st Century Lawyer: Narrowing the Gap By Narrowing the Field: What's Missing from the Maccrate Report――Of Skills, Legal Science and Being a Human Being" 69 *Wash. L. Rev.* 593, 613（1994）および脚注85の記述による。交渉学の最も初期の教科書とは、本稿の注(13)に掲げられた文献である。

《キーワード》

BATNA：不調時対策案、確約：コミットメント、原則立脚型交渉、交渉力、ゼロ・サム・ゲーム、しっぺ返し戦略：Tit-for-Tat strategy、理論、戦略、対立・競争型交渉理論、ハーバード流交渉術、問題解決型理論

《参考文献》

〈日本語〉
・ フィッシャー・ロジャー、ウィリアム・ユーリー、&ブルース・パットン著、金山宣夫、浅井和子訳『新版ハーバード流交渉術』（TBS ブリタニカ、1998年）。
・ 法交渉実務研究会・小島武司編『法交渉学入門』（商事法務研究会、1991年）。
・ 太田勝造「交渉の教育と訓練――『法律実務家のスキルとしての交渉』を読ん

- 野村美明・茅野みつる・柏木昇・豊田愛祥「法律家のための交渉力入門」日本弁護士連合会編『平成一五年版日弁連研究叢書　現代法律実務の諸問題』(2004年) 所収。
- 野村美明「法律家としての交渉力を高めるために―経験から学べるか」『月刊司法書士』平成16年7月号2頁以下 (No.389) (2004年)。
- レビスキー・ロイ、デビッド・サンダーズ、ジョン・ミントン著、藤田忠監訳『交渉学教科書：今を生きる術』(文眞堂、1998年)。

〈外国語〉
- Fisher, Ury & Patton, *Getting To Yes* (Penguin, 2d ed.1991).
- Fisher, Roger & Danny Ertel, *Getting Ready To Negotiate? The Getting To Yes Workbook* (Penguin, 1995).

〔野　村　美　明〕

第2章　交渉の基本原理

第3　上手な交渉・下手な交渉—プロセス・結果：win-winは実在するか

━《この論文のねらい》━━━━━━━━━━━━━━━━━━━━━━
　上手な交渉あるいは良い交渉は交渉者の価値観に左右される（⇨第1編第1章第5、第2章第5、第3章第8）。
━━━━━━━━━━━━━━━━━━━━━━━━━━━━━━━━

1　上手な交渉・下手な交渉

以下では、上手な交渉とは、交渉者の最大限の満足を達成する交渉をいい、交渉者の満足を最小とする交渉を下手な交渉ということにする。要するに結果論である。

ライファ教授は次のような例を出している。売主と買主がある商品の価格をめぐって交渉する場面を考える。そして、この取引は単独独立の取引であり、従来あるいは将来の取引関係の影響をまったく受けないと仮定する。その場合、売主が最低これでなければ売らないという価格を s とする。また、買主がこれ以下の価格でしか買わないという価格を b とする。その場合交渉の結果最終的に価格 x で交渉が成立したとすると図1のような関係ができる。当然のことながら、売主には買主がこれ以上の値段なら買わないという限界の価格 b がわからない。売主は b を b´ と想像する。同じように買主も売主がこの価格以下なら売らないという限界の価格がわからない。そこで、これを s´ と想像する。買主は、売主が b よりできるだけ小さく b´ を想像してくれることを期待している。その方が買主の余録が大きくなるからである。同様に売主も買主が s よりできるだけ大きな s´ を想像してくれることを期待する。そうなるように、交渉を通じて買主は売主の b´ を小さくするようにリードし、売主は買主の s´ ができるだけ大きくなるようにリードする。文化が、このミスリードの仕方に影響を与えるという。ある文化では、

第3　上手な交渉・下手な交渉—プロセス・結果：win-winは実在するか

一方的事情を強く主張し、相手の事情に配慮しないことも許される。ある文化では、事実を誇張したり、場合によってはある程度事実をねじ曲げることも許される。さらにある文化では冗談めかして大嘘をつくこともありうる[1]。売主からみた上手な交渉は、x点をできるだけ高くする交渉が上手な

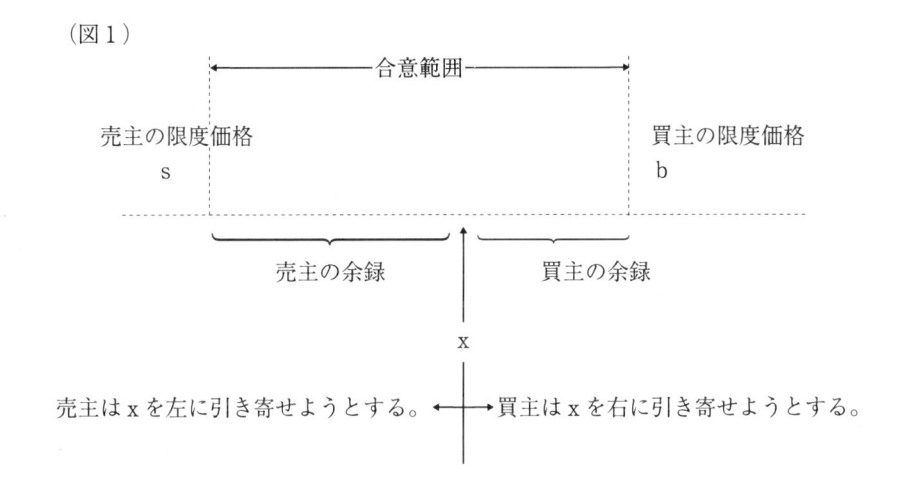

（図1）

```
                    ←―――――合意範囲―――――→
       売主の限度価格                      買主の限度価格
            s                                 b
                    ⌣―――――⌣―――――⌣
                    売主の余録   買主の余録
                             ↑
                             x
売主はxを左に引き寄せようとする。←―｜→買主はxを右に引き寄せようとする。
                             ↓
```

交渉であり、逆が下手な交渉ということになる。

　日本人一般は国際的に交渉下手であると一般的にいわれることがある。国際紛争交渉や取引交渉について結果からみると別に損をしているとは限らない。ただし、日本人観光客が、中国で買い物をすると中国人が買い物をするより倍以上の値段で商品を買わされている、といわれるが、それは本当だと思う。しかし、日本人が本質的に交渉下手だからそういう結果になるのではなく、買い物の交渉のルールが特殊なローカル・ルールで日本人が慣れていないだけのことではなかろうか。外国人が観光みやげの買い物が下手なのは共通しており、単にローカル・ルールになれていないだけのことであろう。

---

(1) Raiffa, Howard, *The Art and Science of Negotiation*, Harv. Univ. Press (1982) 46 *et seq.*

第2章 交渉の基本原理

中東のスークなどでもアメリカ人は買い物上手とはいえないという評判であるが、同じようにアメリカ人はスークのルールに慣れていないだけではないか。もっとも一般的に日本人は買い物で値切るということに慣れていない、ということはいえる。しかし、外交交渉や、大きなプロジェクトの交渉や、知財関係の巨額の紛争などでは必ずしも日本人がたとえばアメリカ人に比べてつねに悪い交渉結果だけを得ているわけではなさそうである。交渉も多様な交渉があり、一般論として「日本人は交渉下手」という主張には意味がない。外交交渉などは、アメリカや日本に比べイギリスやフランスは老練という印象があるが、どうだろうか。

　日本の弁護士は国際的に交渉下手か、というとさらにわからなくなる。まず、国際交渉の場面では、明らかに英語力に劣る。日本人の弁護士が英語国の弁護士にくらべて英語力が劣ることはわかるが、インドや東欧などの非英語国の弁護士に比べても英語力が劣る。これは英語で行われることが多い国際交渉では大きなハンディキャップである。弁護士は、弁論で相手と戦うことをその職業技術の中心としている。英語での交渉で、英語を駆使して上手な弁論ができなくては交渉のエキスパートとはいえない。しかし、英語のハンディキャップを筋の通った論理と迫力でカバーしている日本人弁護士も多いことも事実である。

　国内交渉では、弁護士は逆に法論理を中心とした力ずくの交渉方式に頼る傾向がある。日本のビジネスマンの得意とする交渉様式の1つは、相手から人間的信頼を獲得し、その信頼をベースに取引を獲得する方式である。日本の弁護士はこわもてのイメージが強く、ソフトな交渉に向くかどうかについては疑問視されている状況ではなかろうか。弁護士は法論理という慣れた武器に頼りすぎているように思われる。日本国内の交渉では、当事者間の友好関係を基礎とした交渉が決裂し敵対関係に陥った後で、はじめて弁護士が交渉の席に呼ばれることになる。このように交渉の場はすでに敵対的となっているから、最初からこわもて戦略をとることになり、ますます弁護士のイメー

第3　上手な交渉・下手な交渉―プロセス・結果：win-win は実在するか

ジはこわもて交渉者のイメージが強くなる。

2　交渉のプロセスと文化

交渉には文化と感情が大きく影響する。したがって、国際交渉の多くの本が交渉に現れる異文化の説明をしている[2]。また、ハウツウものの交渉本の多くが、相手の信頼感などの感情的側面の処理の仕方を強調している。文化についていえば、国際的に国民性が出ることはもちろんであるが、日本の中でも、交渉は当事者の属する社会のルールによって大きくことなる。たとえば、夏原武編『現代ヤクザに学ぶ最強交渉・処世術』（宝島社、2004年）という本が出たが、ヤクザ社会の交渉の仕方と、都市銀行の交渉の仕方、商社マンの交渉の仕方、政治家の交渉の仕方、田舎の老人の交渉の仕方、等々、交渉当事者の属する社会のしきたりやものの考え方によって千変万化であるように思われる。文化的側面を利用しながら、相手の感情をこちらに好意的なものに仕向ける技術が重要となる。しかも、文化的あるいは感情的側面は理論的分析に向かない。そこでこの文化的感情側面を強調した交渉論は、実証的でなくハウツウものになりやすい。ついでにいえば、国際的な文化の違いも、細かくみれば一国内でも地方により大きく異なることがあり、参考書を鵜呑みにして、たとえば「中国人の交渉方法は…」と理解するやり方には危険が多い。この分野の議論には、実証的研究が少ないので複数文化間の交渉について深い経験を持つ人の観察を元にするしかない。しかし、それでもその観察の有効性を担保する手段がなく、経験の深い人でも、往々にして観察が表面的であったりする。

---

(2)　たとえば、佐久間賢『国際ビジネスと交渉力』NHK ブックス（1994）は、国際交渉に対する文化の影響の説明に多く言及しているし、国際交渉と文化をもっぱら論じた書籍の代表的なものに、ロバート・モラン、ウィリアム・ストリップ『国際ビジネス交渉術』勁草書房（1994）や米国国務省外交研究センター『米国の国際交渉戦略』中央経済社（1995）、木村汎編『国際交渉学』勁草書房（1998）、小倉和夫『「西」の日本と「東」の日本』研究社（1995）がある。

第2章　交渉の基本原理

　他方でゲーム理論やライファのように交渉を理論的に分析する論者の理論はこのような文化的要素を排除するか、あるいは文化的要素の少ないモデルを考えている。これは基礎理論としては面白いが、交渉者のほとんどがかなり文化的影響を免れない現状では、交渉を実際にやる人にとっては机上の空論としてあまり役に立たない場面に往々にして遭遇する。たとえば、ライファ教授は、ハーバード・ビジネス・スクールで多数の交渉のシミュレーションを行い、その結果を分析している。このシミュレーションの結果についても、ハーバード・ビジネス・スクールの学生の文化的影響からまったく逃れた客観的なものではあり得ない。このようなシミュレーションを学ぶときは、それはいつも「ハーバード・ビジネス・スクールの学生を観察対象とした場合については」という前提条件が付くことを忘れてはならない。ただ、そうはいっても、ライファ教授の著作の *The Art and Science of Negotiation* のシミュレーションは、比較的合理的な思考傾向の強い被験者による結果として、ほかの非合理な思考方法の強い被験者の観察から得られる結果よりも、汎用性は高いのではないかと思われる。特に交渉が国際ビジネス交渉のような分野になると、最終的には損得の定量的問題に還元できる場合がほかの交渉分野に比べ比較的多いこと、また国際ビジネス交渉に従事するビジネス・パーソンには合理的思考傾向が強い人が多いことから、合理に基づく交渉理論がより強く妥当する。

　ハーバード流交渉術は、見方によっては、どのようにして交渉を文化と感情などの非合理の要素から切り離し交渉相手を合理的な交渉に導いてゆくか、の方法論とみることもできる。合理に立脚した交渉術が汎用性が高いし、予測可能性が高いし、コントロールがしやすいし、それだけに交渉が合意に至る確率と効率が高いからである。弁護士の交渉術としては、合理による法論理をつねにベースとしながらも、これを全面には出さず、法論理で得られた説得の方向や内容を、相手の心理、文化およびものの考え方にそって納得させる技術を身につけるべきである。特に、日本ではまだ話し合いに法を持

ち出すことを嫌う人たちがいる。このような人たちには、心に訴える交渉が効果的であることが多い。問題はどのように心に訴えるか、ということであるが、相手方の考え方、知的レベル、価値観に感情移入する（empathy）が大切である。そのためには、相手の考え方、価値観（マインドセットという人もいる）を理解する努力が必要である。陳謝すべき場合にもどのように「陳謝」を効果的に利用するか、という技術を考えてもよい。しかし、常に合理的交渉理論を忘れてはならない。

基本的な合理による交渉の手法をまなぶためには、カリェール『外交談判法』岩波文庫と『新版ハーバード流交渉術』TBSブリタニカ（1998）、でほぼ足りる。文化的交渉の技術に関しては、万巻のハウツウものが出ているが、問題はハウツウものがその妥当領域を明らかにしたものが少なく、逆にそこに書かれている技術がどの交渉でも当てはまるがごとく書いてあるものが多くミスリードしやすいことである。特に、西洋人が書いたものは、西洋人を相手にする交渉では有効であるが、東洋人など別の文化の人を相手にした場合には、当てはまらない場合が多いので注意を要する[3]。

3　win-winは実在するか

上記1に紹介したライファの合意領域の表の前提は、1回限りの交渉で、争点が単一の独立の問題で、配分的な問題で、当事者は相反する利害をもっているケースを前提としている[4]。問題が前記図1のような直線の座標で表

---

(3) この原稿を脱稿してから、リチャード・E・ニスベット（村本由紀子訳）『木を見る西洋人森を見る東洋人』ダイヤモンド社（2004）を読んだ。この本は、留学生の観察により見いだした東洋人と西洋人の思考法の違いを指摘した本である。これを読んだあと、ハーバード流交渉術が強く西洋人の思考法を前提とものではないか、との疑問が生じた。おそらくカリェールの『外交談判法』もハーバード流ほどではないにしても、西洋流の思考法に影響されている筈である。これらの西洋流交渉術の限界と洋の東西を問わず妥当する交渉術を仕分けする必要がありそうである。

(4) Raiffa, *supra*, note 1, at 33.

現できる問題である。この様な事例では、問題は単純なパイの分け合いの問題となり、創意工夫によるwin-winゲームは成立しづらい。実際の問題では、当事者間に継続的関係のない契約紛争交渉がこの傾向が強い。たとえば、販売店契約の解約の問題がその典型であり、win-winの解決がむずかしい。

当事者の関係が、ある時点で複数の問題について関係があり、しかもその関係が永続的である場合にはwin-winの関係を構築しやすい。当たり前のことながら、紛争解決の選択肢の考案がある時点での他の問題を巻き込んだ横展開が可能になりやすく、さらに時間軸を利用とした解決策が可能であるからである。たとえば、ある商社が海外大手メーカーから購入した機械に不具合があり、損害賠償を請求した。この海外のメーカーは、商社の損害分を十分にカバーする手数料を商社にもたらすような将来の輸出取引をその商社経由とする解決策と提示し、問題を解決した。このように時間軸を解決策の発明に利用することができる。

さらに、交渉の対象が発生してしまった紛争の解決ではなく、将来の取引関係の構築のための交渉、たとえばインドで乗用車を生産するための、現地企業との交渉のような事例では、ますますwin-winの交渉結果を得られる可能性が高まる。これは、いったん発生して固定化した権利義務関係の枠組みの中での解決方法の創造の環境よりも、将来の枠組み自体をこれから構築する場合の方が、当事者の自由度がはるかに大きいから、それだけ自由な発想による問題解決方法が可能になるからである。

win-winの交渉は、単なるパイの分け合いまたは損失の押し付け合いから、パイを大きくする方法あるいは損失を少なくする方法を当事者が発明しなければならないという条件がある。すなわちwin-win結果をもたらす創造的解決案を作り出す必要がある。そのような発明が可能かどうかがwin-winの結果を左右する。このような「発明」が可能である場合もあるが、どんな天才が交渉者になろうともそれができない場合がある。そのような発明を可能にする交渉者側の条件としては、交渉者自身が豊かな創造的発想(水

第3 上手な交渉・下手な交渉—プロセス・結果：win-winは実在するか

平思考）ができる資質を備えていることが最も重要である。日本では、企業の場合にチーフ・ネゴシエーターは社内の地位で決定され、交渉者としての資質の有無で決定されることはない。この点は、アメリカのように交渉能力が意識され、交渉能力も考慮要素としながらチーフ・ネゴシエーターが決定される風土に比べてハンディキャップがあることは否めない。

《コメントと問題》

① 日本とアメリカの交渉スタイルの違いは何であろうか？
② win-winが実現するための条件は何であろうか？
③ なぜさまざまな「交渉学」が存在するのであろうか？

《キーワード》

win-win、チーフ・ネゴシエーター、交渉と文化、交渉シミュレーション

《参考文献》

<日本語>

・小倉和夫『「西」の日本と「東」の日本』（研究社、1995年）。
・木村汎編『国際交渉学』（勁草書房、1998年）。
・佐久間賢『国際ビジネスと交渉力』（NHKブックス、1994年）。
・夏原武編『現代ヤクザに学ぶ最強交渉・処世術』（宝島社、2004年）。
・米国国務省外交研究センター『米国の国際交渉戦略』（中央経済社、1995年）。
・フィッシャー、ロジャー＆ウィリアム・ユーリー『新版ハーバード流交渉術』（TBSブリタニカ、1998年）。
・モラン、ロバート、ウィリアム・ストリップ『国際ビジネス交渉術』（勁草書房、

第 2 章　交渉の基本原理

　1994年)。
・リチャード・E・ニスベット『木を見る西洋人森を見る東洋人』ダイヤモンド社 (2004)。

＜外国語＞

・Raiffa, Howard, *The Art and Science of Negotiation* (Harvard University Press, 1982)。

　Raiffa, Howard, *Negotiation Anarysis* (Belknap/Harvard 2002)。

〔柏　木　　　昇〕

第4　カリエールの交渉原理

《この論文のねらい》
　この論稿は、交渉術の教科書として広く知られているカリエールの「外交談判法」の所説を分析し、その特色を明らかにする（⇨第1編第3章第7）。

1　はじめに

　フランソワー・ド・カリエール（1645年〜1717年）は、ルイ14世（在位1643年〜1715年）治政下の外交官である。彼が「立派な交渉家となるために必要な知識が何であるかを明らかにし、彼等が行くべき道と避けるべき危険物を示し、大使を志す人々に対してそれを立派に勤めることのできる能力を培うように勧め励ます」ために書いた『外交談判法』は、交渉術の教科書として、今日でも時代を超えた価値を有する。ここでは彼の思想と方法論を、彼の著作そのものを引用することで略述しよう（以下、同書の引用はすべて坂野正高訳＜岩波文庫＞による。）。

2　カリエールの交渉観

(1) 交渉技術は、人間が考え出したすべての法律よりも、一層大きな影響力を人間の行動に及ぼす。なぜならば、人間が法律を守ることに細心であったとしても、法律は紛争や決まりのつかない権利主張を無数にもたらし、これは協定を結ぶことによってしか解決し得ないからである。そして、このような協定は、その締結にあたる交渉家の手腕に応じて有利なものとも不利なものともなる（18頁）。

(2) 人と人との友情とは各人が自分の利益を追求する取り引きにほかならない。主権者相互の間に結ばれる関係や条約はなおさらそうである。相互的

な利益に基礎を置いてない関係や条約は存在していない（58頁）。
(3) 君主は、おのれの権利を守り主張するためには、理性と説得による手段を試みつくした後でなければ武力行使の手段に訴えないということを大原則とすべきである。かつ、これに加うるに恩恵を与えるという方法を併せ用いることが利益である。この方法は、あらゆる手段の中でも最も確かなものである。ただ、人の心と意志を動かすためにこれらの方法を駆使できるような――交渉の術の要諦はとりわけここに存する――優れた交渉家を使うことが必要である（9頁）。
(4) 人間には決して確固不動の行動準則はなく、行動は理性よりは感情が気質によって左右される。君主は人民を支配し、利害関係が君主を支配する。だが、君主の情熱がしばしば彼の利害関を支配する（42頁）。
(5) どれほど決心が固く強情な人でも、実は長続きせず、移り気であるに過ぎない。彼らの考えも決心も、すべてそのときどきの彼等の想像力の状態によって左右される。その想像力たるや、しばしばまったく相反するようなことを思いつく。適当な手段を使えば、彼等の反感を好意に変えることは不可能ではない。できないものと諦らめてはならない（102頁）。

3　交渉家の素質について

(1) 交渉家の資質の中で最も必要なものは、人が言おうとすることを注意深く、よくかみしめながら傾聴することができ、相手が述べたことに対して、的外れでないその場にあった返事はするが、こちらの知っていることや望むことをせかせかと全部いってしまおうとは決してしないということである（103頁）。
(2) この職業には洞察力、器用さ、順応性、幅広い知識が必要である。ことに的確で鋭敏な識別力――何が起こるかを1つも見逃さずに観察し、出会う有利な機会をすべて利用する力――が必要である（10頁、34頁）。
(3) 君主を相手にするときには、彼らの物の考え方を考慮に入れることが必

要である。交渉相手の君主の立場になってみるために、自分自身の考え方を脱ぎ捨てて、相手の立場に身を置き、相手そのものになり、相手と同じ考え方や気質になることである。相手のあるがままを理解したならば、こう自分にいってみることである。「もし、私がこの君主であって、同じ権力、同じ情熱、同じ偏見の持ち主ならば、私が彼に申し入れなければならない事柄が、私にどんな影響を及ぼすだろうか。」と（95頁）。

4　交渉の方法について

(1)　納得させたいと思うことを交渉相手の頭の中で1滴ずつしたたらせることを心得るのが秘訣の1つである。いくら自分に有利でも、最初からその全貌とそこから起こりうる結果を見せられると決心できない人が多い。少しずつ順を追って入らせるとこちらの誘導のままになる。一歩あるくともう一歩あるきたくなり、さらに何歩もあるいてみたくなる（104頁）。

(2)　交渉を成功させる最も確かな方法は、交渉の相手がこちらの提案を自分にとって有利だと思うように仕向けることである。交渉家の提唱する和合によって任国の君主・政府がどういう利益を得られるかを残りなく検討し、そうした利益のあることを相手に納得させるようにおのが知識と知力の限りを尽くして努力し、その利益を相手が獲得できるように、そしてその利益がこちらの主君の利益と一致するようにすることである（93頁）。

(3)　交渉の一番の秘訣は双方に共通の諸利益を共存させ、できれば変わらぬ足取りで前進させるための方法をみつけることである（59頁）。人の心と意志を動かすために理性と説得による手段、それに加うるに恩恵を与える方法を駆使する――交渉の術の要諦はここに存する（9頁）。

5　まとめ

この小稿で、カリエールの所説を説き明かすことは容易なことではない。詳細は彼の著書に譲る以外にないが、筆者なりに感じているところを列記する

と、つぎのようなことがいえると思う。

　第1にカリエールの置かれた立場からいって、任地国の主権者は、ほとんどの場合が独裁君主であった。彼等を口説けるかどうかが交渉の成否を決する要素であった。したがって、今、民主制国家にみられるような議会との関係を考慮するとか、相手国政府内の権限分掌を配慮した集団的な交渉ということは想定されていない。その結果、特定の権力者に向けた属人的な交渉技術という面が強く現れており、具体的には、交渉技術の中の説得力という面が強調されている。

　第2に、交渉家の資質というものを常に念頭におき、そのためにいかなる自己陶冶をなすべきかを問い続けているという点に同書の特徴がある。したがって、交渉家としての精神修養書的な読み方が可能である。自己の心ばせのあり方から始まって、対人関係、忍耐強さ、大胆さなど自己コントロールを必要とする部分について参考になることが多く書かれている。

　最後に、この小稿では触れなかったが、情報の取り方、解釈の仕方という面でも同書は有益である。スパイ行為が宮廷で日常茶飯事のように行われていた時代に生きた人の言だけに、現代にも裨益するところ大である。

―《コメントと問題》―
1．カリエールの思想と方法論について、現代に生きるあなたはどのように感じるか？
2．「相互的な利益に基礎を置いていない関係や条約」を歴史の中から拾い、その関係や条約の結末がどうであったかを述べなさい。
3．どうしたら「相手の立場に身を置き、相手そのものになり、相手と同じ考え方や気質になる」ことができるであろうか。

第 4　カリエールの交渉原理

―《キーワード》――――――――――――――――――――――――――
　カリエール、フランソワー・ド、『外交談判法』、交渉家の資質、的確で鋭敏な識別力、交渉の方法、交渉の秘訣、
属人的な交渉技術、説得力、情報の取り方・解釈の仕方、スパイ行為
―――――――――――――――――――――――――――――――――

《参考文献》

カリエール、フランソワー・ド、（坂野正高訳）『外交談判法』（岩波文庫、1978年）。

〔豊　田　愛　祥〕

第2章　交渉の基本原理

第5　交渉における異文化コミュニケーション

―《この論文のねらい》――――――――――――――――――――
　異なる文化に属する当事者間の交渉においてはいかなる点に留意すべきかを考える（⇨第1編第2章第3）。
――――――――――――――――――――――――――――

1　交渉における文化の意味

　文化とは、人間集団の生活様式から個々人の内面に関わる人間の属性まで含む多義的な用語である。交渉が人間の営みである以上文化のあらゆる側面が関わってくる。ここでは交渉の核心にかかわる人間の主観をテーマとするので、文化を価値観の体系と考えよう[1]。それは、人間とその集団である社会の地域的な特性と歴史的な経緯、さらに宗教的な信念などに裏づけられる。それは必ずしも民族的な集団ごとに割り切れるものでもない。たとえば、同じ日本人の中ですら、顕著な違いがあるものである。わかりやすくいえば、個々人の考え方のパターンといえようか。したがってそれは、交渉のあらゆる場面であらゆる要素に関係している。交渉が異なる利害を調整するための努力だとすると、そもそもその拠って立つ利害の判断も文化によって違っているのである。経済合理性を追求する場合も、政治権力を手に入れようとする場合も、そこに価値判断を伴うものである以上、各自の利害に対する完全に同一の理解があるわけではない。

(1)　交渉の対象となる利害への理解

　とはいえ、交渉にはその対象となる利害に対する同一の理解を前提にしなければ進まないものではない。むしろお互いの誤解があってこそ合意をみる

―――――――――――
(1)　価値観は、文化から与えられ、日常の行動を律する導因であるとされる（古田暁他『異文化コミュニケーション：キーワード』(新版)(有斐閣、2001年) 6頁。

ことの方が多いもといえよう。市場というものはそもそもこの異なる価値観の均衡ということで成り立っているともいえる。たとえば、物の価値は、それをどのように利用するかによって違ってくるわけであり、その利用の仕方はその物に対する価値観によって決まってくる。個性のない金銭や証券の取引ですら、その紙が表象する「信用」という価値を具体的な場面でどのように捉えるかという価値観に関わる。

(2) 交渉プロセスへの影響

　他方、交渉の対象だけでなく、交渉のプロセス、手段、方法においては、交渉者の文化の違いが大きく影響することは経験的にも明らかである。たとえば、交渉においておそらくもっとも重要なコミュニケーション手段である言語は、単に情報伝達のシステムという以上に、価値観そのものを映し出す鏡でもある。日本語の「はい」が、Yesを意味しないことはよくいわれるが、交渉相手をどのように呼ぶかという2人称ですらきわめて文化的な特性を吐露している。日本語では、口語ですら、おまえ、君、あなた、先生など自分と相手との関係に応じて使い分けられる。ベトナムではこのルールはもっと多様かつ厳格であり、年齢、性別、社会的な地位、地縁、血縁の差などによって違った2人称を使いわけなければならない。むろん、そこで生活している者にとってそれはいちいち頭を悩ませる複雑なものではなく、呼吸をするように自然な営みである。つまり、すでに人間として他者との間で自己がどのような関係にあるかということが、個々人の価値観として奥深く埋め込まれているのである。言語を学ぶことは、単なることばの言い換えではなくて、文化を理解し、相手の文化のなかでの意味を見出すことなのである。

　このように、交渉における文化の要素は、「交渉の対象」となる利害に対する理解の違いと、「交渉の方法」としてのコミュニケーションにおけるギャップということになる。では、このような異文化間コミュニケーションが、利害対立のある者同士の交渉にどのように関わっているのかを理論的に検討し

てみよう。

2 交渉の対象における異文化

　交渉の対象である利害の理解自体が文化によって異なるということは、交渉そのものの目的、射程が文化を異にする当事者間では異なる可能性もあるということである。つまり、ある取引のための交渉をしているつもりでも、相手方は、その取引でスポット的な利益を得るというよりは、その取引で損をしても、ここで貸しを作って将来の利益を得るための信頼の醸成を目的とするかもしれない。しかし、この貸し借りという要素も、日本でいう義理人情のようにきわめて文化的固有性をもった社会規範かもしれない。したがって、異文化では通用しない一方的な思い込みにすぎないということもありうるのである。

　また、なにを利害と考えるか自体が異なることもある。ビジネス交渉だからといって必ずしも金銭や数字が利害とは限らない。ロジャー・フィッシャーによれば、中東における利害はむしろ、合意、敬意、安定、自主性、自治、屈辱などとされる[2]。すなわち、個々人が交渉によってその最大化をめざす自己の利益とは必ずしも金銭評価できるものとは限らない。名誉や地位、社会的な評価や宗教的信念などさまざまなものを想定できる。つまり、交渉のめざすべきゴールは、各自の文化に根ざした価値観によって違うのである。鰯の頭でも神様になるように、結局は本人の主観が作用するのである。

　したがって、交渉相手が文化を異にすると思われる場合、まずは相手方の価値判断、考え方のパターンを読むことが重要となるであろう。そのためには、その人間の所属する集団の環境、歴史、伝統を包摂する文化を理解しなければならない。しかし、異なる文化を理解するということは一朝一夕では

---

(2) Harvard Business Review (Diamond ハーバード・ビジネス・レビュー) September 2002,『説得力のプロフェッショナル』「ハーバード流交渉学講義、Lecture 4　異文化圏との交渉術」p.56.

いかない困難な課題である。特に、グローバルなこの時代にあっては、いったいどの文化に属しているかを知ることすら容易ではないであろう。また、仮にそれを特定したとしても、常に例外があるわけであるから、文献の知識や一般的な理解、あるいは個人的な経験によるステレオタイプ的な思い込みは、かえって偏見として相手個人を理解しようとする目を曇らせているかもしれないのである。

逆説的にいえば、文化に囚われずに虚心坦懐に相手を理解する姿勢そのものが異文化コミュニケーションでは重要だといえそうである。つまり違いに囚われるのではなく、違いを理解しようとするところから交渉は始まる。ではどのようにして理解していったらよいのであろうか？そのためには交渉のプロセスを考えてみなければならない。

3　交渉のプロセスにおける文化

その目的は、当事者によって必ずしも同じではないとしても、交渉は合意をめざすプロセスであるとの理解は共通であろう[3]。合意とは、当事者双方の判断の合致である。つまり交渉は、合致する判断に向かって行われるコミュニケーションのプロセスといえる。異文化間においては、交渉の目的が相違するように、そのプロセス自体も相違するものであることを想定しなければならない。

(1) 交渉相手の権限

まず、交渉相手が必ずしも交渉内容にすべてに決定権を持っているとはいえない。だれが、何に決定権を有するかを理解しておくことは交渉の「いろは」である[4]。特に組織の場合、組織的決定のプロセスを理解していないと思わぬ落とし穴に落ちるであろう。従来の日本式経営のように稟議をもって

---

(3)　単なる引き伸ばしのための交渉ということもあろうが、少なくとも表面上は合意をめざす姿勢を示すということが交渉の前提であろう。

徐々に組織内の合意を形成していく組織と、トップダウンで決定を行える組織とではやはり交渉のプロセスを異にする。相手の決定プロセスを理解しないで、これを無視して交渉に臨めば、双方が相手方を礼儀知らずであるとか、引き伸ばしをしているとか誤解して信頼を損ない、ひいては交渉のプロセスそのものが進まないことにもなりかねない。

そもそも交渉相手が適切か否かすらわからないこともある。これは、その社会の中での権力関係に関わる。権力関係は必ずしも公式なものとは限らない。会社法上は、代表取締役社長が最高権力者としても、実質上は、その上に、前社長としての会長などが君臨していることは日本でも少なくはない。ましてや人間関係が密な社会では、組織を超えた人間関係により利害が複雑に絡み合っているのであって、むしろ公式の当事者以外の、当事者に影響力ある第三者と交渉したほうがいい場合さえあるであろう。

(2) 交渉作法：贈答、礼儀、表現

交渉の適切な作法における相違は、また、交渉相手など関係者への贈り物などの評価に如実に現れている。これを積極的に評価する社会もあれば、むしろこれを汚職または倫理違反として拒絶し、そのような行為をする者を軽蔑する社会すらある。人間関係を重視する社会では交渉は人間関係を築くためのプロセスであり、贈り物はそのためのきっかけとして儀礼上も重要な要素となる。他方、人間関係を切り離した、取引の対象に対する普遍的な評価を重視する社会では、このような人間関係はむしろ物事への正当な評価を曇らせる悪しき慣行と思われるのである。

言語にその傾向が集約されているとおり、交渉する場合においてもコミュニケーション手段が、対等な立場における直接表現がよいか、あるいは地位や序列を尊重して間接的な表現を用いた方がよいかなども文化により異なる

---

(4) 前掲注(2) Harvard Business Review, ジェームズ・K・セベニウス『異文化コミュニケーションの原則：交渉にグローバル・スタンダードはない』 p.91.

ので特別な配慮が必要となろう。日米間の交渉では特に、前者が米国流、後者が日本流の典型とされている[5]。その背景には、コモン・ローの伝統と多文化社会の中で育った、対抗的な交渉文化と、和をもって尊しとする伝統文化と単独民族神話に支えられた調和的な交渉文化の差を見出すことができるかもしれない。しかし前述したとおり、文化のステレオタイプ的な固定観念は、かえって先入観を与える可能性も否定できないところであり注意を要する。

(3) 交渉の目的である合意の意味

　前述したとおり、文化によって交渉の目的、射程が違うことがありうるわけだが、交渉のめざすべき「合意」自体への理解が文化によって違うこともありうる。つまり、合意が当事者を拘束する最終的な法、すなわち裁判規範であるという理解と、信頼関係を築くためのガイドラインとしてのその時点における行為規範にすぎないというまったく異なった理解がありうる。冗談でいわれるとおり、米国では弁護士を連れて交渉に臨まないと真剣でないと取り合ってもらえず、日本では逆に弁護士を連れて臨めば、自分を信頼しないのかといって交渉自体決裂するというような違いがありうるのである。

　したがって、到達したはずの合意が実はまったくの誤解に基づいたものであり、後になって紛争となることもありうる。対抗主義的な米英流の交渉は、双方が激しく自己主張を行い、争点を明確にして妥協を図り、合意事項を明確にしてそれ以外には拘束されないということが前提とされている。他方、日本など調和的な交渉では、双方が落としどころを探りあい、むしろ争点をあいまいなまま、人間関係などのバランスを図る調和的な交渉となる。得られた合意も暫定的で双方の信頼の基礎としての指針程度のもので、あまり細かな点をむしろ明記しないとい人間関係の調整という傾向になりやすいとい

---

(5) 奥村哲史「異文化交渉：ジョイント・ゲインと文化スキーマ」『一橋ビジネスレビュー』（SPC、2003年）pp.7-59.

第2章　交渉の基本原理

えよう[6]。このようなことから、日本人は契約を守らないとか、米英人に騙された、誠意がないとかというような非難合戦にならないとも限らないのである。

4　異文化理解は交渉の鍵：第三の文化創造の可能性

このように交渉文化を背景にした交渉が双方の誤解を生み、決裂に至ったり、合意されてもその合意に対する理解の違いから新たな紛争になったりするということは想像にむずかしくない。したがってまず文化の相違を意識し、双方の文化について理解することは交渉の前提として不可欠であろう。理解にもとづき初めてそのための対応が可能となる。文化の相違を架橋するための相手方文化の尊重や、自己の文化を乗り越える努力が必要になろう。逆にむしろ文化の相違を逆手にとって交渉を決裂させたり、あるいは守られない合意でお茶を濁したりするという戦略もあるかもしれない。

また、交渉を通じてお互いを理解し合おうとする努力から、第三の文化が生まれる余地もあるかもしれない。第三の文化とは、各自が自分の文化を保持しながら、相手の文化を尊重し、相互に適応しようとする行動と態度から創り出される新たな文化のことである[7]。今後グローバリゼーションがさらに進展していく中で、個々の交渉を通じて人々は新たな交渉文化を形成する余地はあろう。自己の文化がその中で生き残れるかは、バーゲニング・パワーの問題もあろうが、その文化が多文化という前提のなかで異質な文化を包み込める包容力のあるものかにかかっているものといえよう。

---

(6)　特に日本とアメリカの交渉スタイルについては、西潟眞澄「日本とアメリカに見る交渉術」交渉力研究会（1995）『「ハーバード交渉術」を超えて：日本人も交渉上手になれる』株式会社ストーク pp.178-222.

(7)　古田他前掲注(1) pp.12-13.

┌─《キーワード》
│ 異文化間コミュニケーション、ステレオタイプ、交渉作法、「合意」
└

┌─《議論のための問題》
│ 異文化間交渉において留意すべき点にどのようなものがあるか？
└

《参考文献》

古田暁他『異文化コミュニケーション：キーワード』（新版）（有斐閣、2001年）。

Harvard Business Review（Diamond ハーバード・ビジネス・レビュー）September 2002,『説得力のプロフェッショナル』。

奥村哲史「異文化交渉：ジョイント・ゲインと文化スキーマ」『一橋ビジネスレビュー』,pp.47―59.（SPC、2003年）。

交渉力研究会『「ハーバード交渉術」を超えて：日本人も交渉上手になれる』（株式会社ストーク、1995年）。

〔佐 藤 安 信〕

第2章　交渉の基本原理

第6　交渉における倫理

《この論文のねらい》

　倫理のない交渉は、公正な交渉とはいえないであろう。しかし、交渉を有利に進めるためには倫理に反するような交渉術を弄することは珍しいことではない。もともと倫理なるものは人の内面の行為規範に関わるから、一定の客観基準があるものではなく、厳格な定義は困難である。本稿では、民法に照らして違法とされる交渉を手がかりに、違法とはいえないがこれに準じるような交渉を考えてみる。他方、倫理が不当な交渉を制限する抑制機能を働かすばかりでなく、むしろ倫理を戦略的にとらえる、交渉における倫理の効用も考えてみよう（第1編第3章第10）。

1　違法な交渉

　欺罔や威嚇による交渉も交渉だとしても、正当な交渉とはいえないであろう。民法は、詐欺または強迫による意思表示は取消すことができるものしていることからもそのような交渉は違法であるといえる。なぜなら、このような作用に影響された意思表示は自由な意思表示ではないからである。もちろん完全な意思表示などというものはあり得ない。何らかの制約の中で、人々は選択するからである。しかし、騙したり、脅したりという行為そのものが刑法上犯罪ともされているのは、その悪質性が社会的に容認できないものだからである。犯罪にはならないとしても、未成年者や、精神的な障害者などで完全な行為能力を有さない者相手の交渉も、その意思表示は取り消されるものとされている以上、違法な交渉となるであろう。

　しかし、現実の交渉では、どこまでが違法ではない「駆け引き」や「はったり」かについては程度問題としてむずかしい。また、自己に権利があり相手方に債務がある場合でも、社会通念上受任すべきものと認められる程度を

第6　交渉における倫理

超えた場合には違法となり、恐喝罪が成立することすらあることに留意すべきである[1]。まして、その権利関係が明白ではなく争いがある場合には、度を越えた交渉は違法とされる余地がある。しかしその具体的な程度については、弁護士の交渉における倫理に関して問題となったユーザーユニオン事件[2]に対する一審判断と控訴審判断が分かれたように、具体的に明確な判断基準があるわけではない。

2　倫理に反する交渉

違法とはいえないが、これに準じるような交渉が倫理に反することになるであろう。たとえば、騙すとまでいえなくとも相手の信頼を損なうような交渉と、脅迫とまではいえなくとも相手の弱みにつけ込んで自己の優越的な地位を濫用した場合などが考えられる。

(1)　倫理と信義則：信頼とエストッペル（禁反言）

民法1条2項の信義誠実の原則は、民法の一大原則である。行為規範として相手の信頼を裏切らないという規範でもある。もちろんこの原則に反する行為は違法ということになって、それに基づく契約の効果の有効性が問題とされる。倫理は規範よりより緩やかで主観的でもあろうから、信義誠実の原則に反しないまでもこれに準じるような行為が問題となる。これを「フェアでない」交渉ということができよう。自分の交渉力を強めるための交渉術は、

---

(1) 最判昭和30年10月14日第二小法廷、『刑集』9巻11号2号，173頁。
(2) 東京地判昭和52年8月12日『刑事裁判月報』9巻7・8合併号448頁、『判例タイムズ』355号123頁、『判例時報』872号21頁。東京高判昭和57年6月28日、『刑事裁判月報』14巻5・6合併号324頁、『判例タイムズ』470号73頁、『判例時報』1047号35頁。塚原英治他編著『プロブレムブック：法曹の倫理と責任(上)』現代人文社、2004年、290-316頁参照。なお、弁護士が代理人として交渉する場合、利益相反、守秘義務、真実義務、誠実義務などとの抵触という職業倫理が問題となる。これらについては、ケースブックとして同書が詳しい。

得てしてこのフェアでない交渉になりうる、「きわどい」交渉になりやすい[3]。

たとえば、英米法のエストッペル（禁反言）の原則にも現れているように、自己の言動で相手方を信頼させた場合、これを利用して手のひらを返すことで相手方を混乱に陥れることなどが考えられる。つまり、初めから騙す意図がなくてもみずからが相手の信頼の根拠を作った以上、これを前提とした交渉は信義にもとるものといえ妥当ではないからである。

もっとも、逆に、当方の責任によらず、相手方が勝手に勘違いしていたり、情報不足であったりなどの状況で、誤解ないし事実誤認をしている場合、そのことを指摘しなければならないであろうか？　この点は、そのような法的義務も倫理上の義務もないものと考える。そうでなければ、互いに有利な交渉をしようとして努力する側が得をすること自体を否定することになり、対抗的競争的交渉が成り立たなくなるからである。逆にいえば、努力をしない者、あるいは能力の低い者は損をすることは自律する個人間の競争によって社会が豊かになるという市場経済による取引ルールにおいては当然のことといえる。

また、交渉は柔軟でなければよりよい解決は導けないのであるから、前言を翻すこと自体を否定的に捉えるべきではないであろう。なぜ前言を翻すことになるのかなどの矛盾点を相手方に説明し、理解を得ることによって、互いに歩み寄るきっかけになることもあるからである。したがって、当初から時間稼ぎをするためにのらりくらりと立場や主張を明確にしなかったり、常にそれらを変えたりということでない限り、変節は認められるべきであろう。逆に、当初からの時間稼ぎを企図したものではなくとも、交渉の妥結までにかけた時間とコストをまったく無駄にしてしまうような豹変については、やはり信義則上問題があるといえる。特別な事情がない限りやはり倫理に反する交渉となるものと思われる。

---

[3] きわどい交渉テクニックを具体的に類型化して詳細に紹介したものとして、印南一路『ビジネス交渉と意思決定』日本経済新聞社、2001年、110-137頁参照。

第6 交渉における倫理

さらに、柔軟といっても、交渉の対象にかかわらない外部事情を利用して相手方に圧力をかけて譲歩を迫るというようなやりかたも、フェアではないということになろう。たとえば、相手方に影響力のある者の介入を求めたり、逆に、相手方を孤立させるために関係を絶たせるような策略をめぐらしたりすることなどが考えられる。監督官庁の指導を求めたりとか、業界団体などへの内部告発をしたりすることが考えられる。もちろん、相手方に違法ともいえるような悪質な行状がある場合などは、これを是正しようとするための行為として正当化もされようが、そのような背景がないにもかかわらず、一種総会屋的ないやがらせなどの戦術はやはり倫理に背くものである。ただこれは、つぎに述べる、交渉者間に圧倒的な力の差がある場合には、弱者による戦術として正当化される場合もある。たとえば、デモなどの団体行動や、一株株主運動のようなものが想定される。

(2) **優越的地位の濫用：弱みに付け込む交渉**

　努力や能力に劣る者が損を被るのはやむを得ないこととしても、資金力や情報力、判断能力に歴然とした格差がある場合、その差を無視して対等な交渉者として扱うのは、逆に倫理上問題となろう。交渉は自由意志による取引である以上、力の強いものに有利になってしまうという欠点があるからである。したがって、逆にそのような圧倒的な格差のために一方当事者が対等の交渉をできないということ自体が倫理上問題になってしまうのである。そこでは、優越的な地位を濫用しようと意図しなくとも、実際上そのように機能してしまう状況が問題とされるわけである。

　このような関係として典型的なのは、消費者紛争、労働紛争などである。大企業と一般の消費者の場合、情報へのアクセスや資金力、あるいは問題とされている製品に関する技術的能力などに圧倒的な格差があるため、消費者保護法制やPL法などの特別法によってその格差による不利な立場を補完する法政策が採られている。労働紛争はより伝統的な形態であって、労働者の

第2章　交渉の基本原理

団結権、団体交渉権、争議権などいわゆる労働3権は憲法上に規定された人権でもある。この種の交渉を対等なものとして管理するために特別な調停、仲裁制度[4]などの紛争処理のシステムも工夫されているわけである。

このような典型的な場合ではなくても、たとえば、個別に力関係が問題となる場合もある。日本の企業では特に、従来いわゆる系列などの企業グループによる下請け企業への締め付けなど縦型の企業支配構造が産業を支えていた面がある。つまり、この構造では各自の対等な交渉というより、むしろ親分子分のパターリスティックな閉ざされた依存関係がものをいっていた。もちろんそれが機能する社会ではむしろそのこと自体が、慣行として倫理を構成していたのであろうが、近時のグローバル化によりこのような関係は崩れつつある。むしろ、独立した企業体同士の対等な関係を前提にした開かれた競争が推進されているのであって、その意味で倫理規範自体が変容しているともいえよう。

もちろん、前述したとおり、交渉は情報格差やバーゲニング・パワーの強弱で決まる面があり、特に自由競争社会ではむしろそれは正当な倫理に適った交渉なのである。ただし、それは武器対等の原則が貫かれている限りである。つまり、圧倒的な力の差によって競争が阻害されているような場合、たとえば、市場独占率など競争に関する法政策の見地からも問題とされる場合には、やはり市場の論理だけでなく、倫理上も問題となるのである。このような場合、米国では、公益性の観点から情報公開を求め、説明責任を課すことなどを通じて情報格差を埋めるため力のバランスを図ろうとしている。訴訟においては、厳格な証拠開示手続などで当事者の証拠へのアクセスにおける対等性を図ろうとし、懲罰的な賠償などで企業の違法行為に対しきわめて厳しい対応を迫ることで個人が企業と対等に戦えるインセンティブを与えている。日本においても最近、情報公開法などの整備で、行政をはじめ大企業

---

(4) 労働関係調整法による、斡旋、調停、仲裁の制度があり、労働側、使用者側および中立の第三者の関与による公平な手続が用意されている。

相手にも一般民衆が交渉を行うことも増えてきている。だからこそ、交渉力の重要性が今問われているのである。

3　武器としての倫理

倫理は交渉において公正な交渉を確保するための制約、抑制要因になるだけではなく、むしろ、交渉を成功させる積極要因の1つと考えることもできる。倫理にかなった交渉は相手方の信頼を勝ち得ることができ、交渉によって成立した合意も守られやすいということである。

(1)　長期的信頼関係の醸成

交渉において、その成果を考えるとき、どこまで長期的な展望をもてるかを考えることも重要である。すなわち、今回の取引では譲歩しても、信頼関係を醸成することで、長期的な利益を得るということは合理的な交渉態度である。そのために、あえて倫理に悖るようなきわどい交渉術を使わず、むしろ是々非々で倫理にかなった方法で倫理にかなった合意をめざすことは、相手の信頼を勝ち得る有力な交渉手段である。

日本では特に、誠心誠意ということばが好まれ、交渉においても「誠意をもって」ということがよくいわれる。この誠意ということば自体、曖昧でその中味については客観的な基準もなく、一所懸命の思い込みが強いともいわれる[5]。しかし、これは日本人の伝統的な価値観、倫理観の一表現であると思われる。つまり、「和」の文化である。交渉を対抗的なものと捉えず、共同体の調和のための根回しと考えればよい。日本では節度をもった交渉が倫理的とされ、「あうん」の呼吸による交渉者による「落しどころ」の暗黙の了解をできることが、大人とされた。特に閉鎖的な経済活動の中で、このような長期的な貸し借り、相互依存がビジネスの常道でもあったのである。

---

[5]　交渉力研究会『「ハーバード交渉術」を超えて：日本人も交渉上手になれる』（株式会社ストーク、1995年）、189頁。

第2章　交渉の基本原理

　もちろん、グローバル時代の開放型の市場経済では、もはやこのような誠意は時代遅れであり、長期的な利益に期待することはできないから、スポット的な利害が大きくものをいうわけである。しかしやはり、安定したビジネスでは長期的な信頼を勝ち得ることはなお重要であるといえよう。日本の誠意が世界で通用するとは思えないが、ビジネスにおける長期的関係の維持発展のために、このような倫理の戦略的な利用という側面も無視はできないのである。個人や会社の評判を大事にするということが、思いがけない新規ビジネスにつながることもあるのである[6]。

(2)　合意の実効力を高める

　倫理に支えられた信頼は契約の成立を助けるだけでなく、その実行を助けるだろう。つまり、倫理的な評価を基に信頼を得ていれば、相手方も心配なく自己の義務履行をすることが期待される。また当方が手違いで契約履行に差しさわりができた場合、そのような信頼を寄せられていれば、相手方との契約変更の交渉にもスムーズにはいることができよう。

　そもそも交渉は、自己の利益の最大化を図り、合意に達することが目的なのではなく、むしろ相手方の信頼を勝ち得ることであるとも定義できる。であるとすれば、倫理の果たす役割はまさしく交渉を成功に導く重要な手がかりなのである。交渉は紛争解決手段としても、あるいは契約を成立させる手段としても当事者の私的自治を最大化するプロセスである。交渉者の倫理は、まさしく交渉者の自治、自律を問うものである。

---

(6)　小島武司「交渉における法的基準と満足」法交渉学実務研究会＝小島武司『法交渉学入門』（商事法務研究会、1991年）10頁は、みずからが保証人となった多額の債務の請求を受けた弁護士が、減額交渉をしないで全額支払ったことから、当該銀行の信頼を得て同行の顧問弁護士となり、弁護士業務の隆盛をもたらしたとの逸話を紹介している。

《キーワード》

行為規範、倫理、ユーザーユニオン事件、信義則、エストッペル（禁反言）、優越的地位の濫用、信頼関係

《議論のための問題》

正しい倫理観をもって交渉に臨むことにはどのようなメリットがあるか？

《参考文献》

塚原英治他編著『プロブレムブック：法曹の倫理と責任（上）』（現代人文社、2004年）。

印南一路『ビジネス交渉と意思決定』（日本経済新聞社、2001年）。

交渉力研究会『「ハーバード交渉術」を超えて：日本人も交渉上手になれる』（株式会社ストーク、1995年）。

法交渉学実務研究会＝小島武司『法交渉学入門』（商事法務研究会、1991年）。

〔佐　藤　安　信〕

第3章　交渉技法

第1　交渉戦略論

―《この論文のねらい》――――――――――――――――
　この論稿は、軍事学上の「戦争の原則」を紹介し、それの交渉への応用の適否について論ずる。特に「兵力集中の原則」について、読者の理解を深めることを推奨している。
――――――――――――――――――――――――――

1　はじめに

　交渉も、ある目的達成のために行う意思活動である。そうである以上、その活動全体の中で、当該交渉がどのような大きさと重要さを占めるかについて周到に配慮しなければならない。また、特定の交渉行動がどの方面にどのような影響を与えるか、いつまでに少なくともどれだけを達成しなければならないかも事前に考究しておかなければならない。これが交渉準備と呼ばれるものの中味である。

　このように交渉準備を周到にし、交渉行動に移ったとしても、交渉の流れは単一ではないから、必ずその場その場でどうすべきか迷う事態に遭遇する。そのとき、当該特定の行動が全体の中で占める位置や大きさがわかっていれば、不測の事態に誤りなく対処することができる。ここに交渉戦略の存在意識がある。交渉戦略は交渉を正しく進めるための導きの星として重要な役割を果たす。

2 紛争解決交渉における交渉戦略

　交渉戦略はビジネス交渉においても、もちろん必要なものである。しかし、紛争解決交渉におけるほどには必要ではない。ビジネス交渉では特定のビジネス目的のために交渉は行うが、その交渉がだめだったからといって、自分が相手に対し何かを提供したり、義務を負ったりすることは少ない。ただ、獲得すべきものが予定より少なくなるかゼロになるかだけのことである。これに対し紛争解決交渉は、ほとんどの場合ゼロ・サム型交渉であるから、こちらの獲得利益が少なくなるだけでなく、こちらの存在そのものがおびやかされる（抵抗組織による反権力闘争を想起せられたい）。ゼロ・サム型交渉がシビアであればあるほど、交渉戦略の正誤が自陣に大きな影響をもつこととなる。

3 戦略的思考法の重要性

　かような次第で、交渉技術を使用する際には、その背後に戦略的な思考が存在していることが必要である。というのも交渉における勝ち負けは、軍事における勝敗の評価方法と同一の判断構造を有するからである。

　軍事において戦略とは、「戦争の目的達成をするための手段として諸戦闘を用いる術」（クラウゼヴィッツ）とか、「見通しうる目的の達成のために一将帥にその処分を委任されたところの諸手段の実際的適用」（モルトケ）とかいわれている。要するに、戦闘の使用にあたって、その背後にあるべき大局観をいうのであろう。

　筆者の経験からすると、戦略的思考とは、彼我の力関係、利害の対立点がどこで、どのような形で対立するかの認識、対立の仕方からくる双方の強みと弱み、対立状況の克服に関する方法論を主要な要素とする、状況の分析と総合に関する構造論的な発想をいう。具体的には、①彼我の勢力（それぞれの陣営の強みと弱みの認識を含む。）を正確に把握し、②どこが対立点として現れるかを予測し、③対立点に対する相手の意図を読み、④こちらの持てる力

に相応した交渉方針を樹立し、④団結を弱めることなく、この方針を遂行するための交渉方法を選択していく思考法ということになろう。

4　戦争の原則

　戦争の発達によって「勝利の処方箋」が体系化されていった。今では、それは「戦いの原則」と呼ばれ、世界の主要国軍のドクトリンの一部となっている。

　アメリカ陸軍（陸上自衛隊も同様であるが）の採用している「戦争の9原則」を管見しよう（出典：戦略研究学会編『戦略・戦術用語事典』芙蓉書房）。

(1)　目標の原則

　　あらゆる軍事行動の究極の目的は敵の軍隊とその戦意を破砕するにある。究極目的達成のため中間目的を選定する場合がある。中間目的は最小の人員・資材の損失をもって、究極の目的を決定的かつ迅速に達成するに役立つものでなければならない。その選定にあたって、指揮官はあらゆる情報源および情報手段により、敵ならびに戦域に関するなしうる限り完全な知識を基礎にしなければならない。

(2)　簡明の原則

　　計画は目的を達成しうる限りなるべく簡明直截でなければならない。戦闘においては、最も簡明な計画であっても実施困難であるのが通常であるから、計画の簡明ということを特に重視することが必要である。また計画作成にあたっては、計画の最終的な点検はその実行であることを銘記すべきである。

(3)　指揮統一の原則

　　指揮の統一により部隊の全戦闘力を徹底的に活用するに必要な努力の集中を期しうる。努力の集中は、部隊内各隊間の完全な協力によって促進される。統合部隊又は連合部隊の指揮は、特に他に指揮を命じられた者がない限り、指揮権を有する将校の中の高級先任者がこれにあたる。

第 1　交渉戦略論

(4)　攻撃の原則

　攻撃によって指揮官は行動の自由を確保し、その意志を敵に強要することができる。攻撃の時機および場所選定の適否は、作戦の成否を決する要因である。種々の状況により、指揮官は守勢をとらなければならないこともあるが、守勢はただ攻勢移転に至る間の一時的手段として、または非決戦正面における兵力の節約にのみ適用され、これが実施にあたっては慎重なる考慮を必要とする。

(5)　機動の原則

　機動はそれ自体としては何等決定的な成果をもたらすものではない。しかしながら、これが適切に利用されれば、攻撃、兵力の集中、兵力の節約および奇襲の原則と相俟って決定的な成果を挙げることができる。巧妙な機動は、敵に優る編成、装備、火力、志気および統御と相俟って、兵力優勢な敵に対してもしばしば勝利を収めうる。

(6)　兵力集中の原則

　決戦を企図する正面と時機において、陸上、海上、空中を通じ敵に優る兵力を集中し、かつ、決戦を企図する方向に使用することは、戦勝の要道である。かかる集中を行うためには、第二次的な任務を有する部隊の兵力を極度に節約することが必要である。戦闘間における部隊の分遣は、その部隊の達成すべき任務が直接主力の戦闘に寄与する場合にのみ許される。

(7)　兵力節約の原則

　兵力節約の原則は兵力集中の原則より発する当然の結果である。一方面に優勢な戦力を集中するためには、他方面における兵力の節約を必要とする。状況により、しばしば攻撃によって戦略的防勢任務を有効に達成しうることがある。

(8)　奇襲の原則

　各級部隊は戦闘間常にあらゆる手段を尽して奇襲に努めることが必要である。奇襲は、わが軍の配置、移動および計画に関する敵情報獲得の防止、

第3章　交渉技法

あるいは欺騙、戦法の変更、戦闘遂行の迅速、強大な実行力および困難なる地形の克服利用等により達成しうる。また奇襲は兵力の劣勢を補うことができる。

(9) 警戒の原則

　敵の奇襲に対し警戒を適切ならしめるためには、わが任務達成に影響を及ぼす敵の採り得べき行動を正確に判断し、総合的な警戒法を講じ、偵察を有効に行い、かつ対応の準備を整えることを必要とする。各部隊はすべて自隊の地上および対空警戒のために必要な措置を講ずる。この際、側面および後方に対する警戒措置を講ずることは特に重要である。

5　兵力集中の原則

　上記の9原則のうち、交渉技術上、もっとも大きな影響を保つのは、6の「兵力集中の原則」である。

　この原則は、上述のとおり、こちらの全力をもって相手の脆弱な一部分を撃つという発想である。つまり、負ける戦いはしないという発想で、冒険的な一か八かという行動を嫌う。その意味では、ゲームの理論のサドル・ポイントの発想と通じるところがある。しかし、サドル・ポイントの理論は、仮に最悪の状態になっても最小限の被害で済ませるにはどうしたらよいかという防禦的な発想なのに対し、戦力集中の原則は、全面対決はなるべく避けるが、こちらが有利な戦いには必ず勝つということを理想としている。その結果、彼我への勢力に大きな差があって、普通に考えれば弱者とみられるものであっても、この原則の採用によって有利な戦いを行うことができるのである。この点に関する軍事学上の貢献としては、リデル・ハートの『間接戦略論』とか毛沢東の諸著作などがある。いずれもゲリラ戦に関する古典的な文献と称され、各地の反権力闘争において教科書として利用されている。

6　リデル・ハートの戦争の8原則

　リデル・ハートにも有名な「戦争の原則8ヵ条」がある。戦史から得られた普遍的かつ基本的な経験的真実を、抽象的な原則ではなく、実際的な指針として取り上げたもので世評は高いが、ハートの戦略論は、つまるところ、「兵力集中原則」の具体的な展開論にほかならない。しかも、その論旨は、この原則のポイントを網羅して洩らすところがない。

(1) 積極面6ヵ条

①　目的を手段に適合させよ。

　目的を決定するにあたって何が可能かを第一義とし、能力以上の願望は愚であると戒める。

②　常に目的を銘記せよ。

　目的達成のためには方法は1つではない。しかし、いかなる目標も必ず目的に指向されていなければならない。

③　最小予期路線を選べ。

　敵が先見し、または先制することが最も少ないコースは何かを敵の立場に立って考えよ。

④　最小抵抗線に乗ぜよ

　いうまでもなく、敵の抵抗の最も少ない線を利用せよということである。

⑤　予備目標への切り替えを許す作戦線を取れ。

　1つの作戦が敵に確知されても、別な予備目標に直ちに切り替えることのできる作戦でなければならない。

⑥　計画および配置が状況に適合するよう、それらの柔軟性を確保せよ。

　わが方の計画や配備は、最も短時間の内につぎのステップへの適合を許すものでなければならない。

(2) 消極面の2ヵ条

①　相手が油断していないうちはわが兵力を攻撃に投入するな。

第3章 交渉技法

相手の抵抗力や回避行動が摩擦状態に陥入らない限り効果的打撃を加えることは不可能である。
② いったん失敗した後、それと同一の線に沿う攻撃は行うな。
わが方を撃退した敵の成功が敵を精神的に強くする。

《コメントと問題》

1．「戦略」という言葉は多方面で用いられている。交渉において「戦略」といったときに、何をどうすることになるのか、意見を述べなさい（⇨第1編第1章第2—2）。
2．戦略的な思考が交渉にとって有用なものであるのかどうかを述べなさい。
3．歴史上有名な交渉例の中から戦略的な思考が有用だと思われるもの、無用だと思われるものを取り上げ研究しなさい。

《キーワード》

交渉戦略、紛争解決交渉、戦略的思考法、クラウゼヴィッツ、モルトケ、勝利の処方箋、戦争の9原則、兵力集中の原則、間接戦略論、リデル・ハート

《参考文献》

1．戦略研究学会編集、片岡徹也・福川秀樹編著『戦略・戦術用語事典』（芙蓉書房出版、2003年）。
2．ハート、リデル、（森沢亀鶴訳）『戦略論：間接アプローチの戦略』（原書房、1986年）。
3．毛沢東（藤旧敬一他訳）『遊撃戦論』（中央公論新社＜中公文庫＞、2001年）。

〔豊田愛祥〕

第2　交渉の準備

―《この論文のねらい》――――――――――――――――――――――
　この論稿では、交渉の準備の重要な要素を説明する（⇨第1編第1章第1）。
――――――――――――――――――――――――――――――――

　「交渉に当たってもっとも重要なことは準備である。」
　言い習わしになっている程よくいわれることである。しかし、一言で「準備」といっても、いったいどういう意味なのだろうか。さまざまな面があるが、少なくとも己を知り、相手を知り、そして置かれている状況を正しく把握する必要がある。
　さらに詳しく列挙すれば、ハーマン、ケーリー、＆ケネディの提示する12項目を基にして[1]、次の8項目に要約できよう。
① 独自で入手できる情報を収集する
② 各当事者の入手したい情報、提供したい（相手に知ってもらいたい）情報、そして守りたい（相手に知られたくない）情報を明記する
③ 各当事者の利害関係および目的を明記する
④ 事実関係および法律関係で、各当事者にとって有利や不利なもの、梃子になるようなものを明記する
⑤ 各当事者のBATNA（最善の代案）および交渉範囲（bargaining range／ターゲットおよびボトムライン）を明記する
⑥ 各当事者にとっての考えられる解決策（代替案を含めて）を明記し、もっとも望ましいものから順に並べる

---

(1) Nicholas, Herman, G., Jean M. Cary, & Joseph E. Kennedy, *Legal Counseling and Negotiating: A Practical Approach*, chap. 12 (Preparing for Negotiation) (Lexis Nexis　2001) を参照。

第3章　交渉技法

⑦　各当事者の交渉アプローチ（対立型か問題解決型か）、そして各交渉者の交渉スタイル（対立的、協力的等）を明記する
⑧　自分の代表者、作戦、主張・提案および提起する順番を決め、予想される相手の主張・提案および提起される順番を考え、反論等を検討する

1　一般的な注意点

上記の各項目を検討する前に、次の3つの一般的な注意点を紹介しておく。

(1)　「各当事者」の意味合い

上記のリストには「各当事者」という言葉が多用される。2者間の交渉の場合には、それが自分と相手という2当事者になるが、3者間、4者間等の場合には当事者が多くなり、それぞれの当事者について準備をする必要がある。

もっとも、2者間の場合でも、利害、目的等を明記するのは決して容易ではない。まず、一言で「当事者」といっても、さまざまな類型がある。1個人の場合のほかに、（たとえば中小企業の買収交渉における株主のように）2人以上の個人の場合もある、そして企業その他の団体の場合もある。いうまでもなく、2人以上の個人の場合、利害や目的が異なったり、衝突したりすることがある。また企業・団体の場合、構成員の間で意見等が大きくずれるケースも多い。そのため、利益相反に注意を払う必要がある。

正確な把握をさらにむずかしくする要因として、当事者本人が重要な面を見落としたり認識しなかったりすることが少なくない。事実関係の面では、問題点ばかりで頭がいっぱいで、有利な事実を軽視する傾向が強いが、逆に有利なことばかりに着目して、不利な事実を見落とす人もいる。別な例として、本人は「お金」以外の目的を一切認識していない場合でも、潜在意識の次元において、よい評判を確保することなど、ほかに重要な目的が存在することが多い。こういった理由から、代理人が交渉に関する相談を受ける場合、依頼人が見落としているかもしれない点を含めて、すべての状況を正確に把

握する必要がある。

(2) 冷静に把握する必要性

交渉には感情がつきものである。当事者がお互いに感情的になるのはよくみられる現象である。実際の交渉の場において、感情を巧みに利用したりすることが効果的な場合もある。しかし、すくなくとも準備の段階において、物事をできるだけ冷静に把握すべきである。(感情的になっていること自体も冷静に受け止めるべきである)。こういう関係においても、代理人が本人よりも冷静に判断できることが多い。

(3) 「準備」とは、1回きりのものではなく、終始継続して行うものである

「準備」ということばを聞くと、交渉が始まる前に行うものである、というふうに理解する人が多いようである。事前に行う準備はもちろん重要である。しかし、「準備」とは、交渉の前に行う、1回きりのものでは決してないのである。むしろ、交渉過程を通じて、継続して、最後まで「準備」を常に行わなければならないのである。以下の項目のすべてに関して、交渉が始まる前にある程度行えるはずである。しかし、事前に入手できる情報等にはどうしても限度があるので、その時点での分析はあくまでも第一近似値 (first approximation) にならざるを得ない。交渉を重ねるごとに、新たな情報を把握することが出来る。そういった情報の蓄積をもって、以下の項目を常に再検討し、必要に応じて作戦等を再修正することも「準備」としてかかせないものである。

2 準備の項目

(1) 独自で入手できる情報を収集する

準備の早い段階から、独自で入手できる情報をできるだけ収集すべきである。

第3章　交渉技法

「己」（代理人の場合、「依頼人」）についての情報は直接入手できるはずである。より広がりのある交渉を可能にするために、交渉に直接関係するもののほかに、短期的／長期的な目的、内面的な悩み等に関する情報も見逃すべきではない。

相手に関しても、独自で事前に入手できる情報はさまざまあるはずである。個人の場合、家族状況、経済的状況、性格等に関する情報は手に入れたいのである。企業や団体の場合、経済的状況、取引関係等のほかに、交渉にあたってだれが重要な役割を果たし、だれが決定権を有するかについての情報、そして彼らの関心事、性格等に関する情報も手に入れたいのである。交渉自体をだれが担当するかについての情報、そしてその交渉者の性格、経験、評判、通常の交渉スタイル等に関する情報を早い段階から入手できれば、作戦を計画する上で重要となる。そういったさまざまな情報をインターネットや業界団体、取引相手、知り合いの話のほかに、企業の広報誌、役員のスピーチ、新聞報道等より入手できることがある。

もちろん、法律関係も早い段階から調査すべきである。事実関係での有利／不利な点と同時に、法律関係での有利／不利な点もできるだけ早くから明確にすべきである。

(2)　**入手したい情報、提供したい情報、守りたい情報**
入手したい情報

事前に独自で入手できる情報のほかに、利害や目的、作戦、内部状況等に関して、相手から直接聞かないとなかなかわからないものも多い。交渉が始まる前に、そうした入手したい情報を明記すべきである。聞き出すタイミングや方法は違ったりするが、あらかじめ入手したい情報がわかると、交渉の過程において入手する機会を見いだすのに役立つ。同時に、こちら側の情報で相手が入手したいはずのもののリストも作るべきである。相手が何を知りたがっているかを認識すれば、情報を流すタイミングや方法を決めるのにも

役立つ。

ハーマン、ケーリー、&ケネディが指摘するように[2]、入手したい情報のほかに、提供したい情報および守りたい情報も明記すべきである。

<u>提供したい情報</u>

こちら側にとって有利な事実関係、こちら側のスタンスを理解してもらうために重要な情報、お互いに満足できる代替案を考えだすのに重要な情報等、相手に知ってもらいたい情報がある。また相手も同様にこちら側に知ってもらいたい情報があるはずである。そういった提供したい情報も明記することが、開示のタイミングや方法を決めるのに役立つし、そして交渉を円満に運ぶのにも役立つ。

<u>守りたい情報</u>

企業秘密のようにどうしても守りたい情報のほかに、こちら側にとって不利な事実関係等、相手に知られたくないような情報がある[3]。そうした守りたい情報も事前に明記することによって、交渉の間にぽろりと漏れることを防ぐことができる。もっとも、偽り等のように、情報の提供に絡む倫理問題に注意しなければならない[4]。加えて、相手がすでに入手しているような情報、そして第三者やインターネット等より、あるいは企業買収の due diligence のような方法等で当然に入手するような情報をあえて隠そうとする場合、交渉にあたっての信頼関係を損ないかねないので、そういう場合も注意が必要である。

(3) 利害関係および目的

各当事者の利害関係および目的を明記すべきである。利害関係と目的が重

---

[2] *Id.* at 230.
[3] Craver, Charles B., *Effective Legal Negotiation and Settlement*, chap. 6 (The Information Phase) (Matthew Bender, 4th ed. 2001) を参照。
[4] *Id.*, chap. 16 (Negotiation Ethics) を参照。

なる場合が多いが、分けて考えるべきである[5]。つまり、「目的」とは交渉より実現したい具体的な事項をさすのに対して、「利害関係」とは、そうした目的を選んだ根本的な理由を指す。

たとえば、水質汚染に絡む紛争においても供給契約不履行に絡む紛争においても、損害賠償請求というかたちで主要な目的が「お金」となる。しかし、前者において、当事者にとっての究極の狙い（真の利害関係）は汚染の除去ないし削減であるのに対して、後者において、当事者の真の利害関係が安定した供給の確保であることが多い。請求そのものにとらわれないで、真の利害関係に着目することによって、お互いに満足のいく代替案が浮かび上がってくることが少なくない。そういう理由で、目的だけではなく、各当事者の利害関係も明記すべきである。

目的に関して、①達成しなければ合意の見込みがほとんどないような最も重要な目的に加えて、②二次目的、および、③その他の目的（言い換えれば、①不可欠な目的、②重要な目的、そして、③望ましい目的[6]）も明記すべきである。そして当事者間での共通の目的、抵触しない目的、および抵触する目的のリストを作成すべきである。抵触する最も重要な目的が通常交渉の鍵となるが、共通のものおよび抵触しないものの多い場合、そういった共通の点の確認が交渉を円満に運ぶのに役立つ。また二次目的、その他の目的の交換等で、代替案を打ち出すことがある。

(4) 事実関係／法律関係で、有利／不利、梃子になるようなもの

事実関係および法律関係によって、各当事者のBATNAや交渉範囲（(5)を参照）、そして作戦等（(8)）が左右されるので、各当事者にとって有利なもの、

---

[5] Fisher, Roger, William Ury, & Brue Patlon, *Getting to Yes: Negotiating Agreement Without Giving In* chap. 3 (Focus on INTERESTS, Not Positions) (Penguin, zd ed, 1991) を参照。

[6] Craver, *supra* note 3, chap. 4 (Preparing to Negotiate) を参照。

不利なもの、そして梃子になるようなものを明記すべきである。この場合、不利な点ばかりにこだわったり、あるいは有利な点を過大評価したりしないで、できるだけ客観的に、そして冷静に判断することが重要である。

(5) BATNA および交渉範囲

各当事者の BATNA（最善の代案）および交渉範囲を明記すべきである。

どういう代案があるかによって、当事者の力関係が大きく違ってくる。条件の比較的魅力的な代案が存在する場合、名実共に強い姿勢で交渉にのぞむことができる。逆に最善の代案の条件が悪ければ、態度はいくら大きくても、追い込まれた場合低姿勢にならざるを得ないはずである。そういう意味で、自分（あるいは依頼人）の BATNA はもちろん知っておくべきである。同時に、相手の BATNA もできるだけ正確に把握すべきである。どういうスタンスで交渉にのぞむかを決めるにあたっても、そして交渉がうまくいっていない場合、相手の要求をのむか交渉を断念するかを決めるにあたっても、合意できなかった場合のお互いの最善の代案を念頭におくのが交渉術の鉄則である。

BATNA に加えて、各当事者の交渉範囲を明記すべきである[7]。つまり、各当事者のターゲット・ポイント（現実的に考えて、とれるかもしれないもっとも有利な結果）およびボトムライン（とらなければ交渉を断念し、BATNA を選択するような、合意できる最低の結果）を明記することである。自分（依頼人）の交渉範囲をあらかじめ用意すると同時に、相手の交渉範囲をできるだけ正確に予想することも重要である。それぞれの当事者の交渉範囲がかなり重なっている場合（図1）、比較的容易に合意できるはずである。逆にお互いのボトムラインでさえ、さらに開きがある場合（図2）、いくら交渉を続けても

---

[7] Fox, William F., Jr., *International Commercial Agreements: A Primer on Drafting, Negotiating and Resolving Disputes*, chap. 5 (Negotiating International Commercial Agreements) (Kluwer, 3rd ed. 1998) を参照。

第3章　交渉技法

図1

```
              ターゲット      ボトムライン
               ¥10万          ¥5万
        A       |──────────────|

        B              |──────────────|
                      ¥8万           ¥3万
                 ボトム（トップ）ライン  ターゲット
```

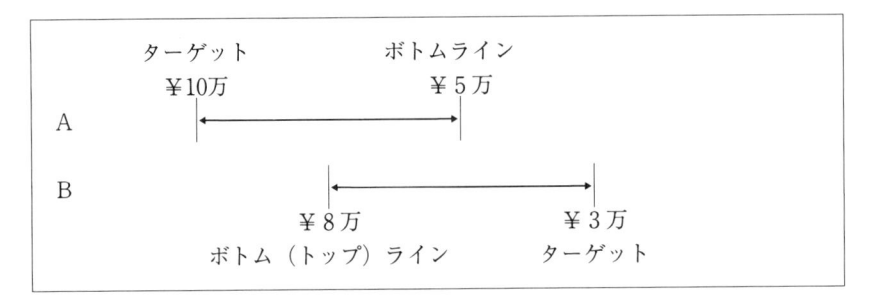

図2

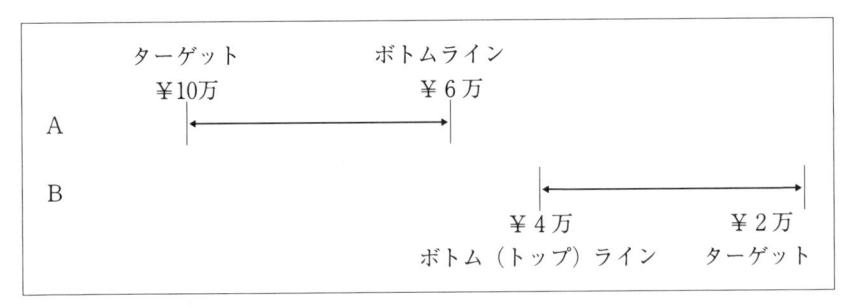

```
              ターゲット      ボトムライン
               ¥10万          ¥6万
        A       |──────────────|

        B                       |──────────────|
                               ¥4万           ¥2万
                          ボトム（トップ）ライン  ターゲット
```

合意ができないはずである。

(6) **考えられる解決策**

　各当事者の利害関係および目的に照らして、各当事者にとっての考えられる解決策（代替案を含めて）を明記して、そして各当事者からみてもっとも望ましいものから順に並べるのが有用である。ブレーン・ストーミング等で、できるだけ多くの考えられる解決策をリストアップすべきである[8]。そして抵触する目的だけではなくて、共通の目的および抵触しない目的も考慮すべきである。そうすることによって、より多くの解決策が浮かび上がり、その

---

(8) Fisher & Ury, *supra* note 5, chap. 4 (Invent OPTIONS for Mutual Gain) を参照。

組み合わせによって合意が得られる場合がある。

(7) 交渉アプローチ／交渉スタイル

各当事者の交渉アプローチ（対立型か問題解決型か）、そして各交渉者の交渉スタイル（対立的、協力的等）を明記すべきである。あらかじめ、自分のとるアプローチおよびスタイルを決めるべきであるし、相手のとりそうなアプローチやスタイルを予想すべきである。

(8) 主張・提案及びその順番／作戦

以上の各項目の総合評価により、自分の主張や提案、そして誰が代表者となり、どういう作戦をとるかをあらかじめ決めておくべきである。最初の主張や提案だけではなくて、その後の段階の主張・提案、およびそういった主張・提案を提起する順番等を考えるべきである。同時に、相手の予想される主張や提案、そして提起される順番、予想される作戦等を検討した上、こちら側の反論等を検討すべきである。

―《コメントと問題》――――――――――――――――――――――
1. 交渉の準備とは、いつ行うものなのか。
2. 筆者の紹介するアプローチは、基本的にハーバード流交渉術と同じなのだろうか（⇨第1編第2章第2）。
3. 筆者によれば、「BATNAの条件が悪ければ、態度はいくら大きくても、追い込まれた場合低姿勢にならざるを得ないはずである」という。果たしてそうなのだろうか（⇨第1編第2章第2―4）。
4. 交渉の過程において、さまざまな倫理問題が考えられる。この論文には、利益相反と情報の開示に絡む問題が登場する。複数の依頼人の間に利益相反が生じた場合に、代理人がどのように対応したらいいのだろうか。情報の開示や情報の提供にあたって、どのような倫理問題

第3章 交渉技法

があるのか。それをどう対応すべきなのだろうか（⇨第1編第2章第6、第3章第10）。

《キーワード》

交渉の準備、利益相反、情報収集、利害関係、目的、BATNA、交渉範囲（bargaining range）、代替案、交渉と倫理、交渉アプローチ、交渉スタイル

《参考文献》

<日本語>

・ロジャー・フィッシャー，ウィリアム・ユーリー，ブルース・パットン著，金山宣夫，浅井和子訳『新版ハーバード流交渉術』（TBS ブリタニカ，1998年）。

<外国語>

・Bastress, Robert M., & Joseph D. Harbaugh, *Interviewing, Counseling, and Negotiating: Skills for Effective Representotion* (Coursebook) (Aspen, 1990).
・Craver, Charles B., *Effective Legal Negotiation and Settlement* (Matthew Bender, 4th ed., 2001).
・Fisher, Roger, William Ury & Bruce Patton, *Getting to Yes: Negotiating Agreement Without Giving In* (Penguin, 2nd ed., 1991).
・Fox, William F., Jr., *International Commercial Agreements: A Primer on Drafting, Negotiating and Resolving Disputes* (Kluwer, 3rd ed., 1998).
・Herman, G. Nicholas, Jean M. Cary, Joseph E. Kennedy, *Legal Counseling and Negotiating: A Practical Approach* (LexisNexis, 2001).

〔ダニエル・H・フット〕

第3 交渉のゲーム論

> 《この論文のねらい》
> 　ゲーム論の基本的考え方には、交渉にとって非常に重要なものが多い。それは、交渉が戦略的構造を有しているからである。本稿ではコミットメント、ナッシュ均衡、シグナル、繰返しゲームなどのゲーム論の根本概念を学び、交渉の準備や交渉戦略策定において応用できるようになることが目的である（⇨第1編第4章第1）。

1　「ゲーム」としての交渉

　交渉とは2者以上の当事者たちが、相互に影響を与え合おうとする相互行為であり、1当事者の交渉における行動や戦略選択がいかなる帰結をその者や他の者たちにもたらすかは、ほかの交渉参加者たちの行動や戦略選択によって変わってくる。このように、交渉参加者たちは相互依存関係にある。このような相互依存関係にある者たちの間の相互行為を分析するための理論がゲーム理論であり、交渉における戦略的構造を分析するために必須の考え方を提供する[1]。

2　対立競争的交渉戦略と協調協力的交渉戦略のゲーム論

　最もシンプルなモデルを用いて交渉の戦略的構造を分析してみよう[2]。すなわち、交渉者はXとYの2当事者のみであり、各自が選択できる戦略はそ

---

[1]　交渉のゲーム理論で数学を必要としない好著にディキシット、アビナッシュ＆ネイルバフ、バリー（菅野隆＆嶋津祐一・訳）『戦略的思考とは何か：エール大学式「ゲーム理論」の発想法』（TBSブリタニカ、1991年）がある。

[2]　太田勝造『民事紛争解決手続論：交渉・和解・調停・裁判の理論分析』（信山社、1990年）およびクーター、ロバート＆ユーレン、トーマス（太田勝造・訳）『新版・法と経済学』（商事法務研究会、1997年）を参照。

れぞれ「対立競争的交渉戦略」と「協調協力的交渉戦略」の２つのみであるとする。ここで、対立競争的交渉戦略とは、たとえば、「非常に高い要求を突きつけることから交渉を始める」、「みずからはせいぜい最小限の譲歩をするだけで基本的に妥協しない」、「決裂も辞さないと高圧的好戦的態度を採る」、などに象徴される交渉戦略であり、協調協力的交渉戦略とは、たとえば、「妥当で公平な解決策を提示することで交渉を始める」、「お互いの納得できる共通の立脚点を求めるよう努力する」、「必要とあれば大きな譲歩もいとわない」、「合意によって丸く納めようとする」、などに象徴される交渉戦略であるとする。

このような非常にシンプルな状況において、ＸとＹの戦略選択の組合せは２×２の４通りとなる。それぞれの場合に各自にもたらされる帰結を利得で表わして、次の**表１**「交渉戦略の利得行列」のようになっているとしよう。

表１：交渉戦略の利得行列

		Ｙの戦略	
		対立競争	協調協力
Ｘの戦略	対立競争	0 0	1 4
	協調協力	4 1	3 3

すなわち、ＸもＹも協調協力的交渉戦略を選択した場合は、取引交渉であれ紛争解決交渉であれスムーズに合意することができて、両者３ずつの利得を得られる（右下のセル（枠）の（３，３）がそれを表わしている）。両者が対立競争的交渉戦略を選択した場合は、満足の行く合意に至ることができず、何も得られないので利得ゼロとする（左上のセル）。ＸかＹの一方が協調協力的交渉戦略を選択し、その相手方が対立競争的交渉戦略を選択した場合（右上

第3　交渉のゲーム論

や左下のセル)、合意に至ることはできるが、協調協力的交渉戦略者から大きな譲歩を引き出すので対立競争的交渉戦略の方が圧倒的に有利となって利得4が得られ、協調協力的交渉戦略者は1しか利得が得られないとする。

　この交渉の構造分析をしてみよう。まず、両者の利得が平等に3ずつになり、かつ、それらの合計が最大の6となっている、両者ともに協調協力的交渉戦略を選択する場合が最も望ましいということができる。しかし、相手方が協調協力的交渉戦略を選択すると予測される場合には、こちらは対立競争的交渉戦略を選択すればさらに大きな4という利得が得られるので、対立競争的交渉戦略を選択するインセンティブ(誘因(incentive))が生じている。両者がともに対立競争的交渉戦略を選択すれば交渉は決裂して利得ゼロ同士となるので元も子もない。したがって、多くの場合に、一方が協調協力的交渉戦略を選択し、他方が対立競争的交渉戦略を選択する組合せに帰着し、前者は利得1、後者は利得4を獲得することになるであろうと予測される。この状態はゲーム理論では「ナッシュ均衡(Nash equilibrium)」と呼ばれる。ナッシュ均衡とは、当該状況で、交渉当事者の1人のみが一方的に戦略を変更してもより有利にはならないという事態に、交渉当事者の全員がおかれている場合を意味する。事実、(Xの利得、Yの利得)が(1、4)や(4、1)の状況下では、協調協力的交渉戦略を選択して利得1となっている者が一方的に戦略変更すれば両者とも対立競争的交渉戦略の選択という事態となって、交渉決裂を帰結してより不利な利得ゼロとなる。また、対立競争的交渉戦略を選択して利得4となっている者が一方的に戦略変更すれば両者とも協調協力的交渉戦略の選択となって、より不利な3の利得となる。

3　コミットメント

　上記2の表1の利得行列の構造を持つ交渉構造の場合、多くの場合に交渉はナッシュ均衡である(1、4)や(4、1)のような不公平な合意に至ると予測されるのであった。したがって、交渉当事者の戦略選択においては、こ

の状況を認識した場合、焦眉の課題は叩かれる「釘」ではなく叩く「ハンマー」となるにはどうしたらよいか、である。ここで、本体の交渉の前に交渉当事者には「世間話」をする機会があるような場合を考えてみよう。世間話によって、相手に自分の採用するであろう戦略が対立競争的交渉戦略であると確信させることができれば必勝となる。なぜなら、相手の推論における出発点がこちらの対立競争的交渉戦略となり、相手としては、同じく対立競争的交渉戦略を選択して交渉を決裂させて利得ゼロとなるか、協調協力的交渉戦略を選択して譲歩して利得1となるかの二者択一となるからである。もちろん、合理的な相手はゼロではなく1の利得を得ようとするから必ず協調協力的交渉戦略を選択して譲歩することになる。

　ここまで分析すると、こちら側の課題は、自分が対立競争的交渉戦略を選択することを相手にいかにして確信させるか、であることがわかる[3]。「俺は譲歩など絶対しないよ」と宣言するのはどうであろうか。この宣言は、譲歩という自分の選択肢を排除する約束である。このような「自己の行為選択肢の範囲をみずから縮小する誓約」は「コミットメント（commitment）」と呼ばれる。しかし、この単なるコミットメントだけでは、相手は信用しないであろう。なぜなら、本当に譲歩しないという保証がないからである。まして、相手も「俺だって譲歩なんか絶対しないよ」と言い返して逆コミットメントをすれば、コミットメント同士がぶつかってしまい、どちらの側にも相手のコミットメントを信用する根拠がなくなる。

　自分の戦略へのコミットメントを相手に信用させるには「もう一押し」が必要である。ここで具体的状況を考えてみよう。Xが労働組合委員長で、Yが経営者であるとする。X委員長が「組合はベースアップ1万円以下ではストライキに突入する」とY社長に対して宣言して強硬姿勢にコミットメントしようとしても、上記と同じ理由でYはこれを信用しないかもしれない。た

---

(3)　以下については Schelling, Thomas C., *The Strategy of Conflict*, (Harvard University Press、1960) 参照。

とえば、Yが「ベースアップ7000千円以上は絶対に認められない」と逆コミットメントをすれば、コミットメント同士が睨み合いになるだけでXにとって何も有利とならない。Yとしては、どうせXはストライキを張るだけの度胸はなく、7500円までは譲歩するだろうとたかをくくっているかもしれないし、そのようなYの見込みを単なる上記のようなコミットメント宣言では覆すことができない。

　しかし、たとえば組合の総会を開催して、X委員長が「ベースアップ1万円以上を絶対獲得する。さもなければ執行部は総辞職する」と宣言すれば事情は異なってくるであろう。組合総会でのこの宣言を目の当たりにしたY社長としては、Xにはベースアップ1万円以下で組合に帰る選択肢が閉ざされていることがわかる。Xにはベースアップ1万円以上を獲得するか、譲歩して組合における自分の地位をすべて失って非難と軽蔑を受けるかの選択肢しか残されていないからである。こうなるとYとしてはベースアップ1万円以上を認めるかストライキを打たれて会社の経営を破綻させるかの選択肢しかなくなる。このように、交渉当事者の一方がみずからの選択肢の一部を実際に消滅させ、かつ、そのことを相手方交渉者に疑いの余地のない形で知らしめることができれば、コミットメントは信用できるものとなる。このようなコミットメントを「信用できるコミットメント」ないし「クレディブル・コミットメント（credible commitment）」と呼ぶ（⇨《資料1》「ブルウェアリズム（Boulwareism）についての判決の概要」）。

　日本でもよく知られたクレディブル・コミットメントの実例としては、『史記』の「淮陰侯伝」がある。すなわち、漢の韓信が趙を攻めたとき、わざと川を背にして陣どり、味方に決死の覚悟をさせ、大いに敵を破った故事である。退路を断って一歩も退くことのできない絶体絶命の立場にみずからを置き、かつ、そのことを疑う余地のない形で相手に示したのである。自軍に対しては死に物狂いを強制したのであり、この点がしばしば指摘されるが、ゲーム理論から見れば、それもさることながら、むしろ、退却というみずからの

第3章　交渉技法

選択肢を消滅させ、かつ相手に明示した点が重要である。したがって、退路となるはずの橋を敵味方の面前で焼き落としてしまうことなどはもっと明白なクレディブル・コミットメントである。

4　タイプ・シグナル

これまでは交渉当事者は自由に交渉戦略を選択して実施できると前提してきた。しかし、強引に押しまくる対立競争的交渉戦略をすべての人が徹底的に実行できるとは限らない。むしろ、丸く納めようとしてしまう人も多いであろう。すなわち、交渉戦略とパーソナリティや人生哲学の間にはある程度の相関があり、だれでもが対立競争的交渉戦略に徹し切れるものではないし、誰もが一方的に譲歩してしまうわけでもない。対立競争的交渉戦略に似合ったハードなタイプの人や、協調協力的交渉戦略に親和的なソフトなタイプの人などがおり、交渉戦略の選択の自由は制約されているものである。

そこで、前記2の交渉ゲームの利得行列を再解釈して、社会には対立競争的交渉戦略を実践するハードなタイプと、協調協力的交渉戦略を実践するソフトなタイプとが存在し、それぞれのタイプの者の組合せによる交渉が帰結する各自の利得を示す利得行列を考えよう。また、相手によっては交渉を拒絶して立ち去ることも可能であるとしよう。これを示すのが次の**表2**「タイプの利得行列」である。

この利得行列の意味は次のようになる。すなわち、ソフト・タイプ同士が

表2：タイプの利得行列

	ハード	ソフト
ハード	0　　0	1 4
ソフト	4　　1	3 3

交渉した場合は、取引交渉であれ紛争解決交渉であれスムーズに合意することができて、両者3ずつの利得を得られる（右下のセル）。ハード・タイプ同士が交渉した場合は、交渉決裂で何も得られないので利得ゼロとする（左上のセル）。ハード・タイプとソフト・タイプが交渉した場合（右上や左下のセル）、合意に至ることはできるが、ソフト・タイプから大きな譲歩を引き出すのでハード・タイプの方が圧倒的に有利となって利得4が得られ、ソフト・タイプは1しか利得が得られないとする。

　各自は自分がハード・タイプかソフト・タイプかは知っている。交渉相手がいずれであるかも事前に明確にわかる場合は簡単である。ハード・タイプは交渉相手がソフト・タイプであれば交渉のテーブルについて4の利得を得ようとするが、ハード・タイプの相手とは交渉しようとはしないであろう。とりわけ、ソフト・タイプと新たに出会う確率がプラスであるなら、新たな探索からの期待値はハード・タイプとの交渉によるゼロより大きくなる。よって、ハード・タイプとの交渉を拒絶して立ち去り、新たにソフト・タイプを探索して交渉しようと努力するであろう。ソフト・タイプの場合は、交渉相手がソフト・タイプであれば喜んで交渉のテーブルに着こうとする。他方、ハード・タイプが相手となった場合はできれば避けたい。とはいえ、近くにソフト・タイプが見当たらない場合などでは、交渉しないで利得ゼロとなるよりも不利ではあれハード・タイプと交渉して1の利得を得たほうがよい。たとえば、ソフト・タイプと新たに出会える確率が小さいなら（3分の1より小さい場合）、新たな探索の期待値はハード・タイプとの場合の利得1より小さくなりうる。

　では、相手のタイプについて不完全な判断しかできない場合はどうするであろうか。もちろん、相手のタイプを見極めるインセンティブが働くので、このような交渉社会では相手タイプについての鑑識眼がだんだん研ぎ澄まされてくるようになる。現実の社会においても、相手のタイプを見抜くことが小手先の交渉テクニックよりも圧倒的に重要である場合が多く、優れた交渉

第3章　交渉技法

者は優れた人物眼を持っているものである。逆にいえば、相手のタイプを的確に見抜けない者は、詐欺や消費者被害のカモとなりやすいのである。

　では、事前の「世間話」や交渉の初期の段階で相互に自分のタイプについての「シグナル（signal）」を送りあうことができる場合、自分のタイプをどのように相手に判断させようとするであろうか。自分がハード・タイプであると相手に思われると、ハード・タイプの相手からもソフト・タイプの相手からも忌避されるので、自分がソフト・タイプであると相手に思わせようとするインセンティヴが全員に生じる。したがって、このような交渉社会においては全員が「私はソフト・タイプですよ」というシグナルを送りあうことになる。全員が同じシグナルを送りあうのでは、このシグナルによっては相手がソフト・タイプかハード・タイプかを識別できなくなるので、シグナルとして無意味化してしまう。ソフト・タイプは次々と新しいシグナルでみずからのタイプをシグナルしようとし、ハード・タイプはそれを追いかけて同じシグナルで偽装しようとする。こうしてシグナルのいたちごっこが発生すると予測される。

　では、ソフト・タイプがみずからのタイプをシグナルする上で有効なシグナルとはいかなるものであろうか？　まず、ハード・タイプが容易に擬態できるようなシグナルは有効ではない。トートロジカルではあるが、有効なシグナルとは、ソフト・タイプにとっては容易、すなわちコストがあまりかからないシグナルで、ハード・タイプにとっては困難、すなわちコストが掛かるようなシグナルである[4]。定義によりハード・タイプは譲歩や謙譲の態度をしたがらず、ソフト・タイプは譲歩や謙譲の態度をいとわないのであるから、たとえば、譲歩をしてみせることや謙譲の態度をとることは、ソフト・タイプにとって比較的有効なシグナルとなるであろう。一般的にいって、ゲーム理論によれば、有効なシグナルとは、コストの掛かる行動で、対象た

---

(4)　ポズナー、エリク（太田勝造・監訳）『法と社会規範：制度と文化の経済分析』（木鐸社、2002年）参照。

る特定の範囲の者にとっては、それ以外の範囲の者にとってよりも相対的にコストが小さくて済むようなコスト構造の行動である。よく知られた例として、より安い方のワインを推薦するウェイターの戦略がある。ウェイター自身には不利なはずのより安いワインを推薦された客は、ウェイターをソフトタイプの誠実な交渉者だと信用するようになるので、料理の選択ではウェイターのいいなりに非常に高いアントレを注文してしまうようになる。

　さて、ここまでは、交渉のテーブルにつくか否かという交渉相手探索におけるタイプ・シグナルの分析であった。以下では、一度交渉のテーブルにつくと容易には離脱できないような交渉の場合で、かつ、交渉の初期にシグナルを交換できるような場合のシグナルを考察しよう。特定の相手と交渉を開始したということが容易に他者に知られる場合、それが知られると他者から交渉相手として回避されてしまったり、ほかの交渉相手を探索したことがばれやすく現在の相手との交渉をスムーズに進めることが困難になるという状況も少なくはない。このようにお互いにいったん入った交渉から離脱しにくい場合、相手にどのようなシグナルを送ることが有利であろうか。この場合は、ハード・タイプであることがその段階でわかってしまっても相手は逃げられないとともに、ソフト・タイプであると思われると相手にはハード・タイプのように対立競争的交渉戦略を無理してでも採ろうとするインセンティブが生じてしまう。しかも、相手にハード・タイプと思わせることができれば、相手にはソフトな協調協力的交渉戦略を選択するインセンティブが生じるので、大きな利得4を獲得することができる。したがって、この状況においては、前述の探索段階とは逆に、みずからをハード・タイプと思わせるようなシグナルを相手に送るインセンティブが生じる。逆にいえば、他の交渉相手もいるからとハッタリをかけてテーブルを蹴る素振りをみせるまで、相手は譲歩しようとしないというよくみられる交渉パタンはこのような理由によって生じるのである。さらにいえば、他の交渉相手という選択肢の有無が、相手から譲歩を引き出す上での非常に大きな要素であることがわかる。した

がって、「交渉力」の1つの重要な要素として、ほかの交渉選択肢をどれだけ持っているか、が挙げられることになる。

5　長い付き合い

ここで、再び先の2の表1「交渉戦略の利得行列」で示される構造の交渉の分析に戻ろう。このような交渉の場合で、同じ交渉相手と長期的に繰返し交渉をする場合を考えてみよう[5]。

まず、1回限りないし短期的な交渉の場合は、協調協力的交渉戦略の相手に対して対立競争的交渉戦略を用いることで、相手の犠牲の上に大きな利得を獲得できる。したがって、対立競争的交渉戦略を選択するといういわば出し抜きのインセンティブが生じる。

しかしながら、同じ交渉相手と長期的に繰り返し交渉をする場合、今回対立競争的交渉戦略で出し抜くと、相手は次回には対立競争的交渉戦略に変更して仕返しをしてくる可能性が生じる。したがって、たとえば、初対面では協調協力的交渉戦略を採用し、それ以降は、前回相手が協調協力的交渉戦略を採用すれば今回は自分も協調協力的交渉戦略でお返しをし、逆に前回相手が対立競争的交渉戦略を採用したなら今回は自分が対立競争的交渉戦略で仕返しをするという「しっぺ返し戦略 (Tit-for-Tat)」ないし「条件付協力戦略」と呼ばれる戦略を採用することが可能となる。これは出し抜きのインセンティブを抑止する戦略である。

しっぺ返し戦略が出し抜きのインセンティブを抑止することはつぎのよう

---

(5) 以下の詳細については、アクセルロッド、ロバート（松田裕之・訳）『つきあい方の科学：バクテリアから国際関係まで』（ミネルヴァ書房、1998年）を参照。
(6) 数学にある程度自信のある者は、ゲーム理論の入門として鈴木光男『新ゲーム理論』（勁草書房、1994年）やラスムセン、エリック（細江守紀・村田省三・有定愛展・訳）『ゲームと情報の経済分析Ⅰ・Ⅱ』（九州大学出版会、1990,1991年）に挑戦するとよい。さらに英語にも自信がある者は、Fudenberg, Drew & Tirole, Jean, *Game Theory* (The MIT Press、1991) に挑戦するとよい。

にしてみればわかる。まず、常に協調協力的交渉戦略を採用する愚直者に対しては、常に対立競争的交渉戦略を採る悪質者が、より大きな4の利得を継続的に獲得できてしまい、出し抜きのインセンティブを抑止できない。しかし、このような常に対立競争的交渉戦略を採る悪質者に対してしっぺ返し戦略を採用する返報者は、たとえ最初に4の利得を与えても、次回以降は仕返しをするので、悪質者にその後はゼロの利得しか与えない。したがって、同じ相手との交渉の繰返しの可能性が一定以上存在する場合には、出し抜きのインセンティブを抑止することができるのである。

　なお、**表1**「交渉戦略の利得行列」は通常の「囚人のジレンマ」と異なり「チキン・ゲーム」と呼ばれるゲームの構造となっている。たとえば、左上のセルの（0、0）を（2、2）に修正すれば、対立競争的交渉戦略を採用しあうことがナッシュ均衡となり、囚人のジレンマとなる。上記のアクセルロッドの成果、すなわち、同じ相手との交渉の繰返しの可能性が一定以上あれば、しっぺ返し戦略採用によって協調協力的交渉戦略を選択しあうという、より望ましい交渉結果が得られうるという結論は、もともとは囚人のジレンマ研究の成果である。上記のように、仕返しのインセンティブがより大きいチキン・ゲームではなおさら繰返しの効用が大きいのである。

　以上のように、同じ交渉相手と長期的に繰返し交渉をするような構造の交渉の場合には、短期的には対立競争的交渉戦略の方が有利にみえても、長い付き合いを考慮すれば、協調協力的交渉戦略の方が有利となるのである。逆にいえば、先の付き合いのない相手に対しては対立競争的交渉戦略を採用した方が有利となる。「一見（いちげん）の客はぶったくり、馴染みの客にはサービスする」という古来の商法にも商売人からみた合理性はあるのである（これは「エンド・ゲーム問題」と呼ばれる）。ぼられたくなければ長い付き合いを構築するべきであることにもなる。

第3章　交渉技法

6　おわりに

　交渉を戦略的に分析する上でのゲーム理論の有効性を理解してもらうことが本節の狙いである。まず、相互依存関係における戦略選択のゲーム論的なモデル化と分析を示し、ナッシュ均衡の概念を導入した(2)。次いで、みずからの選択肢を狭め、かつ、それを相手に明示するというクレディブル・コミットメントの交渉における重要性を論じ(3)、交渉相手の探索段階と交渉段階におけるタイプ・シグナルの交換を分析した(4)。最後に、長い付き合いの場合と短期的付き合いの場合の交渉戦略の選択の問題を検討した(5)。本節でのゲーム論的分析とそこからの示唆によって、読者の交渉分析力と交渉力とが向上することを期待するものである(6)。

―《コメントと問題》――――――――――――――――――――

1. 「人間とは総じて対立競争的交渉をするものだからつけこまれないようにしなければならない」と考える人と、「人間とは総じて協調協力的交渉をするものだから正直に誠実な対応をしなければならない」と考える人と、「人間には総じていえば、対立競争的交渉をする人と協調協力的交渉をする人との二種類がいるから、それぞれに応じて対応しなければならない」と考える人とでは、交渉者としてどれが最も優れているであろうか？（⇨第1編第2章第2・第3）

2. スタンリー・キューブリック監督、ピーター・セラーズ出演の映画『博士の異常な愛情』を鑑賞して、核抑止戦略のコミットメントは何で、それをクレディブルにするものは何であるかを議論しなさい。または、ロン・ハワード監督、メル・ギブソン主演の『身代金』、または、ジョエル・コーエン監督、ジョージ・クルーニーとキャサリン・ゼタ＝ジョーンズ出演の『ディボース・ショウ』を鑑賞して、コミットメントについて分析しなさい。

3. ヤクザが刺青をしたり派手で目立つおどろおどろしい服装をしたがることや、就活（就職活動）では散髪をして紺色などの地味なスーツを着ることを、タイプ・シグナルの考え方を応用して分析しなさい。
4. 人間関係や社会関係を「長い付き合い」にしようとするものであると位置づけうる制度、慣行、儀式を挙げなさい。

《キーワード》

インセンティブ、ナッシュ均衡、コミットメント、信用できるコミットメント、シグナル、タイプ・シグナル、繰返しゲーム、囚人のジレンマ、しっぺ返し戦略、エンド・ゲーム

《参考文献》

<日本語>

・アクセルロッド、ロバート（松田裕之・訳）『つきあい方の科学：バクテリアから国際関係まで』（ミネルヴァ書房、1998年）
・太田勝造『民事紛争解決手続論：交渉・和解・調停・裁判の理論分析』（信山社、1990年）
・クーター、ロバート＆ユーレン、トーマス（太田勝造・訳）『新版・法と経済学』（商事法務研究会、1997年）
・鈴木光男『新ゲーム理論』（勁草書房、1994年）
・ディキシット、アビナッシュ＆ネイルバフ、バリー（菅野隆＆嶋津祐一・訳）『戦略的思考とは何か：エール大学式「ゲーム理論」の発想法』（TBSブリタニカ、1991年）
・ポズナー、エリク（太田勝造・監訳）『法と社会規範：制度と文化の経済分析』（木鐸社、2002年）

第3章　交渉技法

・ラスムセン、エリック（細江守紀・村田省三・有定愛展訳）『ゲームと情報の経済分析Ⅰ・Ⅱ』（九州大学出版会、1990,1991年）

＜外国語＞

・Fudenberg, Drew & Tirole, Jean, *Game Theory* (The MIT Press、1991).
・Schelling, Thomas C., *The Strategy of Conflict* (Harvard University Press、1960).

〔太　田　勝　造〕

―《コラム：初球はボールで》――――

　双方の対立が厳しいが、どちらも交渉の成立を望んでいるような場合には、交渉者は、最初は相手方の様子をみる必要があり、ただちに核心の議論に入るのではなく、本筋から少しずらしたところから入ることが上級者のテクニックである。なぜなら、予想外に相手が反発しても、本筋からずらしてあるので修正が容易である。また、後で本筋の議論に入ったときに、交渉に迫力が出るのである。これは、エース投手が打者に向かうときに、初球はボールから入ることに似ている。打者が打ち気に逸っているのか、どのコースを狙っているのか探ることができるし、ストライクではないので、相手が打ってきてもファウルになる確率が高いのである。ウイニングショットとなるよい案も2ストライク後に出すから効果があるのであって、初球から投げても効果はないのである。だから、エース投手は、初球からフォークボールを投げてストライクを取りにいくようなことはしないのである。　　　　　　　　〔草野〕

第4　説得とコミュニケーション

《この論文のねらい》

　交渉とはコミュニケーションの1つであるとともに説得のプロセスでもある。コミュニケーションの構造を理解することで、より効果的な交渉ができるようになる。説得のための議論の論理と構造を理解することでより有効な交渉ができるようになる（⇨第1編第2章第5、第3章第5）。

1　コミュニケーションの構造

　交渉はコミュニケーション行動の中の目的的コミュニケーションの1つである。すなわち、交渉相手に対して、自己の欲求充足・満足をもたらすような行動、とりわけ自己の要求に対する合意を導くために行う説得活動の相互行為である。したがって、交渉を理解するためにはコミュニケーションの基本構造を理解しておかなければならない。

2　コミュニケーション・モデル

　最もシンプルなコミュニケーションは2者間コミュニケーションである[1]。人間の情報処理、言語や記号、シグナルなどのメッセージの伝達などに鑑みると、Xが「金を払え」といってYが「いやだ」と答えたというような2者間コミュニケーションといえども実は非常に複雑なプロセスである。Xの頭の中でYに金を払って欲しいという趣旨の心理的な表象が生じ、それを「金を払え」という言語的メッセージとして記号化し、それを発声している。ここでのコミュニケーションのためのメディア（媒体）の主要なものは声に表わされた言語メッセージであるが、そのほかにも、声の強さ、抑揚、

---
[1]　以下の叙述は池田謙一『社会科学の理論とモデル　5　コミュニケーション』（東京大学出版会，2000年）にもとづいている。

第3章　交渉技法

表情、手振り身振り、さらには当該発声をめぐる状況や環境なども加味されてYに受信されているのである。言語メッセージがXの心理的な表象を正確に反映しているとは限らず、また、記号化や発声の各段階でノイズやエラーが生じている可能性もある。そもそもここで「正確に反映している」ということの意味自体も問題となりうる。なぜなら、正確か否かは、Xが言語メッセージに与えようと意図した意味と、言語メッセージが通常有すると社会的に理解される意味と、特定の受信者Yが当該言語メッセージに与えるであろう意味との間の関係で決まるものだからである。言語メッセージ作出としての記号化は、このように、Xの持つ背景的知識やXとYを取り巻く社会との相対的関係の中で行われるものである。

　さらに、Yがこれらの情報をすべて受信するとも、正しく受信するとも限らず、ノイズの混入や情報の脱落も生じうる。Yは聞き取ったXの発声を言語メッセージであると理解した上で（さもなければ雑音として無視してしまう）、解読し、その意味を自己の心理的表象として再構成しなければならない。その際には、上記のように、当該言語メッセージを取り巻く種々の情報も加味して解読されるが、それと同時に、Yの解読作業はY自身の個人的知識や理解能力（情報処理能力）、心理状態などの大きな影響も受ける。以上のように、「Xの心（脳）⇒　記号化・言語化　⇒　メッセージ・情報媒体（記号や声＋α）⇒　Yの受信　⇒　解読　⇒　Yの心（脳）」という多段階のプロセスでコミュニケーションは成立している。そして、記号化・言語化、すなわちエンコードの処理過程においても、解読、すなわちデコードの処理過程においても、それらが可能となるのは各自の主観的な「コミュニケーション前提」が存在するからである。

　このコミュニケーション前提は、われわれの心の中に形成されている世界や社会についての「モデル」であり、「意味の世界」とか「メンタル・モデル」などと呼ばれることもある。このコミュニケーション前提は主観的なものであるので、コミュニケーションが一定以上の成功を収める、すなわちXが伝

第4　説得とコミュニケーション

えようとしたことが一定以上の正確さでXの意図どおりにYに伝わるためには、両者の間でコミュニケーション前提の一定以上が共有されていなければならない。以上を表わすのが図1「コミュニケーションの基本モデル」である。

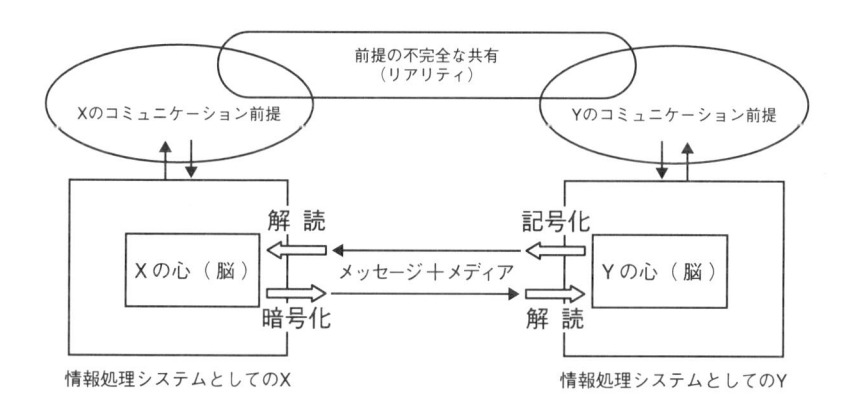

```
        前提の不完全な共有
           （リアリティ）
  Xのコミュニケーション前提    Yのコミュニケーション前提

              解読        記号化
   Xの心（脳） ←――  メッセージ＋メディア  ――→ Yの心（脳）
              暗号化      解読

  情報処理システムとしてのX    情報処理システムとしてのY
```

図1：コミュニケーションの基本モデル[2]

　このモデルから導かれる第1の点は、コミュニケーションの目標には、相手の認知の構造や感情・行動を、意図的に変更しようとする「説得」ないし「影響」の面と、相手とコミュニケーション前提の共有を拡大しようとする面とがあるということである。前者はコミュニケーションにおける「説得達成の相」と呼ばれ、後者は「リアリティ形成の相」と呼ばれることがある。このコミュニケーション・モデルから導かれる第2の点は、コミュニケーションの相には、意図的な影響実現目標のための説得達成の相とリアリティの共有目標のためのリアリティ形成の相だけではなく、意図されざるままに「伝わってしまう」コミュニケーションの相である「情報環境形成の相」も存在

[2]　池田、前掲注(1)の8頁の図に基づく。ただし、用語・表現を若干変更した。

するということである[3]。

3　コミュニケーション・モデルからの交渉への示唆

上記2で考察したコミュニケーション・モデルから、われわれが問題とする交渉についての多くの示唆が得られる[4]。

まず第1に、効果的な交渉のためには相手のコミュニケーション前提と自己のコミュニケーション前提についての情報を慎重に蒐集しそれを吟味して、共有の程度を見極める必要があることが導かれる。この点は、異文化間交渉において最も大きな重要性を持つが、人間の「意味の世界」やメンタル・モデルの主観性に鑑みれば、同じ文化の交渉者間においてもコミュニケーション前提の共有は通常暗黙に想定されるほどは大きくない可能性があり、それが誤解や「相互理解の欠如」として交渉を阻害することになる。

この点と関連して第2に、交渉者間でコミュニケーション前提の共有の程度について見極め合い、その上でリアリティ形成の相におけるコミュニケーションを行えば、真の意味における相互理解を深めることとなり、単なる値切り合いのバーゲニングとしての交渉とは異なる、いわば「共生感」ないし「連帯感」を交渉者間で醸成することができる点が明確となる。この点は、紛争解決交渉において決定的に重要である。なぜならこのようなリアリティ形成の相におけるコミュニケーションの成功によって、深い相互理解に基づく紛争の根源的解決を導くことが可能となるからである。

第3に、情報環境形成の相におけるコミュニケーションは意図されざる、そして多くの場合意図的制禦を超えたコミュニケーションである。そして、情報環境形成の相におけるコミュニケーションは、交渉におけるバイアスの原因ともなり、「思いがけなく相手を怒らせて」しまったり、「波長が合わな

---

(3)　池田，前掲注(1)参照。
(4)　太田勝造『民事紛争解決手続論：交渉・和解・調停・裁判の理論分析』（信山社，1990年）も参照。

い」とか「そりが合わない」という事態を生じさせたりする一方で、「なんとなくウマが合う」とか「不思議と理解し合える」ということにもなる。しかし、この相のコミュニケーションが、まったく制禦不可能なものばかりではないとともに、どのようなバイアスを交渉に生じさせているかをチェックすることが不可能なわけでもない。このことから、交渉者は相手との交渉における情報環境形成の相を自覚的に分析してバイアスを確知し、交渉に阻害的である場合にはそれを是正するように努力する必要があることがわかる。さらに、情報環境形成の相をできるだけ制禦するように努力することが優れた交渉者となるために必要であることもわかる。

　第4に、交渉において説得目標を達成するためのチャネルが、通常想定されるよりもはるかに多様であることも導かれる。説得目標達成のために、意図された言語的説得コミュニケーションを行うことが直截的なチャネルであるが、同じ意図でも、エンコーディング（言語化）の仕方、コミュニケーションのためのメディアの選択、言語的メッセージに随伴する種々の非言語的情報の制禦の仕方などによって、説得力や影響力は大きく異なってくる。しかも説得力や影響力は、交渉相手のコミュニケーション前提の内容、相手のデコーディングの仕方、こちらと相手のリアリティ共有の程度などによって相対的に作用する。

　第5に、これは第四の点のコロラリィと位置づけうるが、説得目標達成のためのその他のチャネルには、①相手の置かれた状況を変える、②相手の置かれた状況についての相手の理解、すなわち相手のコミュニケーション前提たる状況認知を変える、③相手と共有されているリアリティを変える、などがある。これらのチャネルを駆使することによって相手を「変える」ことで相手がこちらにとって望ましい行動や合意をするように導くことができるのである。このことは「交渉力」として、これらの「変える力」を位置づけることができ、したがって、交渉力が多様であることも導かれる。

　第6に、交渉が「成功」して満足ないし効用充足を獲得するためには、単

第 3 章　交渉技法

に相手を説得して変えるだけが方法ではない点が導かれる。①自分の置かれた状況を変える、②自分の置かれた状況についての自分の理解、すなわち自分のコミュニケーション前提たる状況認知を変える、などもある。これらを変えることで、相手の説得に応じることが自分にとっても目標達成となるような状況を作出できれば、これもやはり交渉の「成功」と位置づけうる。

　第7に、これは第6の点の逆用といえるが、自分の側の状況や状況認知を一方的に変え、それを相手に疑いの余地のない形で明示することで、相手の状況や状況認知に影響を与えることも考えられることがわかる。たとえば、「背水の陣」などのクレディブル・コミットメントは、自分の側の状況を一方的に変更し、それを疑いの余地のない形で相手に知らせることで、相手の状況や状況認知を変える交渉戦略である。

　以上のように、コミュニケーションの構造を分析することによって、交渉に対して多くの重要な知見を得ることができるのである。

4　コミュニケーション・モデルと説得技法

　交渉において相手を説得するための技法のいくつかをコミュニケーション・モデルで考察しておこう[5]。

　第1に、意図されざるままに「伝わってしまう」コミュニケーションの相である「情報環境形成の相」の意図的制禦、ないし操作は有効な説得技法となりうるという示唆が得られたが、現実にもこれに位置づけることのできる技法が存在する。その中で重要かつ興味深いものは、「漏れ聞かせる説得」である。これは正面から説得しようとする代わりに、自己の主張を相手が偶然に漏れ聞く状況を作出するという説得技法である。

　人々は、面と向かって説得されるよりも、漏れ聞いた（overheard）内容によってより強く説得されることがある。製品の品質が優れているとセールスマンから面と向かって主張されても、あまり説得されないかもしれないが、

---

(5)　以下については、榊博文『説得を科学する』（同文舘、1989年）参照。

第4　説得とコミュニケーション

知人や他人たちが「あの製品はとても優れている」と話をしているのを漏れ聞いた場合には、当該製品の品質の良さについてかなり信頼するようになる、ということはよくある。社会心理学の研究によれば、直接的説得と漏れ聞かせる説得とを比較すると、説得しようとする内容が、①受け手が心理的にコミットしているテーマ、すなわち「自我関与」しているテーマで、かつ、②受け手にとって受容できるものである場合には、漏れ聞かせる説得の方がより効果的である。

漏れ聞かせる説得が効果的である理由は、①受け手は説得者の説得の意図を認識しないので、受け手に防衛心を起こさせない、②人々は、聞くことを予想していなかったコミュニケーションによってより大きく影響される傾向がある、などと説明される。

もちろん、情報環境形成の相に関連する説得技法には、ほかに、ボディ・ランゲージなどのノン・バーバル・コミュニケーションの利用がある。声の調子や目つき、姿勢、服装、身振り・手振り、などを意図的に制禦することで説得力を向上させることができる。

コミュニケーション・モデルから見た説得技法についての第2は、相互のコミュニケーション前提の共有部分を広げようとするリアリティ形成の相に関連する説得についてである。これは、相手との間で、共通理解、共有知識、さらには共有される暗黙知を拡大することを通じて説得しようとする技法である。

影響実現目標のために正面から意図的に行う説得達成の相と、リアリティの共有目標のために行うリアリティ形成の相とでは、文化によってその使用傾向に差異がある。欧米、とりわけ合衆国のコミュニケーションは説得達成の相を主として用いるといわれており、これに対して日本人のコミュニケーションはリアリティ形成の相を重視するといわれる。事実、日本人の交渉パタンにおいては、交渉テーマを単刀直入に論じて駆け引きをすることは忌避される傾向があり、交渉テーマの直接的話合いはしないでお酒を呑んで雑談

をする「呑みニケーション」をし、心理的なハダカになりあう「へべれけ共同体」を作ろうとすることがよく見られる。このような「日本人的交渉」は、リアリティの共有、すなわちお互いのコミュニケーション前提を共有し合おうとする交渉技法であると位置づけることができる。

なお、コミュニケーション・モデルでみたようにコミュニケーションにはリアリティ形成の相が必ず存在するのであるから、このような交渉パタンを「日本人的」と呼ぶことは若干ミスリーディングである。欧米でも食事やパーティで世間話をしてコミュニケーション前提を共有しようとしたり、家族ぐるみの付き合いをすることでリアリティの共有を図ることはよくみられる。コミュニケーションにおいて説得達成の相とリアリティ形成の相のどちらをより重要視するかの程度の差であり、日本人の方が後者を重要視するということである。

コミュニケーション・モデルの残る1つの相は、説得達成の相である。とはいえ、多くの交渉スキルのハウツー物はこの説得達成の相についてのものであるのでここでは若干のコメントをするにとどめる。

理路整然とした説得の通常の構造は、ディベートなどで活用されているものでトゥールミンの議論モデルに基づくものである[6]。すなわち、結論である「主張」や「要求」についての「根拠」や「データ」を示すものである。説得を深めるときには、そのような「根拠」や「データ」が当該「主張・要求」に対する論拠となることを示す「理由づけ」を示す。さらに説得を深めるときには、当該「理由づけ」が理由づけとなることを示す「裏づけ」を示す。場合によると、「裏づけ」についての「裏づけ」、さらにその「裏づけ」となって、説得は無限進行しうる。この説得の構造を図示すればつぎの図2「説得の構造」のようになる。

---

[6] トゥールミン・モデルについては、足立幸男『議論の論理：民主主義と議論』（木鐸社、1984年）参照。

第4　説得とコミュニケーション

```
根拠・データ　⇒　主張・要求
                    ↑
                  理由づけ
                    ↑
                  裏づけ
                    ↑
                   …
```

図2：説得の構造

　説得の無限進行を回避するための人類の1つの知恵が「法」である。すなわち、「理由づけ」や「裏づけ」が法規範に逢着すればそれ以上の裏付けは不要であると社会的に決定するのである。しかし、社会が流動化し価値観が多様化した現代社会においては、法規範の社会的正当性が無条件で承認されるわけではない。法規範の修正を求める側には、異なる法規範の適用を説得する手段が認められる。それが立法事実アプローチである[7]。立法事実アプローチにおいては、法の創造や修正の基礎となる社会科学や自然科学の理論と事実を総称して「立法事実」とよび、この立法事実によって法規範の修正を理由づける。したがって、法的説得はつぎの図3「法的説得の構造」のようになる。

　なお、説得の理由づけや裏づけとなるものは法規範や立法事実ばかりではない。社会規範、常識、経験則など多様なものが説得における理由づけとなりうる。また、「法の解釈適用」は、法の創造、法の修正の要素を多かれ少なかれ内含している。なぜなら、記号論理学的推論のみからなる法解釈はトリ

---

(7)　原竹裕『裁判による法創造と事実審理』（弘文堂，2000年），太田勝造『社会科学の理論とモデル　7　法律』（東京大学出版会，2000年），太田前掲注(4)，平井宜雄「戦後法解釈論の批判的考察：法律学基礎論覚書（1～9・完）」『ジュリスト』916号96頁，918号102頁，919号70頁，920号82頁，921号79頁，923号72頁，926号73頁，927号86頁，928号94頁（1988-1989年）。

第3章 交渉技法

　　　　　主要事実　⇒　請求
　　　　　　　　↑
　　　　　法規範（要件⇒効果）
　　　　　　　　↑
　　　　　　　立法事実
　　　　図3：法的説得の構造

ヴィアルであり、それ以外のすべての法解釈は、「意味の持込み」や価値判断を必然的に内含しているからである[8]。

　以上のような説得の構造をコミュニケーション・モデルに当てはめることからいくつかの重要な洞察を受けることができる。第1に、説得する側の挙げる「根拠・データ」、「理由づけ」、「裏づけ」が、相手のコミュニケーション前提に共有されていればいるほど説得はより効果的となる。このことから、説得においては、単に自分にとって説得力があるようにみえる「根拠・データ」、「理由づけ」、「裏づけ」を選択するよりも、相手のコミュニケーション前提によりよく適合する「根拠・データ」、「理由づけ」、「裏づけ」を利用するべきであることが導かれる。これこそ、交渉において「客観的基準を強調せよ」[9]ということの1つの意味である。

　第2に、これは第1の点と関連するが、相手のコミュニケーション前提によりよく適合する「根拠・データ」、「理由づけ」、「裏づけ」を利用する上では、自分の「主張・要求」を固定しない方がよい。自分の説得目標に適合するような「主張・要求」を柔軟に再構築し、それによって新たな「主張・要求」のための新たな「根拠・データ」、「理由づけ」、「裏づけ」が相手のコミュ

---

[8]　太田前掲注(7)および太田勝造『裁判における証明論の基礎：事実認定と証明責任のベイズ論的再構成』（弘文堂，1982年）を参照。
[9]　フィッシャー，ロジャー＆ユーリー，ウィリアム（金山宣夫＆浅井和子・訳）『ハーバード流交渉術』（ティビーエスブリタニカ，1998年）。

ニケーション前提により良く適合するようにするのである。これこそフィッシャー&ユーリー[10]が、交渉において「立場でなく利害に焦点を合わせよ」、そして「複数の選択肢を用意せよ」ということの1つの意味である。

5 おわりに

コミュニケーションの構造分析を通じて、交渉における説得を分析し、より有効な説得技法を追求する上でのヒントを提示することが本節の狙いである。まず、コミュニケーション・モデルを説明し、コミュニケーションには説得目標達成の相、リアリティ形成の相、および、情報環境形成の相の3つの相があることを示した。次いで、コミュニケーション・モデルから得られる交渉への示唆を説明した。最後に、コミュニケーション・モデルを用いて説得技法のいくつかを分析し、よりよい説得技法のあり方を示唆した。本節でのコミュニケーション・モデルとそこからの洞察によって、読者の交渉力や説得力が向上することを期待するものである。

―《コメントと問題》――――――――
1. コミュニケーション・モデルから見たとき、「阿吽の呼吸」が可能となる条件はいかなるものであろうか？
2. 異文化の人や企業、外国政府と交渉する上で注意するべき点をコミュニケーション・モデルを参考にして列挙しなさい。
3. 「身を乗り出して聞く」、「相づちを打つ」、「うなづく」、「相手の発言の趣旨を復唱する」、「相手の気持ちを繰り返す」、「相手との共通点を強調する」などの交渉スキルをコミュニケーション・モデルで分析しなさい。
4. あるテーマでのある主張について、相手を論理的に説得するためには、どのような準備をしておくべきか、列挙しなさい。

――――――――――――――――――
(10) フィッシャー&ユーリー前掲注(9)。

第3章　交渉技法

―《キーワード》――――――――――――――――――――――
　コミュニケーション前提、意味の世界、メンタル・モデル、説得達成の相、リアリティ形成の相、情報環境形成の相、交渉力、異文化交渉、漏れ聞かせる説得、日本人的交渉、立法事実アプローチ

《参考文献》

・足立幸男『議論の論理：民主主義と議論』（木鐸社、1984年）
・池田謙一『社会科学の理論とモデル　5　コミュニケーション』（東京大学出版会、2000年）
・太田勝造『裁判における証明論の基礎：事実認定と証明責任のベイズ論的再構成』（弘文堂、1982年）
・太田勝造『民事紛争解決手続論：交渉・和解・調停・裁判の理論分析』（信山社、1990年）
・太田勝造『社会科学の理論とモデル　7　法律』（東京大学出版会、2000年）
・榊博文『説得を科学する』（同文舘、1989年）
・原竹裕『裁判による法創造と事実審理』（弘文堂、2000年）
・平井宜雄「戦後法解釈論の批判的考察：法律学基礎論覚書（1〜9・完）」『ジュリスト』916号96頁、918号102頁、919号70頁、920号82頁、921号79頁、923号72頁、926号73頁、927号86頁、928号94頁（1988—1989年）
・フィッシャー、ロジャー＆ユーリー、ウィリアム（金山宣夫＆浅井和子・訳）『ハーバード流交渉術』（ティビーエスブリタニカ、1998年）

〔太　田　勝　造〕

第5　認知心理と異文化間交渉

―《この論文のねらい》――――――――――――――――――――
　本稿では、交渉に作用する個人の情報処理の歪みや文化の影響に関する実証研究の成果から、交渉の過程と成果へのリスク要因を検討する。
――――――――――――――――――――――――――――――

1　交渉者の認知心理

　2002年のノーベル経済学賞は、人間の認知心理分析、つまり情報処理プロセスに関する心理実験を丹念に積み重ねてきた、ダニエル・カーネマンという心理学者に贈られた。受賞理由は、実験で明らかにされた人間の認知バイアス（情報処理にみられるシステマティックな偏向）の経済、経営現象への応用性の高さにある。

　この認知バイアスを交渉者の意思決定にいち早く適用し、交渉における非合理的な判断がいかに多く発生しているかを解明したのがマックス・ベイザーマン（ハーバード・ビジネススクール教授）とマーガレット・ニール（スタンフォード・ビジネススクール教授）である。交渉における理性的な思考を歪める代表的な認知バイアスには、以下の7つがある[1]。

　「行動のエスカレーション」　ひとたびある行動を選択すると、その後の状況の変化を省みず、当初の方針のまま深入りしてしまいがちな傾向。行動を取り巻く諸条件が、時の経過と共に変化し、すでにとってしまっている行動方針を変えなければならないことを示していても、すでに投入した費用や労力や時間（埋没費用）に縛られたり、初めの決定を正当化するのが目的に

――――――――――――――――――――――――――――――
(1) Bazerman Max H., & Margaret A. Neal, Negotiating Rationally. (Free Press, 1992). 邦訳はベイザーマン＆ニール著『交渉の認知心理学：戦略的思考の処方箋』（白桃書房、1997年）。

第3章 交渉技法

なったような形での資源配分を継続したりする。

人は下す決定が大きいほど、その決断を裏づける資料を慎重に吟味するはずなのだが、一度決定を下してしまうと、決定内容と対立するようなデータは目に入りにくくなり、決定を支持するもののみ追加したくなるという傾向もある。これは証拠確認の罠とも呼ばれている。

また状況が変わり、選択した行動を変更することは、当初の判断が失敗だったことを意味する。失敗を隠したいという心理はもとより、初めの意思決定に固執することで、逆に、コロコロ意見を転向しない首尾一貫した人物だとの評価を得ることさえある。そのため、意思決定の質よりも、イメージ管理が優先するという事態になる場合がある。

(1) パイの大きさは決まっている、という思い込み

労使交渉をさす英語表現は collective bargaining だが、ここで交渉を意味する bargain という語は、bar と gain からできている。gain は、儲ける、前進する、の意であり、bar は、妨げる、の意である。したがって、bargain の語源が示唆するのは、パイの奪い合いになる分配型交渉である。つまり、こちらが要求することで相手は利益を減らし、相手が要求することでこちらの利益が損なわれるというタイプの交渉である。組合側の要求と経営者側の要求が衝突し、最後は100円玉の積み上げで歩み寄るような形になる交渉に bargain が当てられるのは、双方で分配される資源（パイ）が限られているためである。このような交渉に関する典型的なイメージが、勝つか負けるか、という交渉態度を形成している。

限られた資源を奪い合うタイプの交渉もあるが、多くの交渉には複数の項目が絡んでいて、その項目間に重要度の差があることが少なくない。優先順位の低い項目を譲る代わりに優先順位の高い項目をとる、というトレードオフの実現によって統合型の交渉になれば、すべての項目を2で割るような結果よりも、双方の取り分が増える可能性も潜んでいる。

第5　認知心理と異文化間交渉

しかしながら、勝つか負けるかという態度が頑なに浸み込んでいると、優先順位の違いを見出すような効果的な情報交換ができず、パイを大きくする機会を失う。シナジー効果をうたいながら、企業統合に失敗する交渉には、双方とも自分に有利に（勝とう）という姿勢が強すぎ、限られた資源（大きさの決まったパイ）の奪い合いに終始しているケースが多い。

(2) 係留効果（アンカリング）と調整

船が錨をおろすと、波や流れで揺れ、わずかに移動しても、その場にとどまるように、交渉でも、交渉に入る際の最初の構えや自他が最初に提示した条件を基準にし、そこに固着してしまうことがよく起こる。

交渉による最終合意の内容は、交渉中の譲歩行動よりも、最初の提示条件に影響されることが実験で示されている。最初の提示条件に引きずられる傾向が随所にみられるのである。準備が不十分な交渉では、自分の優先項目が整わぬまま相手と折衝している場合があるし、かなり準備を重ねていても、相手の優先項目や期待を把握することがむずかしい場合もある。交渉の前に、高い達成目標を定めておくことは、相手側の最初のオファーの係留効果を抑えるのに役立つ、つまり相手の土俵に乗らされることを抑止できる。ただし、目標自体や、自分の切り出した条件が自分にとっての錨になり、交渉の効率を阻害することもある。

(3) 枠づけ作用（フレーミング）

同じ確率の事象も、利益や好ましい状況といったプラスの枠づけで表現されるのと、損失や好ましくない状況といったマイナスの枠づけで表現されるのでは、選択に大きな差が出ることがある。そのため、たとえばリスクについては回避型、中立型、追求型、のような選択態度の分類があるが、当人がリスク回避と思った行動も高リスクの選択であったり、リスク追求のつもりが低リスクの選択だったりするといったことが生じる。事象の表現が、プラ

163

第3章　交渉技法

スとマイナスをどのような枠で示されているかにより、選択心理が影響を受けるためである。

　プラスの枠づけで提示する方が相手が受容しやすいケース、たとえば、手術を勧めるときに、術後の生活の質が向上するということを強調することで相手の判断が促される場合もあれば、マイナスの枠づけで提示する方が相手が受容しやすいケース、手術しなければ、さらに症状が悪化するということを強調することで判断が促される場合もある。交渉でこの心理作用を効果的に活用し、適切な表現で条件提示できれば、こちらに有利な条件を相手が認めやすかったり、逆に相手に有利な条件でも相手が拒絶する、といったことが起こる。

(4)　情報の入手可能性

　交渉では情報が鍵になるが、思い出しやすい記憶と再生しにくい記憶、固定した検索パターンに引っかかりやすい情報とかかりにくいもの、照射されやすい情報と目立ちにくいもの、などがあり、交渉者の客観性判断に作用する。

　自動車を購入する際に、車両価格の値引き交渉には相当のエネルギーが投入されるのに、オプションや保障サービスは比較的簡単に購入する傾向があるのは、数百万という本体価格に意識が集中した後は、数万円の追加はインパクトが小さく感じられるからである。

　使える情報はすぐ手に入るものを利用しがちだし、すぐ頭に浮かぶ情報には意識が集まりやすい。感覚的に身近に感じられる情報と、信頼性が高く関連も適切な情報を区別することが重要になる。

(5)　勝者の呪縛

　オークションを「買った」満足感より「勝った」満足感だ、と評することがある。買うという行為が勝つことに変質してしまうのは、前項の行動のエ

スカレーションでもあるが、いざ、競り落とした（勝った）として、それは本当に勝利なのだろうか。落札者がその品物に最後につけた値段に、ほかの人々がついてこなくなった、という事実は、落札者以外の全員が、その品物にはその値段ほどの価値はない、と判断した、とみなせることでもあるのだ。この視点にたつと、勝った、といえるかどうかに吟味を要することがわかる。

　交渉においても、相手側の視角から状況を分解してみることで、相手の立場と根拠がみえやすくなり、行動の予測がしやすくなる。しかし、交渉というさまざまな競合心理の作用を受け、時間その他の制約条件が重なる状況では、相手の視角を考慮し忘れることが少なくない。

(6) 自己過信

　以上のようなバイアスが組み合わさると、交渉者は自分の判断や選択への自信を膨張させてしまう。交渉案件の難易度が高いほど、当人の判断や選択に対する自信とバイアスが結合する場合が多い。

　自己過信には、優越性の幻想、楽観主義の幻想、コントロールの幻想という欲求幻想が作用する。こうしたい、こうありたいという動機が交渉を左右するのである。優越性の幻想に関する調査は、交渉者が相手よりも自分の方が柔軟で、意図がしっかりし、有能で、公平で、正直で、協調的だと思う傾向を示している。楽観主義の幻想とは、一般に人々が将来、悪い出来事の体験可能性を過小評価し、よい出来事の体験可能性を過大評価する傾向である。コントロールの幻想は、結果に対して自分がもちうる統御可能性を過大評価する傾向である。競馬競輪での賭け金が、終了しているが結果の知らされていないレースには、これからスタートするレースにくらべるとずっと落ちるのは、レースへの自分の賭けが、レースの結果に影響を与える感覚があるためだ、といわれている。

　交渉では、自分がこの7つのバイアスにどれくらい影響を受けているか、同じように相手がそれぞれのバイアスにどれくらい影響を受けているか、を

検討する必要がある。

2　異文化間交渉

この20年ほどの間に成長してきた学問領域の1つに文化心理学がある。これまで多くの人が漠然と経験してきた文化の違いや文化のプロフィールがいくつかの基本尺度で文化差として測定されるようになっている。

日本人は交渉が下手だ、といわれることがある。しかも日本人自身がそれを語っていることが多いようにみえる。実態はどうなのだろうか。合意した交渉についての反省や後悔であれば、よりよい条件を取れたはずだ、あるいは、交渉の諸コストを抑えて進められたはずだ、ということだろうし、決裂した交渉の場合なら、本当は合意できたはずだ、ここに気づけば折り合えたはずだ、ということであろう。いずれも、量的または質的によりよい展開がありえたことを察知していることになる。同じことは国内交渉でもあるはずだが、国際交渉では何が違うのか。

われわれは、各国の文化における価値観（何が大切か）と規範（どうすることが適切か）を軸に、個人主義と集団主義、対等意識と上下意識、高コンテクストと低コンテクストのコミュニケーションが交渉行動に及ぼす影響を考えながら、異文化間交渉の実証型研究を行ってきた[2]。歴戦の実務家が語る豊かな交渉経験に隠された心理と行動のメカニズムを調べ、実践に資するためである。

---

(2) Brett, Jeanne M., *Negotiating Globally* (Jossey-Bass, 2001), ブレット、ジーン著『交渉力のプロフェッショナル：MBAで教える理論と実践』（ダイヤモンド社、2003年）、奥村哲史「異文化交渉：ジョイント・ゲインと文化スキーマ」（『一橋ビジネスレビュー』2003年春号、東洋経済新報社）、Brett, Jeanne M., Wendi L. Adair, Alain Lempereur, Tetsushi Okumura, Peter Shikhirev, and Ann L. Lytle, "Culture and Joint Gains in Negotiation," *Negotiation Journal*, Vol. 14, No. 1. (1998), "Culture and Negotiation Strategy," *Nagotiation Journal*, Vol. 20, No. 1, 2004.

第5　認知心理と異文化間交渉

　価値観と規範は、その文化集団に所属する人々にスキーマ（状況と他人の行動を解釈するための枠組み）を与え、適切な社会行為の順序だてとなるスクリプトを与える。スキーマは交渉についての情報と期待の認知倉庫となり、スクリプトはスキーマのサブセットであり、一続きの行動のパッケージのように、アクションプランを保管する。社会的、経済的、法的諸制度は交渉のマクロ環境を形成する。これらが、ものの感じ方、考え方、行動の仕方が一揃いとなったある文化圏における、交渉に対する知覚構造あるいは常識になるのである。

　さまざまなタイプの交渉が異文化状況でも実験され、一般的に語られる文化のステレオタイプが実際にはどのような機能で存在しているのか、また存在する場合は交渉にどのように作用してくるのか、などが調べられている。

　取引型の交渉で、複数項目間の優先順位の違いを活用しパイを大きくできるか、つまり双方にとってメリットのある解決を導けるかどうかを日米間で試みた実験がある。表1は、日米それぞれの同一文化の中での交渉に比べ、異文化間の設定ではジョイント・ゲインが小さかった、パイをさほど大きく出来なかったことを示している。この実験の設定では、ジョイント・ゲインは最大5億円を超えるようにデザインされていた。しかし、同一文化内の交渉でも、7000万円以上の現金（この交渉エクササイズの潜在利得の約15％）が手

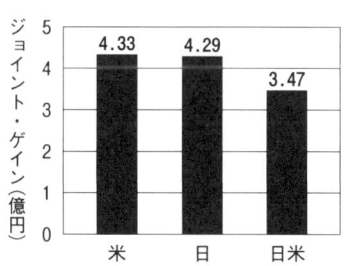

表1　日米交渉と国内交渉のジョイント・ゲイン比較

	米	日	日米
ジョイント・ゲイン（億円）	4.33	4.29	3.47

出所：奥村哲史「異文化交渉：ジョイント・ゲインと文化スキーマ」（『一橋ビジネスレビュー』2003年春号、51頁、東洋経済新報社。

を付けられぬままテーブルの上に残され、双方が合意しているのだが、異文化間では掘り起こされずに失なわれた利益がその倍以上になった。

　録音したこの交渉過程を分析すると、ほぼ同じ値のジョイント・ゲインを生み出した日米それぞれの同一文化内交渉も、実際は、それぞれのプロセスが大きく異なることが見出された。米国人同士の交渉では、取引の中で情報をギブ・アンド・テイク方式でやり取りし、互いの優先項目に関する情報を理解し、項目をトレードオフしてパイを大きくしていたのに対し、日本人同士での取引交渉では、具体的な情報の交換よりも、要求やオファーをぶつけ合う中で行間を読み取り、優先項目を推定しつつジョイント・ゲインを創出していた。

　こうした異なる交渉スタイルがぶつかると、同じ設定であっても、重要なところでコミュニケーションが遮断され、双方により利益をあげる機会が与えられていながら、そのチャンスを実現できぬまま交渉を終えているのだった[3]。

　表2は、環境交渉における社会的ジレンマ状況での文化差をみたものである。資源絶滅の危機に瀕している魚の漁獲量を4団体で現在の漁獲（年5000トン）から半減させなければならない、という設定での交渉シミュレーションの結果を示している。

　社会的ジレンマでは、協調行動と抜け駆け的行動が選択肢になる。この交渉エクササイズでは、4者間の交渉では拘束力のある合意や契約はなく、話

---

(3) Brett, Jeanne M. & Tetsushi Okumura, "Inter-and Intra-Cultural Negotiation: the U.S. and Japanese Negotiators," *Academy of Management Journal*, Vol.41, No.5, 1998, Adair, Wendi L., Tetsushi Okumura, & Jeanne M. Brett, "Negotiation Behavior when Cultures Collide: The United States and Japan," *Journal of Applied Psychology*, Vol.86, No. 3, 2001.

(4) Wade-Benzoni, Kimberly A., Tetsushi Okumura, Jeanne M. Brett, Don Moor, Ann E. Tembrunsel, and Max Bazerman, "Cognitions and Behavior in Asymmetric Social Dilemmas: A Comparison of Two Cultures," *Journal of Applied Psychology*, Vol.87, No. 1. 2002.

表2　社会的ジレンマ状況における交渉の日米比較

(単位：トン)

変数と文化	交渉前と交渉後	平均	偏差
●公平だと思う漁獲量			
日本	前	3,462	83
	後	3,388	103
米国	前	3,917	58
	後	3,353	72
●実際の漁獲量			
日本	前	3,647	104
	後	3,181	114
米国	前	3,972	73
	後	3,241	80

奥村哲史「異文化交渉：ジョイント・ゲインと文化スキーマ」(『一橋ビジネスレビュー』2003年春号56頁（東洋経済新報社））。

し合いの後に、翌年の減産量を各自が個別に決定する形式になっている。交渉中に信頼関係が生まれ、他団体が協調減産することを期待できれば自分の漁獲量も下げるだろうし、逆に、他団体に抜け駆けされるリスクが高いと感じていれば漁獲量は減らせない。

　表2では、減産を目指して各団体の公平な取り分がどれくらいだと考えているかの予測の合計と、実際にはどれくらい取るかの合計を交渉の前と後で比較している。交渉前の実際の漁獲計画が公正と考える量よりも多いのは、資源を守るためには減産が必要なのはわかっているが、団体を代表して交渉する立場では、所属する団体のメンバーの利益を考えると、また他団体がどう出てくるかが不確定なため、実質的にはそれ以上とらざるを得ない、という意識の表れである。交渉後の数字が逆転しているのは、公正な基準からはこれぐらいはとってよいと思うのだが、資源維持のためには他団体に協調して減産しようという態度だと解釈できる。

　日米を比較すると、交渉前の協調姿勢は日本人の方が高く、交渉後の協調姿勢は米国人のほうが高いことである。これは、顔を合わせる前の他者の行動に対する予測と期待に文化が作用しているためだと考えられる。

第3章 交渉技法

　協調性も主要特性の1つである集団主義文化の日本人は、利己的に考える面がありながらも、同じ文化の相手の協調行動を期待し、交渉前から減産幅が大きい。これは日本人が社会的ジレンマを相互依存状況とみなし、他者の協調行動を期待しつつ、他者の利益に配慮もしていることを示唆している。他方、米国人はコミュニケーションの機会が与えられるまでは、自分中心で他者への配慮は大きくなく減産幅が小さいが、交渉によって状況への理解を共有していった。その分、彼らのコミュニケーション効率は高いともいえる。

　紛争解決型のように交渉パターンが異なれば、また2つの文化だけでなく、多人数で多文化が混入するタイプの交渉になれば、それぞれの文化がもたらす価値観や行動規範の影響はまた違ってくる。あるいは、一部のデータでは文化差が測定できても、たとえば日本人にも米国人以上に個人主義で対等意識の強い人もいれば、日本人以上に集団主義的で課上下意識の強い人もいる。それでも、そのような個人差を踏まえた上で、文化の違いがもたらす感じ方、考え方、行動の仕方の一般的なパターンを知っておくことで、無用の摩擦や対立を回避したり削減したり、また、潜在的な利益を掘り起こす可能性が高まると考えてよいはずだ。

―《コメントと問題》――――――――――――――――――――

1．注(2)ブレット著『交渉力のプロフェッショナル』の個人主義――集団主義、対等意識――上下意識の尺度から、文化特性が交渉に対する動機づけや交渉行動としての「向き合い方」の選択にどう影響するか、自分自身のパーソナリティと行動選好を事例として検討しなさい。

2．注(1)の本文事例を読み、7つの認知バイアスをさらに実用的な診断ツールとし、日本企業の提携、合併交渉あるいはビジネス誌上などでの経営者の発言から、実際の認知バイアスを観察しなさい。

> 《キーワード》
>
> 認知バイアス、エスカレーション、パイの大きさは決まっている、係留効果、枠づけ作用、情報の入手可能性、勝者の呪縛、自己過信、ジョイント・ゲイン、価値観と規範、社会的ジレンマ、相互依存

《参考文献》

・ユーリ、W.、J．ブレット、＆S．ゴールドバーク『「話し合い」の技術：交渉と紛争解決のデザイン』（白桃書房、2002年）。
・チャルディーニ、R．『影響力の武器』（誠信書房、1991年）。
・高杉尚高『実践・交渉のセオリー』（日本放送協会、2001年）。
・ミンツバーグ、H．『マネジャーの仕事』（白桃書房、1993年）。

〔奥村哲史〕

第3章　交渉技法

第6　ディベートと交渉

> 《この論文のねらい》
> 　日本の日常生活ではなじみが少ないディベートを交渉と比較することによって、それぞれの言語技術を意識的に学習できるようにする（⇨第1編第4章第1）。

1　ディベートと交渉とは異なった言語技術である

　大学での交渉の授業で、ディベートと交渉はどう違うのかという質問を受けることがある。直感的に説明すればつぎのようになる。まず、ディベートは刑事訴訟のようなもので、有罪か無罪かなど、白黒をつけるところに特徴がある。つぎに、交渉は外交交渉のように、何かを合意したり取り決めたりするために話し合うことである。長年教えていると、ディベートと交渉が違うのは常識ではないかと思えてくるのだが、どうして両者の区別がむずかしいのだろうか。

　後で述べるように、実際の交渉の中ではディベートの技術がしばしば用いられる。しかし、ディベートと交渉は異なった目的をもつ言語技術である。2つの差異を理解しておかないと、大学教育において意識的な練習をすることができない。また現実の社会においても、場面に応じて使い分けることが困難となる。われわれの日常生活ではディベートや交渉はなじみがうすいので、明確なイメージが持ちにくい。2つの概念を区別するために、まずはこれらのことばが日常においてどのように用いられているかを考察してみよう。

2　日常生活におけるディベートと交渉

　第1に、まずディベートはカタカナ英語である。最近では『ディベート入門』という本がかなり出回っているが、なぜ「討論」ではなく、「ディベート」なのだろうか。ディベートには、「討論」ということばでは表せない意味があ

る。三省堂のインターネット版『大辞林　第2版』によれば、ディベートとは、「特定のトピックに対し、肯定・否定の二組に分かれて行う討論」とある。これに対して、討論とは、「ある問題について、互いに意見を述べ合うこと。ディスカッション。」と説明されている。ここからも、「肯定・否定の二組に分かれて」白黒をはっきりさせるのがディベートの特徴であることがわかる。

　第2に、交渉ということばも、日常的には「話し合い」ということの方が多いだろう。広辞苑第5版では、交渉を「相手と取り決めるために話し合うこと」と説明している。したがって、交渉は「何かを取り決める、合意する」という目的性が「話し合い」より強いことがわかる。もっとも、交渉のもうひとつの説明として「かけひき」という言葉があげられている。「かけひき」は日本ではあまりよいイメージを持たれていない。交渉にもマイナスのイメージを感じる人もいるかもしれない。大阪大学の授業では、「ネゴシエーション」といっている。

　第3に、現実の世界では、交渉の中でしばしばディベートが行われるから、意識していないとこれら2つの言語技術を混同してしまう。WTO（世界貿易機関）の交渉などで各国代表が自国の正当性を訴え、他国の立場を批判するディベートをし、議長がこれを取り仕切る会議の場面と、舞台裏の駆け引きの場面がある[1]。しかし、見せ場にならない舞台裏は報道されないので、「視聴者」は丁々発止とやりあうのが外交交渉だと思ってしまう。

　第4に、日本社会では、本来ディベートが行われるべき場面でも、いい加減にすましてしまう傾向がみられる。たとえば、国会の「質疑」や「討論」[2]が論理ではなく感情論であったりする。野党も大向こうをうならせようと与

---

(1) 外交交渉の実際については、知原信良、大澤恒夫、河村幹夫、ロバート・グロンディン、野村美明「プロフェッショナルのための交渉教育普及戦略―日本法社会学会2003年度学術会議ミニシンポより―」『NBL』771号10-34頁（2003年）の知原報告参照。
(2) 本会議については、衆議院規則118条、137条など、委員会については同規則45条参照。

党を口をきわめてののしる。その場はスッとするかもしれないが、双方の議論がかみ合っていないので、主張内容についての白黒は判断できないのである。また、ディベートの典型だというべき訴訟も、民事事件の場合には口頭弁論が書面の交換で代替されたりするので、一般市民には訴訟のダイナミックなイメージがつかめない。

　交渉はなにかを取り決めるために話し合うことであり、ディベートは「肯定・否定の2組に分かれて」白黒をはっきりさせようとするところに特徴がある。以上の意味での交渉はだれでも経験するが、「ディベート」はわれわれにとって相当縁遠い存在だろう。以下では、ディベートを中心に考察する。

3　日本社会におけるディベート

　すでにみたように、日本語の辞書には、ディベートとは「特定のトピックに対し、肯定・否定の2組に分かれて行う討論」という以上の説明はない。オンライン・ウェブスターによれば[3]、つぎのようになる[4]。
つぎのような意味でのことばまたは議論による勝負：
　(a)議会手続ルールにしたがって、会議体においてある動議について行われるフォーマルなディスカッション。
　(b)競合する2当事者間である命題について行われる、ルールによって統制されたディスカッション。
　ディスカッションがカタカナであること、および「動議」という言葉が一般的でないことが気になるだろう。ディスカッションとは、「ある問題を、公開の、そして通常はインフォーマルなディベートにおいて検討すること[5]」

---

(3)　Merriam－Webster Online Dictionary 〈http://www.m－w.com／〉
(4)　参考のために、原文を引用しておく。"a contention by words or arguments: as a : the formal discussion of a motion before a deliberative body according to the rules of parliamentary procedure b : a regulated discussion of a proposition between two matched sides."
(5)　"consideration of a question in open and usually informal debate."

である。ここから、ディベートの辞書的意味の特徴は「フォーマル」さだということがわかる。「フォーマル」の典型が、中立の第三者である議長やジャッジ（英語では裁判官という意味である）がいて、討論者間のディスカッションを手続ルールに従って采配する場合である[6]。「フォーマル」もカタカナであるが、日本語で「正式の」とか「公式の」といってもピンと来ない。おそらく、日本の組織の会議では、正式と正式でないディスカッションの区別があまり意識されていないせいだと思われる。

　大学でも、正式の教授会と非公式の教授懇談会の違いは、議事録のあるなし、事務局からの出席のあるなしで区別しているのが現状である。有名な『ロバート議事規則』[7]は、地元の教会の運営会議を円滑に行うために作成された。みんなの利害に関わる意思決定をするための合議体は、規模の大小にかかわらず、「公共」（パブリック）の場における「公式」（フォーマル）なものだと考えるのは、米国の伝統であろう。議長の下で規則に従って統制されるのが「正式の」ディスカッションだとすれば、田原総一朗氏のサンデープロジェクトのような「討論番組」は、「司会者」の制止や時間制限がきかないインフォーマルなディスカッションだといえる。

　つぎに、「動議」については、ウェブスターはつぎのように定義する[8]。
　(a)行動のための提案、特に審議のための合議体において提出されるフォーマルな提案。

---

(6) 外交会議における議長の役割について、前掲注(1)知原報告参照。
(7) 米国では、教会の運営会議から大学の理事会、会社の取締役会まで、あらゆる会議体でロバート議事規則が利用されている。これは、米国のヘンリー・M.ロバートが議会ディベート（parliamentary debate）のルールとマナーを集大成して1876年にまとめたものである。日本でもライオンズクラブが採用している。ロバート、ヘンリー・M.『ロバート議事規則』ロバート議事規則研究所（1986）。
(8) "a : a proposal for action; especially : a formal proposal made in a deliberative assembly b : an application made to a court or judge to obtain an order, ruling, or direction."

(b)判決、決定および命令を得るために裁判所または裁判官に対して行なう申立

以上から、ディベートの定義(a)による議会のような合議体におけるディベートとは、組織に自分が希望するある行動（たとえば特定の立法）をしてもらうために、賛成側が提出した行動提案について、反対側との間で議事ルールに従って議論することだと説明することができる。議会ディベートは、WTOにおける多国間交渉でみられるが、日本社会では米国の影響を強く受けたライオンズクラブなどの組織で利用されている以外は、一般にはなじみがないのではないだろうか。

これに対して、ディベートの定義(b)の「競合する二当事者間である命題について行われる、ルールによって統制されたディスカッション」は、刑事訴訟をイメージすれば理解できるだろう。もっとも、訴訟自体が平均的市民にはなじみがないのは仕方がないが、口頭弁論が形骸化している民事訴訟の現状では、法律を学ぶ学生にも、訴訟は書面によるディベートだと説明した方がよいかもしれない。かえって、学生による模擬裁判のほうがディベートの好例になるとすれば、皮肉な話である。

訴訟型のディベートも、手続ルールを自分たちで決めておけば、二当事者間の交渉で利用可能である。私的な裁判である仲裁では、当事者が合意によって手続ルールを定めることができるので（仲裁法26条）、ディベート型の審理方法を採用することも可能である。手続ルールをあまり考えないような非公式のディベートならば、日米の企業間交渉でも見られる。また、マンション建設やゴミ焼却所建設などをめぐる住民と企業、住民と地方自治体との紛争など、当事者間の力の差が大きい交渉では、住民が業者らとディベートして大義名分を訴えることもあるだろう。

4 言語技術の使い分け

議会ディベートや訴訟型ディベートも考慮に入れてディベートを再定義す

第6　ディベートと交渉

れば、特定の命題について、肯定・否定の二組に分かれて行う、ルールに基づいた討論であるということができる。ここで重要な点が2つある。

　第1に、訴訟型ディベートでは、第三者が勝敗を決定することである。したがって、訴訟や仲裁の場合は説得の相手は相手方当事者ではなく、裁判官や仲裁人である。議会ディベートでは反対勢力（自党にもいるかもしれない）の説得も重要であるが、有権者という第三者を説得するのが最大の関心事である。

　第2に、訴訟型ディベートからも明らかなように、ディベートでの討論は判決三段論法にみられるような論理に基づいていなければならない。すなわち、①法規範（ある事実（法律要件）があれば、ある法律効果（権利）が生じる）を大前提とし、②法律要件に該当する具体的事実が認定されれば、その事実を小前提として、三段論法的に③法的結論としての権利が判決される。いつまでたっても議論が収束しない水掛け論であってはならないのである。

　これに対して、日本人は論理的な交渉に不慣れであるという指摘がある。したがって、対外的に遭遇することが多い西欧型交渉に対応するためには、論理的な交渉方法を身につける必要があるというのである。

　「日本社会においては日本人が長年作りあげた交渉方法・ルールが確立している。そしてこの取り決めに従い、交渉は日々『上手』に行われているといえるだろう。

　その一方、日本人が欧米人と交渉する場合はどうであろうか。この場合、日本流の交渉方法が相手になかなか通用しないことが多い……。欧米において交渉とはいわば自己主張の延長線上にあるようなものだ。交渉も自己主張と同様、論理に基づき進めていくことに慣れている欧米人は、日本人の交渉方法に違和感を覚えるのであろう[9]。」

　もし日本では交渉において論理が重視されないのだとすれば、ディベートは必ず論理的でなければならないが、交渉はそうでもないということになる。

---

(9) 茅野みつる「日本人と交渉ルール」『経理情報』2003.4.10（No.1014）1頁。

第 3 章　交渉技法

しかし、村社会の共通了解に基づいた交渉は、普遍性に欠ける。相手方が欧米的交渉手法ではなく、独自の文化に基づく交渉方法をとってきた場合には、お互いにコミュニケーションが成り立たないおそれもある。もともと欧米の論理は、異なった者同士が相違を乗り越えて理解に至るために時間をかけて発展させられた画期的な方法である。上でみた三段論法のように、欧米の論理は日本の法律学にも移植されており、日本にとって決して異質ではない。

　国際関係や国際取引を円滑に進めるためには、ディベートおよび交渉という言語技術と、これをささえる論理そして地域ごとの交渉文化への理解が不可欠である。日本国内でも各人が所属する「文化」が異なれば、「話せばわかる」というのは思いこみにすぎないということが明らかになってきた。さらに、交渉の前提となる信頼を醸成するために飲みながら話すという手法も、余裕がないとか酒席はいやだという理由で、昔ほど有効な手段ではなくなってきている。むしろこれからは、遠慮のないディベートによって効率的にお互いの利害の対立点を発見し、これを交渉によって調整して最終的な合意をめざすのがプロとしての法律家や経営者の腕の見せ所といえるのではないだろうか。

──《コメントと問題》──

1.　注(9)に引用した茅野論文は、「日本社会においては日本人が長年作りあげた交渉方法・ルールが確立している。」というが、代表的な例をあげなさい。（⇨第 1 編第 2 章第 3、第 3 章第 5 － 2・第 8）
2.　上記 1 での日本型交渉方法が西欧的な論理的交渉方法と異なるのだとすれば、日本型交渉方法は論理的ではないのだろうか。第 1 編 2 章第 2 で説明されている原則立脚型交渉法は米国で開発されたものであるが、「理を説き、理には耳を傾け、圧力ではなく原則にあわせる」ことを重視する一方で、「人に対してはソフトに、問題に対しては強硬に」というアプローチや、コミュニケーション能力と聴く能力の向上を説

く。これは、交渉には論理だけでは十分ではなく、心理学的なアプローチ相手の交渉スタイル（または文化）への理解が必要なことを意味しているのではないだろうか。（→第1編第2章第5，第3章第5）

3. 『ロバート議事規則』は、米国の1地方の教会の運営会議を円滑に行うために作成された。日本では政府や国会の公的な会議でさえ、「議会ディベート」のようなきちんとしたルールに則った討論はほとんどみられない。この違いはどのように説明できるだろうか。公的な場と私的な場（たとえば家族）の分け方あるいは範囲が異なるという説明は可能だろうか。

《キーワード》

ディベート、交渉、訴訟、口頭弁論、ロバート議事規則、三段論法；判決三段論法

《参考文献》

・茅野みつる「日本人と交渉ルール」『経理情報』2003.4.10（No.1014）1頁。
・野村美明・知原信良・大澤恒夫・河村幹夫・ロバート・F・グロンディン、「プロフェッショナルのための交渉教育普及戦略―日本法社会学会2003年度学術会議ミニシンポより―」『NBL』771号10-34頁2003年10月号。
・ロバート、ヘンリー・M．『ロバート議事規則』ロバート議事規則研究所（1986年）。

〔野村美明〕

第3章　交渉技法

第7　外 交 交 渉

> 《この論文のねらい》
> この論文は、国際社会において、政府間で行われる外交交渉の特色と近年の変化を分析し、そうした交渉にまつわる交渉技術上の要点についても略述する。

1　政府間の交渉

外交交渉は、何らかの合意をめざして行う政府間の協議であるが、成果物は関係国を法的に拘束する法的合意である場合もあるが、法的権利義務を発注させない政治的合意であることもある。また交渉は、既存の何らかの紛争の解決のために行われることもあるが、今後生ずるおそれのある何らかの紛争の回避または予防のために行われることもある。さらにまた交渉は、国家間の紛争の存在を前提とせず、関係国間の利益増進のための何らかの枠組みや組織の設立をめざして行われる場合もある。いずれにせよ、交渉は単なる情報や意見の交換とは異なり、何らかの具体的成果物の作成をめざして行われる協議である。

2　2国間交渉と多数国間交渉

交渉には2国間だけのものもあれば、多くの国の間で行われる多数国間のものもあるが、それらの間には、交渉者の対応ぶり、交渉のあり方などについて、自ずから違いがある。

2国間交渉では、当方の主張と先方の主張の一致点を見いだす努力をすればよく、その妥協点が地域の国々や国際社会全体にとって好ましいものとなるかどうかは二義的である。もっとも、妥協点を探る課程では、ありうる妥協点が地域の国々や国際社会全体にとっても利益をもたらすという主張が一

方により行われ、それが他方によって考慮されて妥結が図られることはあろうが、その妥協点がたとえ地域や世界に利益をもたらすものであったとしても、一方の側に特別有利な結果をもたらすなどの場合には、相手側の受け入れるところならないことがある。

　これに対し多数国間交渉においては、交渉参加国間の全体の利益ということが妥結点模索上の大きなメルクマールとなり、個別の国の特殊な利益の主張は通りにくく、またそうした主張をしづらい環境にある。

　2国間交渉においては、特に政治的軍事的経済的に強力な大国とそうでない国との交渉においては、前者の意向が後者の意向を圧倒しやすいが、多数国間の交渉においては、大国の意向に対し多数の小国が結束する場合など、小国の意向も含めた全交渉参加国の利益を勘案した結論が得られることが比較的多い。強力な相手国に対しても、多数を頼んで対抗することや、公正を多数に訴えることがしやすいからである。また多数国間交渉においては、特に事務局を有する既存の国際組織の枠内で交渉する場合には、その事務局が妥協案の作成を行うことがしばしばあることから、その事務局内の枢要ポストに自国に賛同する者を多く置くことの利点があることも重要である（WTO事務局内の米国人の占めるポスト）。

　それゆえ交渉者にとっては、2国間交渉では彼我の主張の間に合理的な妥協点を見いだす努力が重要であり、政治的、経済的その他の観点からの利益の均衡を図る作業に重点が置かれる。これに対し多国間交渉では、当方の主張を多くの国の共通利益にからめて主張する必要があり、逆に多数の主張を当方が拒否しなければならない場合には、全体の利益という観点から十分な論拠を示す必要がある。また多数派工作に意を用いる必要があるほか、の動きに注意する必要がある

3　秘密交渉と公開交渉

　交渉の過程のすべては公開することが適当でない。交渉の課程ではいくつ

もの段階で合意を探る非公式の提案が交換されるが、それらがすべて公開されれば、国内の利害関係者や影響を受ける第3国からさまざまな反応がでて、混乱する。こうした混乱は妥協点の模索の活動の自由度に制約を加え、そのことが交渉の妥結をはばむおそれがある。

他方、交渉の課程をすべて秘密にしたままで結果だけを国内関係者に示す場合には、結果が国内関係者の意向から離れたところにまとまる可能性が排除されず、その結果につき、事後的了解を得ることがむずかしくなる。交渉はこのあたりの兼ねあいが重要であり、これは事案に応じて異なるため一概にはいえない。

これに関連して、合意文書の一部を公表しない場合が稀にある。たとえば、合意文書の一部の解釈を交渉国間で合意する了解覚書のような文書を非公表とすることがある。かつてはそうしたことが外交交渉においてはたびたび行われた。しかし先方が勝手な解釈をメディアにリークした際、当方が当該文書を外部に示して対抗することができないという制約があることから、事態を複雑化するおそれを十分に考慮に入れておく必要がある（日米半導体合意の反省）。

4　交渉における力学（政府の交渉だけに限られない）

一般に、双方の利益を高める場合には、合意は成立しやすいが、双方の利益が低められるか、一方のみが利益を得る交渉は、合意に至りがたい。また、合意が双方の利益を等しく高める場合であっても、片方の利益が他方の利益よりも極端に高くなる場合には、後者の側に合意作成に対する躊躇が発生する可能性がある（一時期、日韓自由貿易協定交渉が進まなかった理由（共同研究の結果））。

5　交渉する場合の法律知識の有用性と不可欠性

国内のさまざまな商事交渉における弁護士の役割の重要性と同様、外交交

渉においても国際（公私）法に関する知識と経験は重要である。交渉がこれなしに行われる場合には、合意の拘束性に関する理解に差違が生じたり、合意をめぐりさらなる紛争が生じたりして、交渉は成功しない。

他方、法律家には結果の合意の法律的整合性や合理性に重点を置きすぎる傾向があり、合意内容の合理性がゆがめられたり、できるはずの合意ができなかったりするおそれがある。

また、交渉に必要な知識や経験には、法律上のもの以外のさまざまなものがある。そうした観点を総合すれば、交渉は、法律の専門家とともに、交渉内容に応じたさまざまな専門家を伴い、それらさまざまな専門家の意見を踏まえつつ、交渉の経験の豊富な者が主催して行うことが成功への近道である。

6　交渉における文書作成の意義

合意は文書にしなければ交渉担当者以外の者の間で共有できない。話しことばには本来的不正確性を伴いやすい上に、瞬時に消え去ることからくる曖昧さがある。交渉途中ではいった、いわない、という問題が発生しやすく、これが一度発生すると、交渉者同士の信頼感に亀裂が生じ、その後の交渉が行いにくくなる。このことから、交渉のさまざまな段階においては、それまでの協議の過程で確認された事項を文書で確認する作業がよく行われる。

最近のパワーポイント方式のポンチ絵は、総体的概念把握を容易にする上では有用であるが、合意形成のための文書化としては適当な方式ではない。こうした文書の作成の過程で、双方の考え方の相違が表面化することはあるが、その都度そうした相違を確認して交渉を先に進めることにより、最終局面での彼我に差の局面を最小限にすることができる。

7　交渉における彼我の利益の差の認識

交渉における注意点の1つに、当方の利益の把握は容易であるという認識の誤謬がある。特に経済分野の交渉においては、政府の担当省庁が認識する

観念上の産業界の利益と産業界自身の認識する現実感覚としての利益の間には大きな差のあることがしばしばある。

他方、産業界の一部の利益では全体の利益が完全に代表されていないこともある。このように、交渉者は当方の利益をできるだけ正確に認識する必要があり、そのためにはさまざまな産業分野との情報認識の共有のための頻繁な協議が重要である。

いずれにせよ、交渉にあたっては、当方の獲得したい諸点を、優先順位を付して、把握しておくことが必要である。

同時に先方の要求事項を理解することも必要であるが、この場合に注意事項は、先方が真に重要であると考え、交渉上でそれを獲得しようとしていることをしないこともあることに用心することである。先方としては、自分の側がある事項に高い優先度を付与していることを当方が認識すれば、当方はその値をつり上げ、高い対価を要求してくることをおそれるからである。逆に当方はそうした先方の優先度を正確に把握することにより、当方の要求との間で利益の均衡を図る妥協をつくりやすい。いずれにせよ、さまざまな方法により先方の真の優先順序を掌握する努力を行うことが重要である。

8 交渉における時間の要素

かつて交渉に時限を付すことは、交渉の邪道であるといわれていた。交渉の終期を確定することは、交渉上の自由度を低下させ、合意された終期が近づいた時点では、本来合意できない内容であっても合意しなければならないようになったり、自己の利益を正確に反映させた結論がでない段階で、いい加減な最後のディールが行われたりする、というのが、その理由であるとされた。

逆に、ウィーン会議の「会議は踊る」という形容に代表されるごとく、時限のない交渉は延々と続く傾向がある。また時間の経過とともに、周囲の事情が変化し、双方は得べかりし利益を喪失し続ける（たとえば、自由貿易協定

は1日早く発効すれば、1日分の経済利益がでる)。そうしたことに対する利益喪失感覚は政府部門には希薄である。時間の限られた交渉は、妥結への圧力が交渉者にかかるためにまとまりやすい現実があることも事実である。

　また交渉の終期を明示することは、それに至る交渉の段取りを決めることを容易にし、交渉を取り進めやすくする。また交渉の結果の合意を作る時期について、一方の側に特別の事情が存在したり、ときには双方の側に異なる事情が存在したりすることは十分に想定される。そうした事情について、交渉開始時点で何らかの妥協を図り、それが交渉の円滑な進展を促すことは十分に考えられるといえる。

　以上のことから、ある程度合理的な範囲で、交渉の終期を合意して進めることが適当な場合もある。

9　議会との関係

　国家間の外交交渉は、古くからそれぞれの政府を代表する交渉者の手に委ねられてきたが、その間で形成される合意が双方を拘束する前には、双方の主権者の了解を得る慣行が確立している。かつての君主主権の体制の下では、合意が形成された後に交渉者間で署名がなされるが、双方が持ち帰り、それぞれの君主の了解を取った後、批准書が取り交わされ、それを以て、関係国が法的に拘束されることになっていた。

　主権が君主から市民の手に移された現代の国民主権の国家体制の下においては、引き続き交渉は政府の代表者により行われるが、議会の承認を得て、批准書(国際約束の中には批准書といわず、別の用語を用いるものもある)が交換され、それをもって、関係国はその合意に法的に拘束されることになる。もっとも、合意によっては、内容が軽微なものなど、議会の承認を得る必要のないものもあり、そうした種類の合意については、議会の承認を必要としない。

　議会の承認を必要とする合意とそうでない合意について、わが国には大平総理のころに確立した通称「大平3原則」という原則があり、㋐国民の権利

第3章　交渉技法

義務に関連する合意、(イ)予算を必要とする合意、(ウ)政治的に重要な合意で批准を必要とするものについては、事前にまたは時宜によっては事後に、国会の承認を得る必要があるとされている。

外交交渉は政府の手に委ねられているが、最近では、外交交渉の結果が直接選挙民の利害得失に影響する場合が多いことから、議会関係者も関心を示し、そのため外交当局者はそうした関係者との折衝にも時間をかける必要が生じてきている。他方で、前述のごとく、交渉中は外部に説明することが交渉技術上適当でない場合が多々あり、そうした要請との兼ね合いが重要になってきている。

10　世論と外交交渉

外交交渉は、以前においても、まったく世論を無視してよいものではなかったが、原則的に交渉は、政府間で秘密裡に行われていたため、交渉中は世論を気にかける必要はなかった。しかし現代においては、上記のごとく、議会関係者も無関心でいられないことから、交渉中の様子を一定程度外部に説明する必要がでてきている。このため、世論の反対が生じると交渉が著しく進めにくくなる。

こうした環境の下では、それを逆手にとって、交渉相手国の世論に訴えて、その世論を味方に付けて、交渉を当方に進めやすくするという戦術が有効性を高めてきている。折々の貿易交渉において、米国政府がわが国の消費者の利益をわが国のメディアに対し強調し、貿易交渉を有利に展開する戦術をとってきたのも、その好例の1つである。その折には、メディアの商業利益追求のインセンティブを利用し、みずからに有利な報道がなされるようにメディアを上手に利用する巧みなアプローチが散見された。

また交渉者の国内においても、自国の立場に対する国内世論の支持を得ることは、交渉において当方がとる立場を相手国との関係で強めるための1つの方策になる。相手国の交渉者も、さまざまな報道を通じて、当方の交渉者

の主張に世論の支持があることを知り、その立場が強いことを知るからである。逆に、交渉者の立場がその本国の世論の支持を得ていない場合には、当該交渉者の主張を相手国の交渉者は尊重しないであろう。

　しかしながら世論は移ろいやすく、右往左往する上に、十分な科学的論証なく、思いこみによる誤解が世論となるきわどさがある。加えて、何が世論であるかは明確でなく、メディアの商業活動の中でゆがんだ世論が形成される可能性は十分想定しておく必要がある。こうしたことから、とりわけ交渉相手国がメディアを利用して強引に世論に訴えようとする場合など、世論対策は、今後の外交交渉において重要な要素となってきている。これに備えて世論対策の能力を高めておくことが必要となってきている。

11　交渉官の素質

　かつて外交官は「言葉を弄する者」という非難がましい商標がつけられた時代があった。外交交渉にあたるものは、容姿端麗でご婦人方に気に入られ、いかなる酒量の下でも決して酩酊せず、言葉巧みで相手の同意を強引に得ることのできる者であるなどといわれた時代があった。しかしニコルソンもいうように、それらはもはや、外交官の採用基準ではなくなっている。

　外交とは会話の術ではなく、正確な、認証しうる形で合意を取り決める技術である。その観点からは、ニコルソンの基準に沿って述べれば、誠実であり、正確であり、冷静であり、謙虚であって、忠誠心が高い者でなければならない[1]。

　詐欺や不誠実で合意を得ることは不可能ではないが、そうした術は1度しか用いることはできず、当該交渉者が信用を失って2度と交渉に携われなくなるだけでなく、当該国も国際社会で信用を失い、他国が交渉しようとしてこなくなる。ニコルソンはこれを「欺瞞は、後日に毒薬と変わる。」と表現している。

---

(1) Nicolson, Harold, *Diplomacy*, pp.60-67, (Oxford University Press, 1969).

第 3 章　交渉技法

12　交渉官の交渉権能の確認

　外交交渉に特有の手続として、交渉官が真にその国の政府を代表する資格を有するのか否かを確認するための確立した慣行が国際社会に存在する。かつて外交交渉は、信任状の交換から始まった。信任状は交渉官が君主より交渉権能を与えられている旨を記した書状であり、それをもって相手国との交渉に入った。宮廷外交の時代の後も、この慣行は残り、これにより、交渉官が相手国政府を正式に代表しているかどうかを確認しあった。

　現代では、2国間交渉の際にはそれぞれの側が相手国の交渉官について調査する方法をもっていることから、信任状を交換しあうという手続は消滅しつつある。現代では、相手国の交渉担当者が当該相手国政府の交渉担当者として承認されているかを確かめるだけでなく、その交渉者の能力や識見に対する信任の程度を把握しようとするのが通常である。

　他方、多数国交渉においては、世界にはさまざまな国があり、それら全部の政府代表をそれぞれの国がみずから調査し確認することがあまりにも煩雑であることから、信任状の交換をする慣行が残っている。

　なお、一般に多くの国においては外交交渉の責務を特命全権大使に与えている。わが国においても同様である。他方、そうした包括的代表権限とは別に、個別に、交渉事案ごとに政府を代表する資格を付与することがある。わが国においては、その場合には閣議において、政府代表の発令をしてきている。

《コメントと問題》

　本書43頁以下（小林）（⇨第1編第1章第5—2）のビジネス交渉と比べて交渉のために考慮すべきポイントはどのように異なるか。共通点はあるか。その範囲はなにか（⇨第1編第3章第10）。

第 7　外交交渉

> 《キーワード》
> 二国間交渉、多数国間交渉、外交交渉、世論、秘密交渉、議会、国際法、交渉における文書作成、利益の認識の誤謬、交渉と時間、外交官の資質

《参考文献》

- Moorhouse, Geoffrey, *The Diplomats: The Foreign Office Today*, (The Anchor Press, 1977).
- Nicolson, Harold, *Diplomat*, (Oxford University Press, 1969).
- Knorr, Klavs, *The Power of Natins*, (Basic Books Inc., 1975).

〔宮 川 眞喜雄〕

第3章　交渉技法

第8　組織における意思決定手続の違いと交渉

> 《この論文のねらい》
>
> 　日本の大企業も官庁も、稟議システムに代表される集団意思決定システムの慣習から脱却できない。この意思決定システムが国際交渉にも影響を及ぼす（⇨第1編第2章第3・第5）。

1　日本の大企業の意思決定システム（稟議システム）

　日本の多くの大企業が国際取引に関して交渉を行う場合、その対象取引が高額の取引である場合には、社内意思決定のために稟議システムをとる[(1)]。稟議システムはつぎのようなものである。まず、多くの会社の社内規定では、特的の案件や一定金額の支出を含む案件については稟議により決定することが規定されている。このような案件を実行しようとすると、担当部局は稟議書という書類を起案する。起案は末端の者、あるいは企業のヒエラルキーのボトムにいる者によって起案されると間違って説明されることが多いが、稟議書の内容を実質的に決定する者は、起案される取引の担当部局の中心的責任者である。それは取引の重要度に応じて、担当平取締役であることもあり、部長であることもあり、あるいは課長であることもある。稟議書を書く作業をする者は末端の者であることが多いが、その内容を決定する者はこれらの中心的責任者である。この稟議書について中心的責任者の了承が得られれば、担当部局の末端の者と中間管理職とその部局の責任者の印を押した上、稟議書は関係部局に回付される。関係部局では関係者の末端、中間管理職、責任者の長が印を押し、次の関係部局に稟議書を回付する。このようにして

---

(1) Kashiwagi, Noboru, and E. Anthony Zaloom, "Contract Law and The Japanese Negotiation Process", Gerald P. McAlinn ed., *The Business Guide to Japan*, Reed Academic Asia (1996) 89, 92.

第8　組織における意思決定手続の違いと交渉

すべての関係部局を回覧し、関係者の印が押されると、最終決裁者に稟議書が回付され、最終決裁者が印を押して、その案件が承認されたことになる。急いでいるときには稟議書は担当部局の必要な印が押された後に、関係部局の数だけコピーが取られ、そのコピーが関係各部局に一斉に回付される。関係部局で必要な印が押された稟議書は、押印された表紙だけが一括してオリジナルの稟議書に添付され、決裁者の元に届けられる。現在では、社内のメールを利用して稟議書が各関係部局に送付され、関係者の承認の手続が取られる企業もあるが、本質は同じである。この意思決定システムは、日本の大企業の交渉スタイルに制約を課し、これに影響を及ぼしている。アメリカの企業の多くが、トップダウンの意思決定システムをとるのにくらべ、日本の大企業の意思決定システムはボトムアップの意思決定システムである、といわれている。しかし、日本の大企業の意思決定システムは必ずしもボトムアップではない。むしろ、各担当部局の中心的責任者に取引の情報が集中し、その中心的責任者が中心となって意思決定が行われる。その中心的責任者に対してトップを含む上司やその直属の部下などの同じ部局の関係者、関係部局の関係者が影響を与える。影響の強弱は、影響を与える者のポジションとその者が持つ個人的説得力による。中心的責任者の上司が、相対的に強い影響力を持つことは当然である。この点でも、日本の意思決定システムがボトムアップであると表現することは、ほとんど間違いであり誤解を招きやすい。

　ある取引について、担当部局が萌芽的な企画を開始したとする。中心的責任者が決定されると、その中心的責任者はみずから、あるいは直属の部下を関係各部に派遣して意見を聴取する。また中心的責任者は、つねに上司に取引企画の進捗状況と新しい情報を提供する。上司と中心的責任者の間には常に情報の提供と大綱の指示のやりとりがなされる。また、部下を通じて、経理や法律などの社内の専門家、あるいは弁護士、公認会計士、資金を提供する銀行、許認可権限を持つ官庁と協議をさせ、関係者の反応や助言を持ち寄り、取引企画を修正し、精緻なものにしていく。関係者の間で意見の相違が

あれば、その調整も行う。これは根回しも兼ねている。全員の承諾がむずかしければ、反対者にはあの手この手で説得を試みる。この中心的責任者に取引のすべての情報が集中する仕組みになっている。有能な中心的責任者は、これらの情報を十分に咀嚼したうえ取引の方針を決め、関係者を説得できるような意思決定を行う。無能な中心的責任者は、集まった情報を理解しきれず、取引の方針は自分で決定し得ず、関係各部の意見の調整のみに専念して関係各部の了承をとりつけようとする。

このように、社内関係者の総意形成には多大の時間とエネルギーが費やされる。この総意がほぼ形成された段階で、稟議書が回付される。稟議書を回覧するときは、すべての重要な手続は済んでしまっている。稟議書の回付は形式的なものであり、稟議書の回付が形式的なものになる環境が整うまで、稟議書は回付はされない。

稟議書の意思決定システムの問題点も利点も、意思決定に多数の人間が関与する、という点にある。多数の関係者の全員を説得する必要はないまでも、かなりの多数を説得する必要がある。これが社内ポリティクスと関係する。中心的責任者は、反対する者がいても押さえ込むことができるという自信ができてから稟議書を回付するから、稟議書に表面的に反対する者はほとんどいない。起案担当部局は、事前の打ち合わせと根回しとポリティクスによって関係者のキーパースンの了承をとりつけ、多少の反対者がいてもおおっぴらに反対できないような雰囲気を作り上げておく。もちろん、担当部局が一方的に意見を押しつけるのではなく、関係部の意見を案件の条件設定に最大限取り入れることで、関係者の了承を得ることが原則である。それでも腹の虫が治まらない者は、反対の意思表示を個人印を上下逆に押すという姑息な手段によって示すこともある。しかし、それにも拘わらず、稟議書に押印したことは賛成したものとみなされる。

取引の交渉にあたる中心人物は、原則としてこの情報を集中して持っている中心的責任者である。このチーフ・ネゴシエーターには交渉における形式

的交渉権限がまったく与えられていない。それは、社内規定で最終決定は、稟議書が関係者全員により承認されることが条件になっている以上当然である。交渉の経過は可能な限り逐次関係者に伝えられ、関係者の意見が交渉者にフィードバックされる。交渉者は、社内関係者の意見を調整しながら交渉を進める必要がある。このようにして、交渉前に形成された社内の総意は、交渉をすすめながら交渉の進展に応じて関係者の意見の調整することによって修正されて行く。

交渉者の実質的交渉権限は、交渉者が社内関係者をどこまで説得できる自信があるかによる。有能な交渉者の場合は、社内の総意の形成過程で関係者をどこまで説得できるかの感触をつかんでおり、有能であればあるほどその説得の幅は広くなる。関係者を説得できる範囲のことであれば、交渉者は交渉の場で即決即断ができる。この説得の幅が交渉の実質的権限の範囲である。無能な交渉者は、いちいち社内の関係者の意見を聞かないとなにも決定できず、子供の使いの状況を呈する。昔、国際交渉に臨んで相手方から交渉権限について聞かれたときはつぎのように回答していた。「私に形式的な決定権限はまったくない。それは、交渉のすべての結果は最終的に多くの社内関係者によって承認されなければならないからである。しかし、私は経験からどの範囲ならば関係者を説得できるかを心得ている。私が、イエスあるいはノーといったらそれで会社としてはファイナルなコミットであると信用して欲しい。もし、イエス・ノーをいう自信がない場合は今晩関係者をテレックスで説得してみる。その結果は幸い時差があるので、明朝には判明するはずである。」日本の大企業の交渉者は常に交渉相手と背後の組織内の関係者との二面で交渉を進めなければならない[2]。これは、外国の交渉相手方にとっては不満のようであるが、日本の大会社の意思決定システムではいかんともしがたい。アメリカでは、交渉者に最終交渉の最終決定権限を与えない

---

[2] 木村汎編『国際交渉学』10-11頁、18頁。日本のビジネスマンのテレックス頼りは世界的に有名である。

ことが、交渉のテクニックの1つとして紹介されている[3]。

以上、述べたことは、日本の大企業にあてはまることで、創業者が君臨している中小企業では、意思決定はアメリカ企業によくみられるトップダウン型であり、以上のような特徴は認められない。

2　日本の大企業の意思決定システムが交渉に及ぼす影響

第1に日本の意思決定システムでは、最終意思決定に到達するまでに長時間を要するから、瞬時に意思決定をしなければならない取引、たとえば競争相手のいる敵対的企業買収などには向かない。

第2に、日本の意思決定システムでは、意思の形成に多大な時間とエネルギーが掛かるから急に方針変更はできない。いったん意思決定がなされると、変更がむずかしい。したがって、交渉のやり方が硬直化する。この硬直化の典型例がザルーム弁護士が紹介する例である。この例では、日本の会社がアメリカのパートナー会社と共同で、アメリカの別の会社（目標会社という）を買収しようとした。アメリカのパートナー会社と日本の会社は、最高1億ドルということで合意して共同で交渉に臨んだ。アメリカの会社は交渉中に状況から、最高1億1000万ドルに価格を上げざるを得ないと判断し、これを日本のパートナー交渉者に告げた。日本の交渉者は、本社の関係者と必死に交渉し、1億1000万ドルまで出さないと、目標会社が買えないことを関係者に説得した。交渉を重ねる内にアメリカのパートナーは、最初の1億ドルも高すぎ、9000万ドルで目標会社を買えそうだと気づき、ハードネゴの結果、結局9000万ドルで価格が決まった。日本の交渉者は大喜びするかと思いきや、怒り狂った。これは、1億1000万円でないと目標会社を買えないと社内関係者に必死に説得したのに、9000万ドルで買えたというのでは社内に説明がつかない、という理由である[4]。

---

(3)　竹内康二「交渉者としての法律家」小島武司編『法交渉学入門』（商事法務研究会、1990年）178頁。

第3に、交渉の戦術が制限されがちである。背後に大きな組織を抱えており、その説得の圧力が控えている場合には、ブラフ（はったり）のような交渉テクニックは利用できない。ブラフによって本当に交渉が決裂してしまった時に、社内の関係者からの非難が恐ろしいからである。

第4に、いったんこのような意思決定がなされると、その実行に関しては、関係者が全員その取引について十分な情報を持ち、またその取引に少なくとも形式的には賛成し、あるいは賛成したとみなされているので、行動が迅速で早い[5]。

第5に、前例のない思い切った斬新な施策がとりずらい。ハイリスク・ハイリターンの取引が行いずらい。これは、多数の合意による場合、多数はリスクのない安全策に傾きがちになるからである。前例のないことを、反対を押し切って実行するには、少数の強い意志を持った指導者による独断専行にも似た行動が必要である。稟議システムはハイリスク・ハイリターンの案件にもっとも不向きな意思決定システムである。これは、外交交渉においても、コンセンサス主義で意思決定をする官庁が主要な役割を果たす場合には同じ状況のようである。アマコスト駐日大使の言によると「日本の政治コンセンサス性向は政治指導者が政治的に強力な反対を押し切って実施することを極めて困難にしている」という[6]。

このような集団意思決定システムは、日本に特有なものかどうか判然としない。私の過去の交渉経験では、このような集団意思決定システムが日本ほど強い国はなかったように思う[7]。しかし、スウェーデンも集団意思決定を行うという情報もあり[8]、また、歴史的にも江戸時代初期からこのような集

---

(4) Zaloom 前掲注(1)、99頁。
(5) このような意思決定システムと実行段階の早さについてはある程度外国にも知られている。モラン、ロバート、ウィリアム・ストリップ『国際ビジネス交渉術』（勁草書房、1994年）189頁。
(6) 佐藤英夫「日米関係にみる日本の国際行動様式」木村汎前掲注(2)第6部第19章393頁。

第3章　交渉技法

団意思決定システムを幕府がとっていた、という指摘もある[9]。スウェーデンでも、集団意思決定システムが日本と同じような効果を上げているのかどうか、もし異なるとすれば、その原因は何か、ということを検討してみる価値はありそうである。

《コメントと問題》

①なぜ日本ではコンセンサスによる意思決定システムから脱却できないのだろうか。

②他の国でもコンセンサスによる意思決定システムが一般的である国はあるのだろうか。

《キーワード》

稟議、集団意思決定、コンセンサス主義、トップダウン、ボトムアップ

《参考文献》

1. 辻清明『新版日本官僚制の研究』（東大出版会、1969）。
2. モラン、ロバート、ウィリアム・ストリップ『国際ビジネス交渉術』（勁草書房、1994年）。

---

(7) 印象にすぎないが、アメリカ（東部、西部、北部、南部、都市部、田舎ともに集団意思決定傾向は弱い）、中南米、ロシア、インド、東南アジア、オーストラリア、アラブ、イギリス、スイス、イタリア、フランスなど企業との交渉の印象による。

(8) 1997年2月4日 *Wall Street Journal* Interactive Edition, Front Section.

(9) 笠谷和比古『近世武家社会の政治構造』（吉川弘文館、1995年）194頁以下、辻清明『新版日本官僚制の研究』（東大出版会、(1969年) 155頁以下。

3. 笠谷和比古『近世武家社会の政治構造』(吉川弘文館、1995年)。

〔柏　木　　昇〕

第3章　交渉技法

第9　法の活用と危機管理

―《この論文のねらい》――――――――――――――――――――
　交渉は、平時に行われるだけでなく危機時に行われることがある。こうした場合、法や危機管理のノウハウが必要になるため、簡単に解説したい。
―――――――――――――――――――――――――――――――

　本項では、企業や個人を念頭に危機管理や法の活用について考える。災害や戦争など国家でなければ対応できない危機管理上の課題も存在するが、身近な交渉事例を検討することが本テキストの主目的であることから、以下では対象を絞って解説する。

1　法の活用

　平時の交渉において、「法」はハーバード流交渉に用いられる客観的基準の候補として（例：契約準拠法に基づいた取引交渉）、またはBATNAを設定する際の材料として（例：合意に至らなければ裁判で争う）重要であることはいうまでもない。しかし、交渉においては、常に平穏無事に交渉条件を取引できるとは限らず、みずからを取り巻くさまざまなリスクが現実化してしまい、危機的な状況の中で緊急避難的な行動を求められるケースも多い。では、危機との関係でみた場合、法はどのように機能するのであろうか。

(1)　危機時において緊急避難を助ける法

　まず、「法」は危機時において、危機から緊急避難する有効な手立てとなりうる。たとえば、借金の取立てに喘いでいる債務者にとっては、特定調停制度や利息制限法等の法律知識があればサラ金などの厳しい取立てに対して有効な交渉が可能になるし、リストラ対象にされそうな中高年労働者であれば、

第9　法の活用と危機管理

長年の職業病に関して労災申請することで当座は解雇できなくなるほか、警察の違法取調べを受けた被疑者であれば、弁護士との接見の際に事細かに事実を弁護士に打ち明け、その都度内容証明郵便で警察に正式に抗議することにより、違法取調べを牽制し、後の裁判の証拠作りをすることもできる。このように自己に有利な法を最大限活用してBATNAに取り込むことで、交渉を有利に進めることができる。

　危機対応に必要な法知識については、個人を対象とするものだけでなく、企業の暴力団対策や労務対策など、さまざまな分野ごとにマニュアルが整備・出版されており、素人であってもそのマニュアルを参考にし、必要に応じて弁護士などの専門家の助けを借りることで、危機的な事態にもある程度（常に成功するとは限らないが）上手に対処することができる。

(2)　リスク要因としての法

　一方、「法」は平時からうまくリスク管理しておかなければ逆に危機を生み出すもととなる。企業経営を取り巻くリスクをみると、従来から存在した財務リスク（財テクの失敗など）や労務リスク（労働組合対策など）に加えて、近年法務リスクの重要性が急速に拡大している。法化社会への移行に伴い、社会全体の法意識が高まった結果、かつては監督官庁の指示に従えば法的責任を問われなかったのに従来の慣行が違法とされたり、企業のコンプライアンス（法遵守）意識が希薄であるために法的責任を問われる事態が拡大している。また、国際的に活動する企業にとっては、日本法だけでなく米国・EU・アジアなどの関連する外国法制や国際基準にも目配りする必要があり、法務リスク管理は複雑さを増している（200頁の表参照）。

▽製造業を取り巻く法務リスクの具体例[1]

企業活動	主な法務リスクの態様（括弧内は対応策）
製品開発	● 関係国の特許権や営業秘密等を侵害した結果、賠償金や和解金を請求されるリスク（特許権の取得、侵害のチェックなど） ● 関係国の特許権や営業秘密等を侵害されて損害を被るリスク（適切な秘密管理、侵害の差止請求など）
生産活動	● 欠陥製品によって関係国の製造物責任を負わされるリスク（品質管理、設計・表示のチェックなど） ● 関係国の環境規制の発達や ISO 等の国際基準の浸透に伴い、環境汚染の責任や自己管理水準が以前よりも厳しく問われるリスク（環境法規の遵守、チェック体制の確立など）
販売活動	● リベート等不公正な取引慣行が独占禁止法上違法とされるリスク（公正取引委員会ガイドラインの遵守など） ● 外国企業とのM&Aが関係国の独占禁止法上違法とされるリスク（関係国の独占禁止法規のチェックなど）
営業活動	● データベースの無断複製やサービスマークの無断使用等、知的所有権を侵害されて被害を被るリスク（情報管理、商標登録など）
社内管理	● セクハラ事件が起き、関係国の法律に基づく高額の賠償金支払に加えて企業のイメージダウンに繋がるリスク（セクハラ防止体制の構築など）
経営責任	● 株主代表訴訟を提起され、経営陣の責任が追及されるリスク（適法かつ妥当な経営判断の実施など）

　こうしたリスクを効率的に管理するため、企業の法務部はいったん事件が起きてから裁判等を通じて事後的に対処する「事後処理法務」から、法務リスクの発生源を絶って紛争を未然に防止すべく取引契約や製品取扱説明書等の書類審査を厳格化する「予防法務」へと進化してきた。交渉は裁判やADR 等よりも円滑に紛争処理を行う手立てとして重要であるが、予防法務

---

[1] 古賀智敏・河崎照行『リスクマネジメントと会計』（同文館、2003年）90頁参照。

は紛争要因自体を減らすことで交渉をも容易にする機能を果たしている。また、セクハラなどの不祥事が現実化した場合、従業員のコンプライアンスを徹底させる社内体制を確立する「システム法務」を普段から行う企業が増えているが、こうした企業では、法令を遵守するクリーンなイメージを平時から人々に植付けることができ、万が一不祥事が起きた場合でも最善の努力は尽くしたということでマスコミ等から責められにくい[2]。

なお、企業ほど複雑な法務リスクに晒されていない個人においても、たとえば人権に関する法知識を熟知しておくことで人権侵害行為からみずからの権利を守り、みずから違法な行為にコミットし、交渉において自滅する事態から身を守ることができる。

(3) 収益要因としての法

これに対し、「法」は危機を収益に転じる手助けをする場合がある。他のリスクと同様に、法務リスクは損失だけでなく利潤も生み出すため、法テクを活用して危機を最大限収益に変える試みもなされている。たとえば、企業法務においては、企業のM&A戦略や広報戦略などの経営戦略に企業法務を積極的に活用する「戦略法務」（例：買収価格を釣上げるために訴訟を提起）[3]や、外部の法規範に受動的に対応することを改め、みずから主体的に業界のスタンダードを提示し、法や国際基準を定立する「立法法務」[4]などが提唱されており、法を活用したチャンスの創出が模索されている。これらは交渉における判断基準である法を経営戦略と有機的に結びつけたり、法の内容を自己に都合のよいかたちに作り変えることで積極的に利潤を追求するものである。

さらに個人についても、法を知ることにより危機を転じてさまざまな収益が得られる。たとえば社長から即刻クビを宣告された場合、黙って当日辞め

---

(2) 長谷川俊明『リスクマネジメントの法律知識』180-198頁（日経文庫、1999）参照。
(3) 前掲長谷川167-180頁参照。
(4) 前掲注(1)古賀・河崎92-94頁参照。

てしまえば泣き寝入りであるが、辞めたくなければ不当解雇を主張して争う手もあるし、丁度辞めようと思っていたのであれば、働かずして約1ヵ月分の給与に相当する解雇予告手当を貰う権利があり、2年前までの未払分の残業手当支払を含めて労働基準監督署に指導してもらうことができる。これも解雇という危機から最大限利潤を生み出す一種の交渉であり、法テクが重要になることはいうまでもない。

2　危機管理ノウハウの活用

すでにみてきたように危機時には平時にも増して法の知識が重要であるが、危機時における交渉の場合は平時における交渉とは異なり、適切な対応を適時に行わないと瞬時に破滅的な危機に至る可能性がある。このため、法とは別に①平時から危機管理マニュアルを整備する（事前策）と共に、②危機が発生した場合に適切な対応を講じる（事後策）必要がある。そこで、以下ではクレーム対応や企業不祥事が発生した場合に必要な危機管理のノウハウについて簡単に説明する。

たとえば欠陥商品が発生した場合、危機管理の典型的なプロセスとしては、以下のようになる。まず、事故が発生すると、即座に原因を究明し対応方針を決定する。その後、対応体制を確立して公式見解を作成して関係当事者に対して「交渉」する。すなわち、①マスコミに対してはプレスキットを作成し、記者会見をした後、報道状況を分析する。②ユーザーに対しては回収窓口を明らかにし、対応マニュアルを作って受付要員を訓練した上で商品を回収し、お詫び広告を行う。③官公庁や消費者団体、業界団体に対しては状況を説明・報告し、④取引先には社名文書で状況を説明する。さらに⑤社員に対しても社長名文書で説明・報告し、危機が収束したら、企業イメージ修復策を企画・実施する。

この際、対応が遅れたり、記者会見で嘘を述べたりすると瞬時に二次的危機に発展しかねないので注意が必要である。すなわち、消費者・ユーザーか

第9　法の活用と危機管理

らのクレームや問合せが殺到したり、流通関係からの納入が一時ストップしたり、納入先・消費者からの返品が続出したり、PL訴訟や集団訴訟が起きたり、やくざ等からのクレームが来たり、マスコミ報道やインターネット掲示板によって社会的信用が失墜したり、行政当局からの事情聴取や行政処分がなされたり、売上げが急激にダウンして業績悪化するなどの被害に繋がり、回復不可能なダメージを受ける可能性がある。

　危機は一瞬のうちにエスカレートして対処できない大惨事に至る[5]ため、予兆を早期に察し、危機に至る連鎖を未然に封じ込める対策が必要になる。その際、最悪のシナリオの回避に向けて何を最低限残し、何を捨てるべきかの優先順位を早期に決めておくことが重要になる。危機時点においては重要な政策判断を行う時間的余裕はほとんどない。たとえば、2004年に生じた鳥インフルエンザをめぐる騒動では、鳥の大量死について浅田農産が行政に報告するのが遅れた点が大いに批判され、多大な損害を被った。しかし、企業にとってはタイムリーに報告してもそれなりの損害が避けられない状況下では、事前に「損切り」[6]時点に関する十分な検討に基づく経営判断を備えておかない限り、うやむやに隠し通すことでうまく行けば無傷で済むと考えてしまいがちである。この「隠し通す」選択肢は、日本では長らく通用していたが、最近では内部告発も多発しており、表沙汰になった場合には厳罰が避けられなくなってきたため、食品業界・医療業界など人命に関わる分野では危険すぎる賭けになりつつある。したがって、事業の「損切り」基準につい

---

(5) 山一證券の自主廃業について、当時の野澤社長は「海水浴をしていたらいきなり後ろから大波が押し寄せてきて、逃げも隠れもできなかった」とのコメントを残している。

(6) 損失が膨らみ、これ以上利益を生む可能性のなくなった資産や事業を放棄して損失を確定する代わりに、これから利益を生む可能性の高い別の資産や事業に資源をより多く投入して利益を得ることにより、全体の利益をプラスに持っていこうとする企業行動において、特に損失を確定する部分を「損切り」と称している。

て、企業は事前に具体化しておく必要があろう。一方、行政側も早期に報告すれば刑罰を軽減し、補助金で経営を援助するなどの仕組みを用意することで、こうした企業の取り組みを支援すべきである。

危機管理体制構築の具体策としては、①全社的な潜在リスクを洗い出し、それを危険度と発生確率で対応優先順位づける、②幹部社員に危機管理セミナーを実施する、③初期対応の判断ミス防止策としてリスク管理マネージャーにシミュレーショントレーニングを実施する、④役員にメディア対応訓練（例：失言防止）を実施する、⑤全社的な危機管理対応マニュアルを作成する、⑥平素から経営トップと現場・広報との緊密な関係作りを行う、などが提唱されている[7]。

危機管理においては、①平常時に潜在リスクの把握と予防策の立案、②危機時にダメージ・コントロールやマスコミ対応、③収束時に再発防止策の確立やイメージアップキャンペーンを行う必要があるが、以下では②の危機時におけるマスコミ対応とクレーム対応の基本的なノウハウを簡潔に紹介する。

マスコミ対応については、不祥事の際、つい事実を隠蔽工作したり誤魔化したりすると内部告発によってみずから深刻な事態に陥る危険が高まってしまうため、企業の社会的・道義的使命をわきまえ、きちんと説明責任を果たす必要がある。一般的には、①取材には逃げずに堂々と事実を答え、憶測等は避ける、②電話取材には即答せず、吟味の上、可及的速やかに折り返し回答する、③話せる内容と話せない内容を明確に区別し、ウソやゴマカシはしない、④法的主張や企業論理の主張は避け、社会的・道義的責任に対するコメントを行い、記者によい印象形成をする、などが指摘されている。

一方、クレーム対応についても、これを「迷惑」ではなく「顧客の貴重な意見聴取」と考え、従業員が顧客に誠意をもって接するようマニュアル化訓練を徹底すべき、と考えられている。クレームが危機に至る一般的プロセス

---

(7) 野田稔『企業危機の法則』（角川書店、2000年）参照。

（例：東芝クレーマー事件）をみると、電話のたらい回し、ことば遣いのミス、対応のいい加減さからクレームが発生し、社長への抗議の手紙、ホームページ上での告発、マスコミへの投書といったかたちで被害が拡大していき、マスコミの取材攻勢にあったり、訴訟に発展したりして、企業イメージが低下していく。このため、この分野の市販マニュアルも数多く出版されており、実際の交渉にあたっては相手の感情をうまくコントロールすることが重要であろう。

なお、上記クレーム対応に関する模擬交渉ケースとして、第2編第1章「7 家電顧客サービス事例」を参照されたい。

―《コメントと問題》―

1. あなたは、多重債務者で苦しんでいるとします。法律を駆使して合法的に債務を免れ、新しい生活をスタートしたいと考えていますが、そのためにはどのような手段が考えられるであろうか？
2. あなたは、勤めている会社のリストラ対象となり、毎日さまざまな嫌がらせを受けているとします。法律を駆使して会社に居座るか、辞めるにしても最大限自分にとって有利な条件を勝ち取るには、どのような対策が考えられるか？
3. 過去一年にニュースで報じられた事件のうち、危機管理体制が不十分だと思われる事例を取り上げ、何が問題であったかについて話し合ってみよう。

―《キーワード》―

危機管理、BATNA（バトナ）、事後処理法務、予防法務、システム法務、戦略法務、立法法務、コンプライアンス、クレーム対応、損切り

第 3 章　交渉技法

《参考文献》

インターリスク総研編『実践リスクマネジメント』(経済法令研究会、2002年)。

大泉光一『クライシス・マネジメント　三訂版』(同文舘出版、2002年)。

荻原勝『危機管理リスクマネジメント規程集』(中央経済社、2003年)。

古賀智敏・河崎照行『リスクマネジメントと会計』(同文舘、2003年)。

田中辰巳『企業危機管理　実践編』(文春文庫、1999年)。

東京商工会議所編『企業を危機から守るクライシス・コミュニケーションが見る見るわかる』(サンマーク出版、2000年)。

野田稔『企業危機の法則』(角川書店、2000年)。

長谷川俊明『リスクマネジメントの法律知識』(日経文庫、1999)。

長谷川俊明『危機管理30章：法的リスクマニュアル』(東京布井出版、2002年)。

〔久保田　　隆〕

第10　代理人交渉

《この論文のねらい》

　この論稿は、交渉を代理人によって行う場合に、本人と代理人との関係を考えさせる契機となるよう３つの異なった代理人類型を取り上げ、それぞれに異なった原理が支配されていることを説明する。

1　はじめに

　交渉担当者としての代理人を考えたとき、まず思い浮かぶのが外交官であり、弁護士である。ほかに、不動産業者（宅地建物取引業者）、信託銀行、資産運用業者とか、犯罪交渉人と呼ばれるネゴシエーターとか、その他いろいろな業種が思い浮かぶ。多様な業種の中から、ここでは、外交官、労働運動指導者、そして弁護士の３業種を取り上げる。それらを通じて、代理人交渉に特有な要素の１つである本人との関係を抽出し、それを一般化して代理人による交渉において、本人との関係でどこに問題があるかを瞥見することとしたい。

2　外交官の場合

　外交官の交渉について論じたものといえば、真っ先にフランソワ・ド・カリエールの『外交談判法』が思い浮かぶ。彼が外交官という代理人交渉にあって、本人との関係について何といっているかみよう。

　彼はまず「公信と、そこで守るべきことについて」を取り上げ、本国への報告（公信）の書き方の重要性を力説している。公信を受け取る君主や大臣が、報告されることの様子をまるで自分が現地にいるのと同じようにはっきりと知ることができるように、わかり易く、よく似せて描写するように努めるべきであるといっている。

第3章　交渉技法

　彼はいう、「公信には、事実を詳記するだけでなく、その理解を助け、交渉相手の人々を動かしている奥深く隠された動機をも見抜くに役立つような主だった周囲の事情についても記さなければならない。ただ事実を報告するだけで、動機に立ち入らない公信では、たかだか新聞位にしか考えられない。」と。これは、交渉代理人の職務の中には、本人の意思決定を助ける情報の収集・解釈というものが含まれていることを意味する（※）。

　このことから外交官によるスパイ活動の是非と民刑事無答責を本質とする外交官特権の適否の問題が起こってくる。

　　　（※）カリエールは、外交官によるスパイ活動を公然と奨励してこう述べている。「スパイに使うほど、適切で必要な金の使い道はない。かかる出費を要路の大官がおろそかにするならば、それは弁解の余地のない過ちである。大抵の交渉家は、いりもしない馬や従僕を沢山養うことには喜んで多額の金を使うが、重要な情報をよこしてくれそうな人間をつかまえるためには金を出し惜しむ。」と。

　法眼晋作氏（元外務次官）の回想録によると、同氏が1937年（昭和12年）、ドイツへの赴任を命じられたとき、上司であった松本俊一条約局第一課長（後の条約局長、外務次官）は、同氏を次のように諭したという。「君の行き先のドイツはナチスの独裁国だ、ドイツの新聞ばかり読んでいると君自身もナチスになる危険がある。『ロンドン・タイムズ』を読んでニュースの真実性を確かめ、外交的な考え方を学べ」と。法眼氏は、この教えを守り、ロンドン・タイムズのほか、スイスの『ノイエ・チューリッヒャー』紙を読んで、ナチスの考え方を批判することができるようになったという。それとともに、情報およびその操作というものの奥の深さに興味を覚えたという（法眼晋作・『外交の真髄を求めて』原書房）。

　外交官の場合には、本人にあたる自国の国会の意向が重要なものとなり、往々にして自分を任命した自国行政府と国会の意向が一致しない状況に立たされる。批准拒否の問題であり、民主主義国家における外交官交渉の宿命で

ある。

　この点について、ハロルド・ニコルソンは、「もし両方の交渉者が、相互の互譲妥協が自国内の主権者によって承認されるということを完全に保証できないとなると、交渉の全過程が甚だしく阻害されてしまう……この点は、民主的外交として解決しなければならない問題である」と指摘している（H・ニコルソン『外交』斉藤、深谷訳、東大出版会）。このことは、民主主義国の外交官にあっては、自分は約束を果たすということを保証する立場に立たないで、交渉相手には譲歩を要求するという矛盾を抱えて交渉しなければならないディレンマを抱えていることを示している。

3　労働組合の指導者の場合

　労働運動の成果として、労働者に団結権、団体交渉権、争議権の３つが憲法上の保証として与えられ、労組指導者は、常に背後にある組合員を代表して交渉する権限を有することとなった。この結果、彼らは、会社との団体交渉だけでなく、背後にある組合員達をどう指導するかについての大きな責任を担うこととなった。本人たる背後の組合員を指導する義務が労働組合指導者の本人との関係で最も重要な要素となる。

　内山光雄元総評副事務局長は、その労働運動実践論の中で、「交渉と組織強化、組合員の関心の結集と動員、これが団体交渉の基本である。『後ろにいる組合員』に指導部の主張を明らかにして共感を求め、労働者の立場を内外に示すことが団体交渉の出発である」という。

　団体交渉を通じ、賃金に対する労使の考え方が示されたときに、組合員に両者の相違点を理解させ、解決方法について考えるように仕向ける。この際、指導部はどう考えるかというまとまった判断と意見を提起しなければ、組合員の信頼を受けることはできない。団体交渉と組織の態勢作りを１つのものと考え、職場の関心を交渉に集中させることが必要である。会社側の回答に対する労働者の関心と注目を組織し、全戦線を緊張させることができるかど

うかが闘争の組織の大きなポイントである。」という。

　以上みたように、労働組合の指導者は、代理人といっても、自己が代表する背後の一般組合員を束ね、その闘争心を増大させるという役割を担っている。これは、他の代理人にはみられない役割である。この役割のゆえに、労働組合の指導者は、相手方（会社側）の発する情報に独特の加工を施し、一般組合員に問題点に気づかせ、会社に対する闘争心を燃え上がらせるというメッセージの伝え方をしなければならないと教育されている。

4　弁護士の場合

　弁護士と本人との関係は、弁護士法および弁護士職務基本規程（平成16年11月10日制定）によって厳しく律せられている。その内容を概観すると以下のようである（数字は同規程の条文である。）。

(1)　弁護士は、依頼者の「正当の利益」を実現するのであって、依頼者のすべての利益を実現するものではない（第18条）。このため、事件の処理にあたって、依頼者から「自由」かつ「独立」の立場を保持することが義務とされ（第18条）、また、依頼の目的、手段方法が不当な事件は受任してはならないとされている（第25条）。

(2)　依頼者の秘密は絶対に守る（第21条）。

(3)　依頼者の利益を損なうおそれのある関連事件は受任できない。その最も極端な例が、事件の相手方からの依頼を受任することである。これを利益相反というが、利益相反のおそれのある事件の受任は、ほかにも厳しく制限されている（第28条）。同条の規定は、弁護士の依頼者に対する忠実義務がいかに大きなものかということを示しているといえよう。

　と同時に、これらの定めには、弁護士の交渉代理人としての特徴がよく現れている。すなわち「法律」というものを中心に「紛争解決」のために活動するという姿である。この特徴を、もう少し深く掘り下げてみよう。

　弁護士は、依頼者の利益の実現はめざすものであるが、同時に、社会正義

の実現も達成するものでなければならないという二重使命を負っている。紛争解決ということが至上の義務であるとしつつ、その義務の履行の方法として、依頼者の正当な利益のために全力を尽くせというのが、弁護士の職務の内容になっているのである。

　このことから、上述のように、求めるべきは依頼者の「正当な利益」であって、真実をゆるがせにしてはならない義務（第7条）とか、信義に従い、誠実かつ「公正」に職務を行う義務（第4条）が置かれてくるのである。

　紛争解決の責任と依頼者の利益実現という、一見相反するような義務が同時履行的なものとして課されているところに弁護士の代理人交渉者としての悩みがある。しかし、この二重義務は、民主主義国に見られる紛争解決の一般的な手法である。「対論による真実発見」というアイディアがもたらす当然の帰結である。その原型は裁判制度である。原告、被告に自由な弁論をさせつつ、第三者たる裁判官が、公正妥当な解決案を提示したり（和解）、職権で結論を判断したり（判決）する。

　対立する両当事者に自由に討論させつつ、公正な結論を導き出すということは、いうは易く、行うにはむずかしいことである。自由な権利主張は、往々にして利害の対立を鮮明に際だたせ、合理的な解決をむずかしくする。この言行離反のギャップは、そのまま交渉代理人である弁護士の仕事に跳ね返り、ギャップを調整できない帳尻は弁護士の倫理違反の問題となって現れている。しかし、依頼者の自由な権利主張を許しながら代理人に本人統御の責めを負わせるというやり方は果たして合理的なものであろうか。

　私見を述べると、弁護士を調整弁として、上記のギャップを克服するやり方は、一面では合理性を持つとともに、他面では、弁護士の倫理違反の問題を複雑化させ、結果として、弁護士に倫理意識の希薄化をもたらしているように思われる。

　弁護士に依頼者への説得の役割を負わせるためには、その前提として、依頼者が弁護士を全面的に信頼し、その説得を受け入れるだけの親密な人間関

係ができているか、弁護士の判断能力を評価し、彼の言うことに従おうという信頼条件ができていることが必要である。

　しかし、他方で依頼者は、弁護士に少なからざる弁護士報酬を支払っており、成功報酬の約束もあるのが一般であるから、依頼者の要求は、支払い報酬額の多寡によって左右されると考えるのが通常である。高い金を払えば、高い成果を期待するのは当然であるし、弁護士にしても、報酬に執着するあまり、私益を公益より優先させるという契機はある。

　依頼者の要求が「社会的正義」に合致するものでないとして、その説得責任が履行できなかったことを弁護士の倫理違反として捉えるやり方が正しいものかも考えてみなければならない。弁護士の説得責任を越えて、無理解な依頼者の要求というものがあるのではないかということである。

　問題点の指摘は以上の通りであるが、そういったところで、具体的な解決に資するものとはならない。二重使命の達成を可能とする条件について経験を述べてみよう。

　弁護士の依頼者への説得力の源泉は、詰まるところ、弁護士と依頼者との共同行動の結果、つまり信頼関係にあると考える。平たくいえば、「あそこまで頑張ってくれた、あの先生が、ああいうのだから、受諾もやむを得ない」といわせることができるかどうかということに尽きる。

　このために弁護士は、妥協点、決着点が見えるまでは依頼者の利益のために最善の活動を尽くす。そしてそれこそが依頼者への説得への源泉となるのである。

《コメントと問題》

1. 上記3つの代理交渉の類型ごとに、ほかに問題となる点がないかを考えなさい（⇨第1編第3章第7）。
2. それぞれの類型で指摘されている特殊性についてどのような意見を持ったかを述べなさい。

第10　代理人交渉

3. 他の業種での代理交渉形式においては、どのような問題があるかを研究しなさい。

《キーワード》

代理人交渉、外交官、労働運動指導者、弁護士、フランソワー・ド・カリエール、『外交談判法』、公信、外交官特権、批准、労働者、団結権、団体交渉権、争議権、弁護士倫理規定、依頼者の利益の実現、社会正義の実現

《参考文献》

1. カリエール、フランソワー・ド・(坂野正高訳)『外交談判法』(岩波文庫、1978年)。
2. 内山光雄「団体交渉の技術」(労働運動実践論5)(労働教育センター、1987年)
3. 戦略研究学会編集、片岡徹也、福川秀樹編著『戦略・戦術用語事典』(芙蓉書房出版、2003年)。
4. 毛沢東著(藤旧敬一・吉田富夫訳)『遊撃戦論』(中央公論新社(中公文庫)、2001年)。

〔豊　田　愛　祥〕

第4章　紛争解決のシステムと交渉

紛争解決のシステムとして訴訟、仲裁、調停などがあることは周知のとおりであるが、これらのシステムにおいても交渉が重要な位置を占める。第4章ではこれらのシステムと交渉の問題を取り上げる。

第1　訴訟と交渉

―《この論文のねらい》――
　本稿では、訴訟を梃子にした交渉や提訴後の交渉のあり方について、日米の比較を踏まえ、ゲーム理論や原則立脚型交渉論なども参考にして検討し、併せて交渉促進に活用できる訴訟法上の諸制度を概観する（第1編第2章第2、第3章第3）。

1　訴訟を梃子にした交渉

訴訟は、紛争解決交渉の梃子として利用されることがある。米国では人口当たりで日本の10倍以上といわれる件数の事案が訴訟にされるが、そのうち9割以上が和解で終了している[1]。そこでは、ひとまず訴訟を起こして、それを梃子にして交渉による解決をめざすというステップが踏まれるようにみえる。これに対して日本では、訴訟の人口比率は米国より低く件数も少ないが、和解により終了する事件の比率も少なく、5割にも満たない[2]。このよ

---

(1) フット、ダニエル・H、「アメリカ人は日本人より日本的なのか？」河合隼雄・加藤雅信編著『人間の心と法』（有斐閣、2003年）236頁以下。
(2) 平成14年度司法統計年報（http://courtdomino2.courts.go.jp/tokei_y.nsf）民事・行政事件編第19表を見てみると、全地方裁判所の第一審通常訴訟既済事件総数155,754件のうち、和解で終了したものが51,464件、取下げで終了したものが21,204件であり、両者を合わせても総数の46％程度である。

第1　訴訟と交渉

うな違いがなぜ起こるのか、交渉が実際どのように行われ、解決に結び付けられるのかは、両国の制度上の違い（たとえば米国で特徴的な多数の法律家、成功報酬制、ディスカバリー（証拠開示手続）、懲罰的賠償、陪審などに対して、日本の数の少ない法律家、大陸法的訴訟制度、各種の裁判外の解決制度など）を含め、詳しい検討を要する問題である。

　日本の統計から伺えることは、日本ではいったん訴訟事件になると、とことん闘い抜いて、交渉による解決をせず判決を受ける人の割合が、米国に比べると多いということである。日本では訴訟というのは「いったん始めたら、止めることのできない裏切合い」としての闘いを意味しているともいえよう。もっとも、このように日本では提訴には慎重であるが、かといって泣き寝入りはしないという意識は米国と違わないようであるから、むしろ提訴前の段階で交渉による解決を図ることが多いのではないかとも推測される。そこでは、話し合いで解決しないなら訴訟をするぞと申し入れて交渉するという意味で、訴訟を交渉の梃子にすることもあるであろう。

2　紛争解決交渉で考慮する要因

　このような推測と符節を合わせるように、弁護士が紛争解決の相談を受ける場合、訴訟を提起する前に、まずは相手に掛け合って話し合いで解決することを試みましょうとアドバイスして、実際に交渉を行ってみることが、かなり多い。

　訴訟前の交渉による解決を選択する要因には、さまざまなものがある。訴訟をする場合の費用、時間、労力が相当大きな負担となる可能性があること（交渉であれば、費用も時間も労力もそれほどかけずに解決できるかもしれない）、訴訟の場で戦わされる法律論は、定式化された権利義務の有無とそれを基礎づける要件事実を中心とした all or nothing 的なものとなるため、柔軟で前向きな関係形成には不向きであること（交渉がうまく行けば、双方にとってプラスとなる柔軟な関係が創造できるかもしれない）、法律論で行くとしても、権

利があるという立論が裁判所で認められるかどうかは、法解釈に幅があってはっきりせず、過去の事実の立証にもかなり不確定性があるために、実際に判決を受けてみなければわからないという面が相当あること（訴訟をやっても最終的に敗訴したらすべては水の泡になってしまうが、話し合いでいけばそこそこの解決を得られるかもしれない）、仮に権利があると確信できても、相手に責任財産がないとか履行の意思がないなど、権利の強制実現の現実的可能性について困難が潜んでいること（話し合いで解決できれば、自発的な履行がなされる期待がもてる）、などの諸点を検討して、方針を決めるのが一般であろう。

3　交渉による解決とミニ・マックス戦略

　法的紛争はゼロサム・ゲームの典型であり、その究極の姿は訴訟である（一方が勝てば、他方は負ける）。そこで考慮されるべき戦略として、「ミニ・マックス戦略」がある。ゼロサム・ゲームにおいて、当方は自分の利益を最大化すべく努力する。しかし、ゲームには相手がいて、相手もその利得を最大限にしようと努力する。プラスをめざす一方のベクトルに対して、マイナス方向へ足を引っ張る他方のベクトルが働き、両者が正反対の方向へ激しく引っ張り合う。当方の要求をどこまでも押し通して、それが通れば（勝てば）当方の得るものは最大になるかもしれないが、通らなければ（負ければ）ゼロに転落してしまうであろう。ミニ・マックス戦略は、そのようなことを考慮し、最悪の現実的事態という制約条件にあって、なおかつ利得を最大にする戦略を考える。自己の望む最高の点ではないが、現実の大きなリスクのある事態で、現実的に確保できる最良の解決を得ようとする。交渉で条件等を詰めて行く過程で、どこまで深追いして当方の要求を強く押し出して行くかという問題は、弁護士が日常の業務でしばしば直面するが、勝ちを希求して強硬に要求を続けた結果、交渉が決裂して訴訟＝判決になってしまい、蓋を開けたら交渉時に提示されていた条件よりも悪い結果となった（負けた）というケースは、稀ではないであろう。交渉過程で、相手方が得るだろう利得の大きさ

(＝自己の獲得利益の少なさ)や失うだろう損失の少なさ(＝自己の損失の多さ)に対する不公平感や怒りのために、当事者自身が直面している事態の客観的な意味を十分に踏まえることができない場合に、断崖から落ちてしまうことがあるのである。このような場合、後になって「あそこで受諾しておけばよかった」と悔やむことになる。そこで、交渉決裂の前にミニ・マックス戦略を思い起こして、再度よく検討する冷静さが必要であろう。そのときに重要なことは、当事者が事態をよく理解して決定をなしうるよう、できるだけ客観的に関係するファクターを抽出し、弁護士が一緒になって多角的に検討することであろう。

4 交渉の姿勢と「しっぺ返し戦略」

提訴前に話し合いによる解決をめざすこととした場合、どのような姿勢で交渉に臨むべきであろうか。この点で参考になるのがしっぺ返し戦略である。

しっぺ返し戦略[3]は、有名な「反復の囚人のジレンマ」[4]において最も高得点を得た戦略であり、交渉における協調と裏切りの組み合わせに関する理論であるが、そこから学ぶべき教訓は以下のような諸点である。①交渉において協調的で誠実に振舞うことが、出発点において重要である。②もし先方が交渉過程において不誠実な対応をした場合にはすかさず「しっぺ返し」をし、当方は単にお人好しではなく不誠実な対応を許しはしないこと、および、そのような姿勢を相手にわかるように伝えることが重要である。③しかし先方が「しっぺ返し」を受けて速やかに誠実な対応に復帰するならば、当方も先

---

(3) 「しっぺ返し」戦略については、太田勝造「法律学のための『ゲームの理論』の基礎」小島武司・法交渉学実務研究会編『法交渉学入門』(商事法務研究会、1991年) 250頁以下などにわかりやすい紹介がある。
(4) 「反復(繰り返し)囚人のジレンマ」については、R．アクセルロッド(松田裕之訳)『つきあい方の科学—バクテリアから国際関係まで』(ミネルバ書房、1998年)。

方の不誠実をいつまでも根に持たず水に流して、再び協調的に誠実に対応すること、および、そのような姿勢を先方に分るように伝えることが重要である。④これらのプロセスを通じて、当方も誠実に対応し、また、相手方も不誠実になる誘惑を克服して誠実に対応することが確保され、協調的な交渉の実現に寄与するであろう。

　弁護士が交渉による解決をめざす場合、「しっぺ返し戦略の人だ」ということが相手に理解されれば、相手方も協調的な解決に向けた土俵に乗りやすくなって、結果としても交渉による解決に向かいやすくなるのではないかと思われる。「しっぺ返し戦略の人」というのは、(ｱ)誠実をモットーとして決して自分の方から裏切ることはないが、(ｲ)相手の裏切りは許さず、即座にしっぺ返しをする、(ｳ)しかし、また相手が誠実に戻るなら、そこは寛容に許して話し合いに応じるという基本的な姿勢を持っている人、ということである。話し合いでの解決をしないなら訴訟を起こすぞと申し入れて交渉することは、上記の(ｲ)のしっぺ返しを予告することを意味し、訴訟を究極のしっぺ返しとすることを梃子にして交渉をすることを意味する。しかし、しっぺ返し戦略においては、(ｲ)の強調だけでは円滑な交渉を実現することはできないのであり、(ｱ)（誠実で自分から裏切らない）と(ｳ)（寛容性）の点の重要性も忘れてはならず、これらの点を相手に理解してもらうことが肝要である。

5　しっぺ返し戦略と原則立脚型交渉

　しっぺ返し戦略は交渉理論における「原則立脚型交渉」と親和性が高いと思われる。もっとも、原則立脚型交渉論においては、相手が汚い手口を使ってきた場合、「相手と同じ手口で対応すること」は、立場のぶつかり合いを強化し、「結局、どちらかが譲歩するか、または、多くの場合、交渉決裂ということになる」ので勧められず、この場合の反撃方法は「交渉の進め方につい

---

(5)　フィッシャー、ロジャー＆ウイリアム・ユーリー（金山宣夫・浅井和子訳）『ハーバード流交渉術』（TBSブリタニカ、1982年）197頁以下。

て、原則に基づいて交渉する」ことであるとされる[5]。つまり、汚い手口に直面した場合、交渉の進め方に問題があることを指摘し、人と問題の分離、立場の押し付け合いでなく利害への焦点化、相互利益の選択肢の考案、客観的基準の適用といったアプローチで、問題の解決に取り組むべきであるということである。しっぺ返し戦略においても「怒れることのたいせつさ」が強調される一方、現実の社会では「怒ることは危険を伴う」のであって、「はてしない裏切りの応酬を避けるためにも、その対応はあまり厳しすぎてもいけない」とされ、「控えめに怒りをあらわす」ことを勧めている[6]。交渉において相手の対応に対して究極のしっぺ返し＝訴訟を行うことは、「はてしない裏切りの応酬」に至ることもありうることを十分に踏まえる必要があろう。

　それでは、訴訟になってしまった場合は、交渉による解決は期待できないであろうか。前にみた日本の統計は、提訴後の交渉による解決のむずかしさを示唆しているが、決して不可能なことではない。特に訴訟で代理人になった弁護士が「しっぺ返し」戦略の人であり、そのことが相手方の代理人弁護士にも分っており、かつ、相手方の代理人も「しっぺ返し」戦略の人であり、そのことが当代理人にもわかっていると、再び代理人間の働きで当事者間に協調的な交渉関係が回復することを期待することができるであろう。そして、そこで原則立脚型交渉と裁判所の和解技術が適切に実践されれば、提訴後の交渉による解決の可能性も広がるであろう。

6　交渉と訴訟に関連する諸制度

　訴訟は、相手方を追い詰める方法である。しかし、相手方が本案の答弁をした後は、その同意がなければ取下げは許されない（民事訴訟法261条2項本文）のであり、提訴者の都合で止めたいと思っても、勝手には止められない。そこで、相手を追い詰めるつもりで始めた訴訟なのに、進展によっては逆に提訴者が追い詰められることもあり、その場合お互いに逃げられなくなる。訴

(6)　アクセルロッド、R.、（松田裕之訳）『つきあい方の科学』前掲注(4)、192頁以下。

第 4 章　紛争解決のシステムと交渉

訟とはそのようなものである。しかし、そのことで当事者間の交渉が促進されることもある。そこで、訴訟を目の前に据えて当事者が相手方等に働きかけを行い、交渉促進に活用できる制度があるので、以下で簡単にみてみよう。

(1)　訴え提起前の諸制度と交渉

　訴訟を提起する以前においても、当事者には相手方や関係者に働きかける種々の法的な方法が認められており、そのような方法を梃子にして交渉を行うことが考えられる。

① 　提訴予告通知と提訴前の照会・証拠収集処分：平成15年の民事訴訟法改正で設けられた制度である。訴えを起こす前に請求の要旨と紛争の要点を記載した書面を相手方に送って提訴予告をすると、訴訟での主張立証に必要な事項について相手方の回答を要求し、また、文書送付嘱託、官公署等への嘱託、専門家の意見陳述嘱託、執行官による調査等の処分を求めることができる（民訴法132条の2以下）。米国のディスカバリーに一歩近づく制度であり、訴訟前の段階で相互の主張と証拠について事前にある程度収集がなされ、その検討・評価に基づいて交渉が促進されることも考えられよう。

② 　証拠保全：提訴前でも「あらかじめ証拠調べをしておかなければその証拠を使用することが困難となる事情」があると認められる場合には、証拠保全を行うことができる（民訴法234条以下）。証拠保全は、医療事故におけるカルテやソフト違法コピー事件でのハードディスクなど、予告なしに証拠を保全しなければならない場合に活用される。このような証拠保全をきっかけにして、解決交渉が行われることもあるであろう。

③ 　保全処分：提訴前の処分として、仮差押や仮処分が行われる（民事保全法）が、そのような保全処分を通じて交渉を行うことも多く、責任財産や対象物を押さえておけば、有利な交渉展開を図ることが期待できることも多い。もっとも、たとえば仮処分で有利な判断が示されたとしても、

あくまでも本訴での判断の前になされる暫定的な処分であり、本案の裁判で逆転判断が示されることもよくあることである。したがって、保全処分で勝ったからといって、それを金科玉条にして交渉においても自分の要求の貫徹のみを図ろうとすると、結局において足元をすくわれることもあることに、留意する必要があろう。

(2) 訴え提起以後の諸制度と交渉

提訴後でも交渉促進に役立つ制度として、以下のようなものがある。すなわち、「当事者は、訴訟の係属中、相手方に対し、主張又は立証を準備するために必要な事項について、相当の期間を定めて、書面で回答するよう、書面で照会をすることができる」(当事者照会制度。民事訴訟法163条)。また、提訴後の証拠保全、文書提出命令の申立等による証拠の収集なども、交渉の促進に役立つことがある。裁判所による和解勧試(民事訴訟法89条)や受訴裁判所が行う付調停(民事調停法20条)は、訴訟になった事件について裁判所のイニシアティヴにより、交渉による解決のきっかけを与えることができるであろう。また、裁判所による和解条項の裁定の制度(民事訴訟法265条)は裁判官による一種の仲裁を認めるものであり、当事者間の交渉に豊かな可能性をもたらすであろう。さらに2003年(平成15年)の民事執行法の改正で、債務者に責任財産のすべてを開示させる財産開示手続(虚偽の陳述に対しては罰則がある)が定められた(民事執行法196条以下)が、これも債務者との交渉の梃子になるであろう。

7 UFJグループの経営統合交渉をめぐる事件[7]

交渉と訴訟ないし裁判の問題について重要な課題と示唆を提起する実際例

---

(7) 本件については前後の経過を含め、日本経済新聞社編『UFJ三菱東京統合:スーパーメガバンク誕生の舞台裏』(日本経済新聞、2004年)が詳しくリポートしている。

第4章 紛争解決のシステムと交渉

として、UFJ グループの経営統合交渉をめぐる事件を紹介する。

(1) 事案の概要

　巨額の不良債権を抱えた UFJ が国際業務を継続するのに要求される8％以上の自己資本比率を維持するために事業再編を行う必要が生じ、UFJ 信託の営業を住友信託に移転することを含む事業再編、業務提携を行うこととなり、2004年5月21日付で UFJ と住友信託との間で基本合意書が締結された。その12条は以下のように定めていた。

　　「第12条（誠実協議）：各当事者は、本基本合意書に定めのない事項若しくは本基本合意書の条項について疑義が生じた場合、誠実にこれを協議するものとする。また、各当事者は、直接又は間接を問わず、第三者に対し又は第三者との間で本基本合意書の目的と抵触しうる取引等にかかる情報提供・協議を行わないものとする。」（下線引用者）

　下線部分がいわゆる「独占交渉権」あるいは「独占交渉義務」規定といわれるものである。この基本合意書は、2006年6月末までを有効期間としていたが、共同事業化の最終合意をする義務までは定めておらず、また12条違反について制裁や違約罰の定めもなかった。UFJ 側は7月末をめどとして住友信託側と交渉をしていたが、その後 UFJ グループの不良債権査定が厳しく行われ、自己資本比率が更に悪化する見通しの中で、その窮状を乗り切るためには UFJ グループが信託を含め三菱東京グループと全体的な統合を行う以外に方途がないと経営判断し、7月14日に住友信託側に本基本合意の白紙撤回を通知し、三菱東京グループへの統合申入れを行って、これを公表した（なお UFJ 信託は従前、三菱信託等と共同出資により日本マスタートラスト信託銀行（MTBJ）を設立しており、もし住友信託と事業統合して MTBJ から脱退すれば、数百億円あるいは1000億円超の損害賠償責任を負うことになるという議論もあったということである）。基本合意の白紙撤回に対して住友信託側が2004年7月16日に東京地裁に対して、UFJ 側が信託統合について第三者と交渉を行

うことを禁止する仮処分の申立を行ったのが本件である。

(2) 東京地方裁判所の判断

東京地裁（2004年7月27日決定）[8]は、基本合意書の法的拘束力を認め、住友信託に著しい損害または急迫の危険が生じることは明らかであるとして、住友信託の申立を認め、UFJ側に第三者との交渉（情報提供又は協議）の禁止を命じた（住友信託側で50億円の担保を立てることが条件）。

この決定を受け住友側は2004年8月上旬までに、三井住友ファイナンシャルグループが前面に立ってUFJ側に対して全面統合の申入れを正式に行ったが、UFJ側は拒絶した。これに対して三井住友側は5000億円以上の資本支援、対等の精神による統合などの提案内容を公表し、三井住友との統合の方がUFJの株主にとってもメリットが大きいとの発表を行った。

(3) 東京高等裁判所の判断

UFJ側は東京地裁の判断を不服として抗告を申し立てた。これについて東京高裁（2004年8月11日決定）は、同高裁が判断をする直前の時点では客観的にはUFJと住友信託の相互の信頼関係がすでに破壊され、交渉を誠実に継続することを期待することは既に不可能となったと考えられ、基本合意12条は将来に向かって失効したと解するのが相当であり、現時点で住友信託側の差止請求権を認める余地はないとして、東京地裁の仮処分命令を取り消した（UFJ側で75億円の担保を立てることが条件）。

これを受けてUFJ側は、2004年8月12日に三菱東京グループとの経営統合に関する基本合意を締結し、2005年10月1日までに経営統合することを基本合意した。この基本合意には、三菱東京からの資本支援を7000億円（その方式はUFJ銀行が7000億円の議決権付与条件つきの優先株式を発行し、これを全

[8] 東京地裁、東京高裁および最高裁の決定文は、『商事法務』1708号（2004年9月15日号）に掲載されている。

額三菱東京が引き受けるというものである）とすることのほかに、UFJ が三菱東京以外の第三者との経営統合を承認した場合などに、7000億円の株式をUFJ が買い戻す義務を負い、しかも7000億円に30％（2100億円）のペナルティを付けて支払いをしなければならないという条件（いわゆる「擬似ポイズンピル（毒薬）条項」）がある反面、この時点で統合比率については三菱東京は具体的な提案をしていないという（報道によると UFJ の社外取締役は、このような三菱東京との統合条件に反対をしたということである）。このような動きに対して三井住友側は、資本支援を三菱東京と同等に行うとし、しかも統合比率を1対1とする提案を行った（統合比率1対1での提案をその時点で行うことについては、デュー・ディリジェンスを行う前にそのような提案が許されるのかといった反対論も内部にあったといわれる）。

(4) 最高裁判所の判断

　住友信託側は東京高裁の判断に対して不服申立をしたが、最高裁（2004年8月30日決定）は、住友信託の被保全権利を認めたものの、保全の必要性を否定し、住友信託側の不服申立を棄却した。すなわち、「本件の経緯全般に照らせば、いまだ流動的な要素がまったくなくなってしまったとはいえず、社会通念上、上記の可能性［引用者注：今後住友信託側と UFJ 側とが交渉を重ねて最終的な合意に至る可能性］が存しないとまではいえない」とし、「本件条項に基づく債務［引用者注：独占交渉義務］は、いまだ消滅していない」として、被保全権利を肯定した。しかし、住友信託側に「著しい損害や急迫の危険」が生じるか（保全の必要性があるか）については、住友信託に生じうる損害が事後の賠償によって償えないほどのものではないこと（なお、その場合の損害とは「最終的な合意の成立により［住友信託側が］得られるはずの利益相当の損害とみるのは相当ではなく、……最終的な合意が成立するとの期待が侵害されることによる損害とみるべきである。」と判示されている）、実際に UFJ との間に最終的合意が成立する可能性は低いこと、他方、UFJ が差止めを受けた場合

第1　訴訟と交渉

に被る損害は現在の状況に鑑みて相当大きなものと考えられること等を「総合的に考慮すると」、住友信託側に保全の必要があるとはいえない、と判断した。

(5)　**住友信託による本訴の提起**

　住友信託は2004年10月28日、UFJ側を相手にして、基本合意書にもとづき、2006年6月末まで、a）第三者との交渉を禁止すること、および、b）住友信託との協議を履行することを求めて、東京地裁に本訴を提起した。これは、最高裁が前記の基本合意書に法的拘束力があることを前提に住友信託側に独占交渉権が存することを認めたことから、UFJ側と第三者との交渉は契約違反にあたり、日本が「『契約は守らなければならない』という法原則を根本規範とする『法の支配』の国である以上、UFJグループによる契約違反行為は強制力を以って禁止されなければなら」ないという理由によるものであると発表している。

　この事件をめぐっては、三菱東京との経営統合を図ったUFJの取締役会決定について、米国デラウェア州法と同州の判例のもとで判断がなされると仮定すれば、この取締役会決定は無効と判断され、この決定に賛同した取締役は忠実義務違反の責任を問われるのではないか、2100億円もの高額ペナルティ付き買い戻し条項は無効ではないか（デラウェア州では1～4％程度であれば通常妥当なものとして是認される）、とする論評がなされている[9]。今後日本においても、そのような観点からの問題提起がなされる可能性があることは否定できないであろう。

---

(9)　ギブンズ、スティーブン「デラウェア州最高裁であったら、今回UFJホールディングス側がとった合併統合防止策に対して、どのような司法判断を下したであろうか？」『国際商事法務』Vol.32, No.10（2004）参照。

第4章　紛争解決のシステムと交渉

―《コメントと問題》―――――――――――――――――――
1．紛争解決プロセスとして訴訟を選択するかどうかを判断する場合、どのようなファクターを検討するべきか。ADRの選択、裁判外の交渉の選択については、どうか。
2．一方で訴訟を行いつつ、他方で話し合いを行う（あるいは取引関係を継続する）ということは、可能か。これを可能にする要因にはどのようなものが考えられるか。
3．裁判所による和解条項の裁定の制度（民訴法265条）を利用する当事者の動機付けには、どのようなものがあると考えられるか。訴訟提起後の交渉にこの制度はどのように活用できるか。
4．UFJグループの経営統合をめぐる事件を読んで、以下の点を考えてみよう。
　(1)　相互に複数の交渉候補がある場合に、交渉にあたって独占交渉義務の合意をするのは、どのような要因からか。
　(2)　この事件の展開を教訓とすると、独占交渉義務を合意するに当たって、どのような条件を付けることが考えられるか。
　(3)　住友信託側が、あくまでも第三者との交渉差止めを仮処分や訴訟で求めることは、本件の交渉においてどのような効果ないし影響があるか。ａ）住友側がUFJに交渉を求める上での効果はどうか。ｂ）UFJと三菱東京側との交渉に与える影響はどうか。
　(4)　M&A交渉に影響を及ぼす要因にはどのようなものがあるか。交渉企業、その株主、経営者個人、取引先、従業員などに分けて考えてみよう。

―《キーワード》――――――――――――――――――――
　訴訟を梃子にした交渉、訴訟の人口比率、和解率、成功報酬制、ディ

> スカバリー、懲罰的賠償、陪審、All or Nothing、ミニ・マックス戦略、しっぺ返し戦略、原則立脚型交渉、提訴予告通知、提訴前の照会・証拠収集処分、証拠保全、仮差押、仮処分、当事者照会、裁判所による和解勧試、受訴裁判所が行う付調停、裁判所による和解条項の裁定、財産開示手続、独占交渉義務、ポイズンピル条項

《参考文献》

- フィッシャー、ロジャー＆ウイリアム・ユーリー（金山宣夫・浅井和子訳）『ハーバード流交渉術』（TBS ブリタニカ、1982年）。
- 太田勝造『民事紛争解決手続論』（信山社、1990年）。
- 小島武司・法交渉学実務研究会編『法交渉学入門』（商事法務研究会、1991年）。
- 和田仁孝『民事紛争交渉過程論』（信山社、1991年）。
- 小島武司・飯島澄雄・須藤正彦『民事実務読本Ⅰ―相談・訴訟準備』（東京布井出版、1988年（第2版、1992年））。
- 小島武司・加藤新太郎編『民事実務読本Ⅳ（和解・法的交渉）』（東京布井出版、1993年）。
- 交渉と法研究会編『裁判内交渉の論理―和解兼弁論を考える』（商事法務研究会、1993年）。
- 棚瀬孝雄編著『紛争処理と合意―法と正義の新たなパラダイムを求めて』（ミネルバ書房、1996年）。
- アクセルロッド、ロバート（松田裕之訳）『つきあい方の科学―バクテリアから国際関係まで』（ミネルバ書房、1998年）。
- 和田仁孝・太田勝造・阿部昌樹『交渉と紛争処理』（日本評論社、2002年）。
- 河合隼雄・加藤雅信編著『人間の心と法』（有斐閣、2003年）。
- 大澤恒夫『法的対話論――法と対話の専門家をめざして』（信山社、2004年）。

〔大澤恒夫〕

第4章　紛争解決のシステムと交渉

第2　訴訟上の和解と交渉

《この論文のねらい》

訴訟上の和解をコントロールするものは裁判官の心証であるといわれていたが、心証と並んで交渉も重要な位置を占めていることを明らかにする（⇨第1編第4章第3）。

1　訴訟上の和解の意義および特色

和解は、紛争を解決するために約する当事者間の合意である。和解は私的自治の原則から当事者が処分できるものについては、自由に合意解決できるのである。この原則は訴訟になっていても変わらず、当事者は訴訟のいかなる段階においても和解を成立させて訴訟を終了させることができる（民事訴訟法89条）。この訴訟手続の中で成立させる和解は、訴訟上の和解と呼ばれている。

訴訟上の和解は、訴訟手続において行われるものであり、あくまでも判決を求める手続の中で付随的になされるものである。したがって、独立に和解を求めるという手続はないし（民事訴訟法275条の訴え提起前の和解を除く）、裁判官が和解を行うことなく判決をしても違法ということにはならない。

訴訟上の和解の最大の特徴は、成立した和解調書の条項には確定判決と同一の効力があるとされ、訴訟外の和解に比べて、強い効力をもっていることである（民事訴訟法267条）。

2　訴訟上の和解についての裁判官の意識の変化

この訴訟上の和解についての裁判官の意識は過去と現在では大きく変化している。現在とは異なり、昭和50年代(1975-1985年)くらいまでは、裁判所の中には、「和解判事になるなかれ」という言葉で象徴される考え方（伝統的和

解観）が支配的であった。この言葉にはさまざまな意味があり一義的に明確であるとはいえないが、民事訴訟の原則は判決にあり、和解は権道（けんどう＝手段は正しくないが目的は正道に合することの意味）であるという考え方を前提にして、裁判官はまず判決をめざすべきであって、安易に和解による解決を目指してはいけないという教訓を示したものであることは疑いない。そのために裁判官の和解に対する評価は低く、当然その関心も薄かった。

　しかし、民事訴訟の中で和解による解決が増加するとともに、和解に対する評価に変化が現れ、現在では、ほとんどの裁判官が、熱心にかつ積極的に和解の手続を行っている（積極的和解観）。2003年度（平成15年度）の地方裁判所の民事通常訴訟事件の主要な終局区分をみると、判決が48.8％（対席29.7％、欠席19.1％）、和解が33.4％、取下げが14.3％である。この数字だけをみると、判決の方が多いように感じられるが、被告が現実に出席して審理がされた対席判決だけをみると和解より少ないし、取下げの中にはかなりの数の実質的な和解が入っていることを考えると、和解による解決の方が多いといえる。また、判決で終了していても、ほとんどのケースでは和解の手続が試みられていることも忘れてはならない。和解がまったく試みられることもなく、対席判決で終了した事件はきわめて稀である。

　現在では、和解に積極的な裁判官が圧倒的に多数であるが、おおむね次の3つの考え方がある。

　第1の考え方は、判決の結論が正義に適っているならば判決と同じか、それに準ずる内容の和解をすればよいではないか、その方が早く権利の実現が図れるし、正義に適うではないかというものである（判決先取り型）。

　第2の考え方は、判決の結論は原告か被告の一方が全面的に勝訴し、他方が全面的に敗訴するというオール・オア・ナッシングなものが原則であるが、そのオール・オア・ナッシングな結論に違和感を感じるようになり、それを回避するため和解により勝訴の可能性に応じた割合的に妥当な結論を合意する方がかえって正義に適うのではないかというものである。たとえば、勝訴

可能性が50％の場合にどちらか一方が100％勝訴するのはかえって正義に反するのではないか、50％ずつ分け合う方が公平ではないかと考えるのである（オール・オア・ナッシング回避型）。

第3の考え方は、判決の結論ということに必ずしもとらわれず、当事者間の紛争の実体に着目し、実情に即した妥当な解決をするために判決ではできない解決をするための手段として和解が存在していることを正面に据え、和解によって判決の限界を乗り越えようとするものである（判決乗越え型）。この考え方は、和解は実情に即した妥当な解決であればそれでよいとするもので、正義ということよりも当事者にとって妥当な解決であるかどうかということを重視している。

3 和解運営の理念的モデル（交渉中心型と心証中心型）

一般の和解では、和解を成立させるものは当事者間の自主交渉が基本であることは疑いない。自主交渉が困難であれば、第三者が媒介することもあるが、この場合も交渉が基本である。しかしながら、訴訟上の和解においては、訴訟手続の中で裁判官が媒介する当事者間の交渉であるという特色があり、この点の理解が和解交渉の考え方に影響を及ぼすのである。

和解運営のモデルは、理念的には判決手続の中で裁判官が主宰する手続を中心に考えるモデル（心証中心型）と第三者である裁判官が媒介するところの交渉を中心に考えるモデル（交渉中心型）とが考えられる。

心証中心型は、和解手続の本質の中で裁判官が主宰するという要素を重視するもので、裁判官は弁論手続におけるのと同様に判断者としての立場を維持し、交渉としての面、特に当事者による駆け引きを排除しようとする。和解手続をコントロールするものは裁判官の心証であり、当事者に対する最大の説得法は勝訴の可能性ということになる。

これに対して、交渉中心型は、和解手続の本質の中で第三者が媒介するところの交渉としての面を重視するもので、裁判官は当事者間の交渉が成立す

第2 訴訟上の和解と交渉

るように、当事者の対話を促す第三者の立場に立つことになる。和解手続をコントロールするものは当事者間の対話であり、根底に流れるものは当事者に内在する自主解決能力への信頼ということになる。

　この2つの型はあくまでも理念的に考えてみたもので、それぞれに欠点があり、これを純粋な形で維持することはできない。心証中心型の問題点は、裁判官と当事者の距離が拡大し、当事者の主体性が弱まるということである。裁判官は判決の結論を予測し、これを基礎として妥当と思われる和解案を考え、これを当事者に示し、当事者の意見を聞きながら若干の修正を加えるということになる。このため、最初から土俵が狭く設定されているから、当事者がよい知恵を出し合いながら妥当な和解案を作り上げていくという要素に欠けている。

　当事者はどうしても裁判官の和解案を受け入れるかどうかという受け身の立場に立たざるを得なくなるし、また、裁判官の側からみても、当事者の心情を考えて説得しようということよりも、嫌ならいつでも判決するだけだという説得法になってしまい、当事者に不満の生じる和解を生む原因となってしまうのである。

　これに対して、交渉中心型の問題点は、当事者間の交渉を中心とするために、当事者の力に強弱があったりすると一方的な交渉に終わってしまったり、成立した合意の内容が法の趣旨に反したり、判決の結論と大きく異なったりする危険性のあることである。当事者の一方が強くその意見を固執するというような場合には、いわゆるゴネ得を許す結果となることもある。

　また、当事者の中には裁判所の公正な判断を期待して調停を避け、訴訟を選択した者もかなりいると思われるが、このような当事者は裁判所の強力なリーダーシップを期待しているものと思われ、当事者の交渉まかせの対応ではその期待を裏切り、裁判所に対する不信を招くことになってしまうのである。

　心証中心型に立って、その欠点を回避するには、交渉としての要素を拡大

第4章　紛争解決のシステムと交渉

するしかない。心証中心型の課題は、判決の結論が妥当性を欠く場合に妥当な和解を成立させることによって判決のもたらす不合理性を回避することであるが、この場合には、当事者の間に対話を成立させていくようにしないと、勝訴確実な当事者に譲歩させることはできないからである。

　また、交渉中心型に立ってその欠点を回避するためには、心証に基礎を置いた裁判官の助言、指導が不可欠になる。交渉中心型の課題は、当事者の一方にゴネ得を許さないことであるが、この場合には、法律に従った判断、すなわち判決の結論を常に念頭において強力に説得したり、ときには毅然とした態度をとらなければならないこともあるからである。

　このように現実のモデルとしては、心証中心型であっても交渉を加味する必要があり、交渉中心型であっても心証を加味する必要がある。現実のあり方としては、両モデルを融合し（融合型）、判決の結論を予測しつつ、それを上回る解決案を模索しながら、事件の事案、内容、当事者の意識、感情等を考慮して心証中心と交渉中心の間を微妙に舵取りしていくことが必要となる。

4　和解交渉の基本原理

　和解交渉の基本原理については、協力型交渉と敵対型交渉に分けて考えることが有益である。協力型交渉は、双方が交渉する目的について了解があり、協力的な関係にある交渉をいう。典型的なのは、紛争関係にない当事者による契約締結交渉や友人間で旅行する場合の日程や目的地、費用負担の交渉があげられる。協力型の場合は、ウイン・ウインの関係にあるといわれたり、非ゼロ・サム・ゲームと呼ばれたりする。当事者双方の協力により、他の問題点や、第三者を取り込み、一括解決することにより当事者双方が満足する解決案（俗に「パイを大きくする」といわれる。）が可能になるのである。説得のポイントは、勝訴の可能性よりも利得の増加や具体的妥当性であり、合意が成立した場合の当事者の満足度は大きくなる。

敵対型交渉というのは、当事者双方が相手方に対して不信感をもっていたり、紛争状態にある当事者間での交渉をいう。戦争状態にある国の間での平和交渉や、紛争関係にある当事者の間の和解や調停があげられる。敵対型の場合は、ウイン・ルーズの関係にあるといわれたり、ゼロ・サム・ゲームと呼ばれたりする。当事者双方に協力関係がないから、問題点や関係者を絞り、限定的な解決をするしかなくなる。説得のポイントは、勝訴の可能性や弱点をつくということになる。パイが同じか、小さくなるから、足して2で割る解決や、喧嘩両成敗的な解決になることも多く、当事者の満足度も小さくなる。

和解交渉は、紛争関係にある当事者間での和解手続においてなされるものであるから、敵対型交渉の典型になる。通常は、裁判前に合意ができなかったために裁判となった経緯があるのだから、敵対型交渉からスタートすることにならざるを得ないのであるが、機をみて、協力型交渉への誘導を行い、協力型への転換が成功した場合は、パイを大きくする双方の満足度の高い和解を目指して協力型交渉を行うことになる。協力型への転換が困難な場合は敵対型交渉のままでの和解交渉を行うしかない。この場合は、問題点を絞って粘り強く交渉し、妥協的なものとはなるが、良識のある合意の成立をめざすことになるのである。

5 和解交渉の具体的技術

訴訟上の和解交渉を円滑に行い、妥当な合意を成立させるためには、当事者の側に立っても裁判官の側に立っても、それぞれに具体的な交渉技術が必要となる。私が関心があるのは、判決する立場にある裁判官からみた当事者間の和解交渉を促す技術である。

私自身は、基本型と応用型に分類した裁判官からみた和解技術論を主張している（草野芳郎『和解技術論（第2版）』信山社、2003年）。和解の技術は、すべての基本となる型（基本型）と応用となる型（応用型）の二種に分けられ、

第4章 紛争解決のシステムと交渉

どんなケースの場合でも基本型から入る必要があり、基本型をやってみて、うまくいかなかった場合に、初めて応用型を使うことが可能となると考えている。基本型には特効薬的効果はないが、適応範囲が広く副作用の心配はないのに比べ、応用型は適応範囲が狭く、限られたケースには特効薬的効果を発揮するが、逆に副作用も大きいのである。

説得技術における基本型の根本は、人格の尊重と当事者への信頼である。紙数の関係から和解交渉の基本となる説得技術について私の考える基本型と応用型の項目を以下に紹介する。

（基本型）
① 当事者の言い分をよく聞くこと
② 誠意をもって接すること
③ 熱意をもって粘り強く頑張ること
④ 当事者の相互不信を解くように努力すること
⑤ 当事者の心理状態をその人の身になって考えること
⑥ 真の紛争原因を探り、その解決を目指すこと
⑦ 具体的な話し方を工夫すること
⑧ 和解の長所を説き、よい和解案を出すこと
⑨ 相手の逃げ道を用意し追い詰めないようにすること
⑩ 現地を見分すること

（応用型）
① 基本型と逆の方法をとること
② 裁判官としての職務を強調して強く出ること
③ 当事者の意識していない困ったことを指摘すること
④ 間を置くこと
⑤ 発想法を転換すること

第 2　訴訟上の和解と交渉

―《コメントと問題》――
1．裁判官は訴訟上の和解と判決の関係をどうみていたか。
2．訴訟上の和解をコントロールするものは何か。
3．訴訟上の和解における説得技術にどのようなものがあるか。

―《キーワード》――
訴訟上の和解、交渉中心型、心証中心型、協力型交渉、敵対型交渉、和解技術論、基本型と応用型、説得技術

《参考文献》

・草野芳郎　『和解技術論（第 2 版）』（信山社、2003年）。
・草野芳郎「和解手続において裁判官と当事者が果すべき役割」竜嵜喜助先生還暦記念『紛争処理と正義』457頁（信山社，1988年）。
・草野芳郎「訴訟上の和解についての裁判官の和解観の変遷とあるべき和解運営の模索」『判例タイムズ』704号28頁（1989年）。

〔草 野 芳 郎〕

第4章 紛争解決のシステムと交渉

第3 国際ビジネス紛争解決手段としての建設的仲調と交渉

―《この論文のねらい》――――
　国際ビジネス紛争処理のいくつかの方法の違いを説明する。実際には、これらが組み合わされることが多く、そのうち仲裁と調停の組み合わせである仲調（Arb-Med）の例を通じて、これがユニークな建設的手法であることを理解してもらう（⇨第1編第4章第2）。

1　国際的紛争解決手法の分類

　国際紛争解決の手法を、交渉、調停、仲裁、訴訟、そして調停以外のADRに分類することができる。

　交渉が成功しないから紛争が生じるのであって、交渉を紛争解決手法として示すのは妥当でないとの見解がある。確かに交渉不調によって紛争状態が生じうるが、その後も調停、仲裁等の過程で交渉が不可欠であるため、交渉は、やはり1つのそして重要な紛争処理手法である。調停には、英語のmediationにあたる手続と、conciliationにあたる手続がある。Mediationにも、conciliationにも第三者が関与するが、mediationでは第三者が紛争当事者Aの主張をBに取り次ぎ、またその逆を行うほか、A,Bが歩み寄れるように何らかの助力を試みるけれども、紛争当事者A,Bが主体的に紛争解決努力をするよう期待されるのに対し、conciliationでは、第三者が、積極的に解決案をA,Bに示して、ABを合意に導こうとする。ただし日本語の調停が、この双方を意味しうるのに似て、外国では、しばしば、mediationとconciliationの区別が一様でなく、ある法律、契約、論文でそれがどのように使われているかに注意する必要がある[1]。

　交渉、調停は任意性の強い解決手法、つまり交渉をしたり調停を受けたからといって、当事者はその結果に法的に縛られない手法だとするのが、歴史

第3　国際ビジネス紛争解決手段としての建設的仲調と交渉

的に広く多くの国で受け容れられた理解である。これに対し、仲裁の場合は仲裁人、訴訟の場合は裁判官という第三者が関与する点では、調停と同じであるが、仲裁の結果としての仲裁判断、訴訟の結果としての判決は、国家によって強行されうる。

調停以外のADRとは何であろうか。ADRとは、特に1970年以降の米国で頻繁に用いられ始めた「訴訟によらない紛争解決手法、Alternative Dispute Resolution（訴訟外紛争解決）」の略語であって、「訴訟によらない解決手法」だから、仲裁を含むと理解もされたし、今もそういう用語法が消えたとはいえない。しかし21世紀に入ると、WTO（世界貿易機構：World Trade Organization）やICC-ICA（国際商業会議所国際仲裁裁判所：International Chamber of Commerce International Court of Arbitration）等の国際機関では、紛争処理手法を国家による強制を伴うものとそうでないものに二分し、したがってADR（ICCでは、ADRはAmicable Dispute Resolutionであると改めた）は調停がその主要な手続であって仲裁を含まないとする理解が急速に広まった[2]。古い用語法の時代には、特に米国では、ミニトライアル（mini-trial）ほかさまざまなADRが開発された。今ADRとして注目を惹くものに、「早鑑（ENE）」、「紛調委」等がある。早鑑とは、文字通り早期に中立者が鑑定すること（Early Neutral Evaluation）で、紛争の当事者が、紛争の概要、主張、得ることを望む救済等を第三者である鑑定人に開示して、それぞれの主張、要求の妥当性を評価してもらう手続である。ある米国の機関は、e-mailによ

(1) 斡旋という語も用いられ、これは第三者がAの主張をBに取り次ぐこととその反対だけを意味すると理解されることが多いようである。それはあまり効果的といえない。いずれにせよ、斡旋はかなり限定された意味しか持たないのが普通で、これをconciliationは勿論、mediationと訳すことには問題があろう。
(2) WTO, UNCTADで、ADRは仲裁を含まないとした解説書として、International Trade Centre UNCTAD/WTO, *Arbitration and Alternative Dispute resolution*（2001）があり、ICC国際仲裁裁判所が、機構的にもADRを仲裁から完全に分離したのは、ICC, Guide to ADR　16（2001）に説明されている、新ADR規則制定の結果である。

237

るこのサービスを提供し、第三者は、1．いま少しの交渉で解決に至りそうか、2．調停で解決されそうか、3．仲裁か訴訟によらなければ処理されそうにないかを判断し、1または2の場合は、当事者はさらに若干の手数料を支払って解決案の提示を求めることができる。紛調委（Dispute Adjudication Board: DAB）は不服の場合に仲裁または訴訟にかける簡易勧告手続である。なお国際商業会議所は、国際仲裁裁判所のほかに付置機関として専門鑑定センターを持っている。

2 調仲、仲調と建設的仲調

「調仲」、「仲調」を知るために、ほかの紛争処理手法をみてきたが、それらに対して調仲、仲調、建設的仲調はどう位置づけられるか。調仲、仲調はいずれもそれが盛んに行われていた米国の Med-Arb、Arb-Med の翻訳であり、調停と仲裁の混合手続である。

調仲と仲調は本来同義語であるが、調仲というとあたかも調停前置主義によって、仲裁または訴訟の前にまず調停を試みることを意味するとの誤解が生じたため、仲裁手続のなかで調停を試みる手法は仲調とすることとした。ではそもそも仲裁手続のなかで、1回か複数回か調停を試みるのはなぜ望ましいか。それは、当事者が納得して紛争を平和に終らせる方が、黒白の判断と強制で終らせるよりも好ましいからにほかならない。仲裁は、当事者間に生じた紛争の事実を小前提、法律を大前提とする三段論法によって仲裁判断にいたり、それが国家権力によって執行可能とされるが、これを仮に「硬い手続」とすれば、必ずも法律を適用することなく、当事者の納得で終結する手続を「柔らかい手続」ということができよう。この場合「個別に当事者と対話しないと当事者の心の底にまで入っていくことはできません」[3]という理由で、仲調人はしばしば各当事者と真剣に立ち入ったやりとりを交わし、その結果紛争を納得によって終らせるだけでなく、その後むしろ積極的な協力の

---

(3) 草野芳郎『和解技術論第2版』（信山社、2003年）63頁。

第3　国際ビジネス紛争解決手段としての建設的仲調と交渉

関係が築かれるような処理ができることがある。これを建設的仲調という[4]。

　日本では、裁判官または仲裁人が訴訟や仲裁手続で和解を勧めることは珍しくなかった。ところが国際紛争では、特に英法系の国で、仲裁と調停はまったく別の手続であるから、たとい当事者の合意があっても仲裁人が調停を試みることはよろしくなく、それは法治社会の基本である自然的正義に反するとさえいわれてきた。しかし英法系の国でも、アメリカでは、早くから労使紛争等で、硬い手続に柔らかい手続を混ぜる調仲が行われてきたという[5]。世界諸国の標準的仲裁法となった1985年の国連国際取引法委員会仲裁模範法では、仲調の規定はおかれなかったが、2003年の日本仲裁法は、その34条に、日本の伝統を反映して、当事者の承諾があれば仲裁廷はいつでも和解を試みられるとの外国に誇れる規定が盛られた。

3　仲調の例
(1)　IBM-富士通事件

　日本は国際仲裁の経験の浅い国だが、日本の会社が当事者となった海外の事件が仲裁法の世界で基本的判例となった事件は、三菱自動車対クライスラーの仲裁適性に関する事件などいくつかある。その1つIBM対富士通の事件は、仲裁事件であり、仲裁判断をもって終結したが、実質は仲調であり、2名の仲裁人は、各当事者との個別打合せ等、時宜にかなった調停技術を用いて、当事者を合意に導いた[6]。

---

[4]　T. Sawada, "Le processus hybride d'Arb-Med:l'occident et l'orient ne se rencontreront-ils jamais？" 14-2 *Bull. CIArb. CCI* 31-40（2004）。この英訳を参考文献欄に掲げておく。

[5]　J. M. Nolan-Haley, *Alternative Dispute Resolution in a Nutshell*, 200（1992）。

[6]　IBM-富士通事件については、Ch.Buhring-Uhle, *Arbitration and Mediation in International Business*, 380-86（1996）等によって、広く世界に紹介された。ただし富士通はそれらの内容の正確性については関知しないとされる。

(2) 機械製造合弁事件

開示の承認が得られないため、当事者を明示せず、事実をいささか単純化して、建設的仲裁の例を示したい。

米国会社Aとアジアの会社Bは同種の機械を製造していたが、AはBが開発したK11-13という機種をAの取扱品目に加えるため、それらをAのブランドでBに製造させる（いわゆるOEM生産をさせる）興味を持ち、他方Bは世界で広く知られたAの製品LをB排他的にBの国で売る権利を得て声望を高めたかった。これら機械については、AB間に技術格差があり、AはBから若干の技術の使用許諾を受ければBのK11-13と同じ機械も製造できる見通しを持っていたが、BはLを販売するについても、Aからかなりの情報や指導を受ける必要があった。Aの代表とBの事業部長取締役は、約1年間断続的に売買契約の締結交渉を行ったあと、ABそれぞれ相手方の機械を買うという内容の、Aの顧問事務所作成の意向書（レター・オヴ・インテント）に調印した。それはこのような場合の意向書としては異常に長い35ページの文書で、売買に関係ないBの無体財産権使用許諾といったBの予想しなかった事柄も扱われていたほか、問題を生じる条項が多数みられた。たとえば前文では、「本書は単に意向書にすぎない」とあるにもかかわらず、定義条項には「"契約"とは……本書とそれに添付される附属書をいう」という、あたかも契約が成立したような定義が見られた。「契約には、次の担保条項を加えることが議論された」というように、議論はされたが合意に達していない事実を記録にとどめると解せる条項がある一方で、「Bは送られた物の受取後10日以内に支払う」とか「この契約から、またはそれに関連して生じる紛議はUNCITRAL仲裁規則によって解決……」といった条項もあった。Bは、Aが長期にわたってBの製品をBに有利な価格で買ってくれることを望み、AはBの機械を買うが、ほどなく自社でそれを製造する予定を立てていった。AB両社の関係は契約交渉開始後数カ月は友好的であったが、意向書調印後、BはAのために製造した機械をAが引取らなかったとして損害賠償を請求、

第3　国際ビジネス紛争解決手段としての建設的仲調と交渉

Aは、Aの工場に屡々出入りしたBの技術者がAの営業秘密を盗んだとして、1000万ドルの損害賠償を求めた。

AとBは、会社更生専門の米国人弁護士が推したアジア人Sを単独仲裁人とすることに合意、Sは両当事者の冒頭陳述（opening statement）の後に、当事者が合弁事業を展開すれば、双方に利益があるのではないかと考え、ABの代表者の感触を探った。調停作業は二度失敗したが、現地に近い大都会から招いた国際税務に詳しい公認会計士の助力を得て作られた2案をAの最高経営責任者、B社の同格の者、会計士とSだけが昼夜を通して検討した結果、前向きの雰囲気が強まった。結局それまでの紛争を終える仲裁判断や和解調書ではなく、それまでのやりとりのすべてに代る合弁事業契約概要合意書（heads of agreement）が調印された。この文書には、国の機関による執行の裏付けはないが、やがて作られたやや詳細な合弁契約によって新しい事業が展開されたのだから、執行力は不要だった。この事件の仲調が、緑多い閑静な郊外のクラブで行なわれたことも、A、Bそれぞれの代表者が相互に抱いていた敵意を数日の間に相当和らげる役にたったと考えられる。

4　建設的仲調と交渉

建設的仲調の可能な事件は決して多くない。しかし仲裁人としては、何とかして紛争を納得ずくで終らせられないか。そして可能ならばさらに前向きに建設的な関係を作る手伝いができないかを模索するのは、有益な作業だと考える。仲調、そして特に建設的仲調には、絶え間ない交渉の工夫が必要であり、またよりよき交渉者であろうとの努力が必要である。

仲調を助けるよき交渉者とはどのような者か。1987年9月にジョンズ・ホプキンス大学のザートマン教授はじめ、交渉の研究者、実務家を集めて台北で開催された大規模な国際交渉理論・実務検討会議を前にして、それ以前の約25年間に経験したいくつもの厳しい国際交渉を顧みながら、交渉者の持つべき素質は何かを書き下し、20年振りに、フランス17世紀の交渉の大家フラ

第4章 紛争解決のシステムと交渉

ンソア・ドゥ・カリエールの列挙を見直しつつ講演したが[7]、書き下し方は別として、そこで力説した4つの資質が、今も特に紛争の仲調に向けて重要である。4つとは、1. 誠実、2. 交渉の対象となっている、または関連している事実の知識、3. 優れた説明・提示、4. 忍耐である。交渉においては、何をおいても win-win と、ひたすら「勝ち取る」ことを強調すべきであるが、何を勝ち取るかといえば「尊敬と信頼」にほかならない。反射的に仲調人は、当時者の人格を尊重し、信頼しなければならない[8]。

対象となっている物、サービス、関連する事柄の勉強による知識、またカリエールがいみじくも求めているように文学、科学、数学と法の知識が重要である。交渉相手のガバナンス、力がどこにあるかの知識も不可欠である。説明、要求は、これもカリエールのいうように、深い洞察をもって、直裁的に浸透させねばならない。それはときに脅しのようにとれることもあろうが、本質的には、静かに悟らせる忍耐がブラッフに勝るのはいうまでもない。いわゆるハーヴァード交渉術をはじめ、種々の交渉「術」が研究されてきたが、仲調を成功させる最も基本的な要件として、上の4つは仲調の説明に欠かすことができない。

---

(7) 1970年に、他界した筆者叔父の形見として贈られた Nicolson, *The Evolution of Diplomatic Method* (1954) に論じられた手法（イタリア手法、フランス手法）からカリエールの交渉論 (de Callieres, *De la maniere de negocier avec les Souverains* (1716) へ導かれ、1971年以降の滞欧を経て、1987年国際交渉理論・実務検討会議でも、筆者の演題が「交渉者の素質」であったため、Soochow and Fairfield Universities, *Conference on Cross Cultural Negotiation and Communication* (1987) 所収の講演（同51-58）で、みずからの経験を自分なりに纏めて提示するにあたって、カリエールを論じた。

(8) 草野、前掲書、53頁。

第3　国際ビジネス紛争解決手段としての建設的仲調と交渉

《コメントと問題》

1.　ある紛争の処理が、訴訟だけでなく仲裁でも可能だが、仲裁人と当事者の交渉の積み重ねで進める仲裁は困難ではないかと思われる場合が少なくない。仲調が可能そうかどうかは、どうして探り出すか。仲裁人の素質も含めて、どういう場合に仲調に希望がもてるか議論しなさい。
2.　調停手続を調停人が任意に仲裁に切り替えたり、仲裁人が任意に調停をおこなうことはできない。手続きの始めに仲調を試みるかも知れないとの合意があれば、何となくときどき調停を試みてもよいのか、「明日には調停をこころみます」と言い、それがうまくゆかなかった場合、「では仲裁に戻ります」と宣言するやり方を繰り返すのがよいか。
3.　仲裁人が各当事者と個別に交渉してよい場合があるか。仲裁人の言動はすべての当事者に透明でなければならないか。

《キーワード》

ADR、仲調、DAB、仲裁

《参考文献》

＜外国語＞

Sawada, Toshio, "Hybrid Ard-Med:Will West and East Never Meet？", 14—2 *ICC ICArb. Bull.* 31—40（2004）.

〔澤　田　壽　夫〕

第4章　紛争解決のシステムと交渉

第4　国際仲裁事件の仲裁手続

┌─《この論文のねらい》─────────────────┐
　仲裁の具体的手続については意外に知られていない。交渉を行う場合は裁判や仲裁などの紛争の解決手続を念頭に置きながら行う必要がある（⇨第1編第4章第3）。
└─────────────────────────┘

1　はじめに

　仲裁手続は、仲裁機関を利用する仲裁である機関仲裁の場合、仲裁機関の仲裁規則にもとづき実施されることになる。これに対し、機関仲裁でないアド・ホック仲裁の場合には、当事者がアド・ホック仲裁に使用される仲裁規則を合意しているときは、その規則に基づき手続は実施されるが、そうでないときは、手続はもっぱら仲裁地の仲裁法の規定によることになる。機関仲裁の場合、仲裁機関の選択は当事者に委ねられているが、日本企業が当事者となる仲裁の場合、一般に、「国際商業会議所（ICC）」の「国際仲裁裁判所」とともに、仲裁地が日本国内にあるときは、「日本商事仲裁協会（JCAA）」が利用されることが比較的に多いように思われる。これに対し、アド・ホック仲裁の場合、国連国際商取引法委員会が1976年に採択した UNCITRAL 仲裁規則（UNCITRAL Arbitration Rules）が使用されることがある。

　以下では、機関仲裁および UNCITRAL 仲裁規則によるアド・ホック仲裁の仲裁手続の開始から終了までの過程を、ICC 仲裁規則、JCAA 商事仲裁規則および UNCITRAL 仲裁規則を参照しつつ概説する。なお、仲裁規則を引用する場合、ICC 仲裁規則は ICC と、JCAA 商事仲裁規則は JCAA と、UNCITRAL 仲裁規則は UN とそれぞれ略称する。

第4　国際仲裁事件の仲裁手続

2　仲裁手続の開始

　仲裁手続は、機関仲裁の場合、通常、当事者である申立人（claimant）が仲裁申立書（request for arbitration）を仲裁機関に提出することにより開始される（ICC 4条1項、2項、JCAA14条1項、4項）。アド・ホック仲裁の場合には、仲裁合意の一方当事者である申立人が紛争を仲裁に付する旨の仲裁通知書（notice of arbitration）を他方当事者である被申立人（respondent）に送付し、それが受領されることにより開始される（UNCITRAL 3条1項、2項）。仲裁申立書の記載事項は、仲裁規則によって異なるが、概ね、援用する仲裁合意のほか、請求の趣旨、紛争の概要、請求を根拠づける理由などが記載される（ICC 4条3項、JCAA14条1項）。これに対し仲裁通知書は、仲裁申立書に比べて記載事項は簡潔で、仲裁手続の開始の意思を相手方に伝えることを目的とする（UN 3条3項）。もっとも、その通知書において仲裁申立書で記載すべき事項を記載することは妨げられず、むしろ審理の迅速という観点からは、この方が望ましい。また、通常、仲裁申立書と併せて、自己の主張を裏付ける証拠として書証の一部が提出される。書証は、その提出の順序に番号が振られ、それぞれ特定される。たとえば、仲裁手続の言語が日本語の場合、裁判所の判決手続に倣い、申立人が提出する書証は甲第○号証として、被申立人が提出する書証は乙第○号証としてそれぞれ提出される。また、仲裁手続の言語が英語の場合には、通常、"Claimant's Exhibit - _"、"Respondent's Exhibit - _"として書証が特定される。

　仲裁手続が開始されると、機関仲裁の場合、仲裁申立書は被申立人に送られ、被申立人は、これに対する答弁書を仲裁機関に提出することになる（ICC 5条1項、JCAA18条）。これに対し、アド・ホック仲裁の場合には、仲裁人の選任が完了して仲裁廷が成立した後、仲裁廷に対し、申立人が仲裁申立書を提出していないときはそれを提出し、これに対し被申立人は、答弁書を提出することになる（UN18条、19条）。また、被申立人が、反対請求の申立をする場合、答弁書と併せて、反対請求の申立書を提出することになる（ICC 5条5

項、JCAA19条、UN19条4項)。

3 仲裁人の選任

　仲裁手続が開始されると、申立人による仲裁申立書、被申立人による答弁書、反対請求の申立書の提出とともに、仲裁人の選任手続へと移る。仲裁人の選任手続にあたっては、その数が決まらなければならないが、当事者間にその合意がない場合、仲裁人の数は1人または3人となる（ICC8条2項、JCAA24条、UN5条1項）。仲裁人の数が1人の場合、機関仲裁のときは、通常、当事者間で単独仲裁人について合意に達することはなく、仲裁人は仲裁機関により選任されることになる（ICC8条2項、3項、JCAA25条）。これに対しアド・ホック仲裁の場合には、当事者により単独仲裁人が選任されないときは、仲裁人選任機関（appointing authority）により選任されることになる（UN6条2項、3項）。仲裁人選任機関としては、たとえば、「ICC国際仲裁裁判所」のような仲裁機関が指定されることがある。仲裁人の数が3人の場合には、当事者がそれぞれ1人の仲裁人を選任することになる（ICC8条4項、JCAA26条1項、UN7条1項）。当事者が所定の期間内に仲裁人を選任しないときは、仲裁機関または仲裁人選任機関により選任されることになる（ICC8条4項、JCAA26条2項、UN7条2項）。そして、仲裁廷を構成するもう1人の仲裁人である第三仲裁人は、すでに選任されている2人の仲裁人、仲裁機関または仲裁人選任機関によって選任されることになる（ICC8条4項、JCAA26条3項、UN7条3項）。なお、ICC仲裁の場合には、当事者、仲裁人には、仲裁人を選任する権限はなく、指名する権限のみが付与されており、指名された仲裁人は、ICC国際仲裁裁判所の確認を条件に選任されることになっている（ICC8条2項、3項、4項、9条）。

　国際仲裁の場合、仲裁人の中立性（neutrality）を確保する上で仲裁人の国籍が重要となり、通常、第三仲裁人は当事者の国籍と異なる国籍の者が仲裁人に選任される（ICC9条5項、JCAA26条5項、UN6条4項）。したがって、た

とえば、日本企業と米国企業との仲裁であれば、第三仲裁人は、日本および米国以外の国の国籍を有する者、たとえば、ドイツ人が選任されることになる。その場合、当事者が選任する仲裁人は、逆に、言語、習慣など文化を共通とする当事者と同じ国籍の者が選任されることが多く、日本企業が選任する仲裁人は日本人、米国企業が選任する仲裁人は米国人となる。

以上は、当事者の数が2人の場合であるが、利害が相反する3人以上の当事者からなる多数当事者仲裁の場合には、当てはまらない。この多数当事者仲裁の場合も、仲裁人の選任は当事者の合意によることになるが、当事者間で仲裁人が選任されないときは、機関仲裁の場合、仲裁機関により選任されることになる（ICC10条、JCAA45条2項）。

4　審理手続

仲裁人の選任が完了すると、仲裁廷は、審理手続を開始することになる。審理手続の方法は、当事者の合意によるが、その合意がない場合は、仲裁廷がその裁量により決めることになる。いずれの場合も、当事者の手続保障が確保されることになる（JCAA32条2項、UN15条1項）。国際仲裁の場合、一般に、当事者、代理人、仲裁人など仲裁手続の関係者が世界隔地に所在するため、一堂に会することは費用が掛かることもさることながら、日程調整が困難であるため、書面審理を中心とした計画審理が採られ、口頭審理である審問（hearing）は主に証人尋問に充てられる。もっとも、申立人、被申立人双方の代理人および仲裁人のすべてが仲裁地に居住している場合には、会合を持つことは容易であるので、当事者が提出した主張書面に対する仲裁廷による釈明、争点の整理などのためにも審問が開かれる。

仲裁廷が成立すると、通常、まず、その進め方について仲裁人と当事者とが協議する会合が設けられることになる。この会合は、一般に、準備手続会（preliminary meeting）と呼ばれ、通訳・翻訳の要否を含む手続で使用する言語、主張書面（written statement）・書証（documentary evidence）の提出期限、

文書提出（production of documents）の実施の要否、証人尋問（examination of witness）、鑑定人（expert）の要否、審問の予定、電子メールの使用を含む通信方法などの手続事項について取り決めがされる。なお、鑑定人という場合、仲裁廷が選任する鑑定人のほか、当事者が選任する(私)鑑定人もある。また、当事者が選任する鑑定人には、当事者が共同で選任する鑑定人もある。審理手続は、準備手続会での取決めに従って進められるが、その途中で軌道修正が必要となる場合、仲裁廷がその都度当事者の意見を聴いた上で決定していくことになるが、当事者からの主張書面の提出期限の延長要請といった迅速に対処すべく手続上の事項については、当事者および仲裁人の合意上の授権された第三仲裁人が決定することがある。この審理手続で決定すべき手続事項に関するガイドブックとして、UNCITRAL が1996年に採択した「仲裁手続を組織するための摘要書（UNCITRAL Notes on Organizing Arbitral Proceedings)」が有用である。また、ICC 仲裁の場合、規則上、仲裁廷は、請求の要旨、争点などを記載した付託事項書（terms of reference）および暫定審理予定表（provisional timetable）の作成が求められる（ICC 仲裁規則18条）。この付託事項書および暫定審理予定表の作成は、ICC 仲裁固有の制度であるが、迅速な計画審理に資するものである。

　審理手続の順序としては、通常、当事者間で主張書面、書証が交換され、争点が明らかになった時点で必要に応じて人証が行われる。書証については、制限的ではあるが、文書提出が行われることがある。また、通常、仲裁廷から当事者に対し書証の認否が求められることはなく、当事者が異議を述べない限り、成立を認めたものとして扱われる。

　当事者は、証人尋問申請書を仲裁廷に提出し、仲裁廷は相手方当事者の意見を聴いた上で、その採否を決定する。当事者は、取り調べる必要性の高くない者を含めて証人尋問の申請をする場合が多く、その一部が仲裁廷により証人として採用されることになる。証人尋問は、主尋問（direct examination）、反対尋問（cross examination）の順序で行われ、その後、仲裁廷により証人に

第4　国際仲裁事件の仲裁手続

対し質問がされる。尋問時間を短縮するため、証人尋問を申請した当事者がその証人の陳述書（written witness statement）をあらかじめ提出することがあり、その場合、尋問は反対尋問が中心となる。この証人尋問のための審問は主に証人尋問のために充てられるが、それ以外にも当事者の代理人による陳述に充てられることがある。審問は、事前に日程調整が行われ、証人の数にもよるが、通常、数日間連続して行われる。証人が手続の使用言語を母国語としない場合、通訳が必要となり、それに要する時間も考慮される。審問の内容は、テープ録取され、後の参照に供するために、それを反訳した調書（transcript）が作成されることがある。また、当事者または仲裁廷が鑑定人を選任した場合、通常、鑑定人は、鑑定書を提出した後、審問に出席し、当事者、仲裁人からの質問に答えることになる。この証拠調べに関しては、一般に、仲裁規則に詳細な規定は設けられておらず（UN24条2項、3項）、実務では、国際法曹協会（IBA）が1999年に採択した *IBA Rules on the Taking of Evidence in International Commercial Arbitration* が使用されることがある。この証拠調べが終了すると、仲裁廷は判断に熟すると認めて審理を終結し、仲裁判断の作成に入るが、その前に当事者がそれまでの主張を要約した最終主張書面を提出することがある。また、当事者の要請があるときは、仲裁廷が当事者に対し調停を試みことがある。この場合、調停により当事者間に和解が成立すると、その内容が仲裁判断とされ（ICC26条、JCAA54条2項、UN34条1項）、あるいは当事者により仲裁申立は取り下げられることになる。

　以上が審理手続の概要であるが、計画審理による公正かつ適正・迅速な手続を実現するには、仲裁廷による積極的な審理手続の管理（management）が鍵となり、審問の円滑な進行には、それを主宰する第三仲裁人による適確な手続指揮が求められる。

5　仲　裁　判　断

　仲裁廷の任務は仲裁判断をすることによって終了する。仲裁判断は仲裁人

が単独の場合を除き、多数決による（ICC25条1項、JCAA7条、UN31条1項）。多数決により仲裁判断ができない場合、ICC規則は、第三仲裁人の判断によると規定している（ICC25条1項）。仲裁廷を構成する仲裁人の1人が仲裁判断の評議に加わることを拒絶する場合、第三仲裁人と当事者が選任した仲裁人の2人で仲裁判断をすることになるが、両者で意見が分かれたときは、仲裁判断をすることができなくなるが、このICC規則によれば、そのような事態を回避することができることになる。また、仲裁判断が多数決によるとして、多数意見に反対の仲裁人が少数意見を仲裁判断で示すことができるかどうかという問題がある。これを禁止する仲裁法は見当たらないが、通常、仲裁判断に少数意見が記載されることはなく、それに代えて仲裁判断への署名拒否がされる。仲裁判断は、仲裁人が署名後、当事者に交付され、仲裁地国によっては、裁判所に寄託・登録することが求められる。

《コメントと問題》
① 仲裁と裁判はどのように異なるか。
② 裁判に比較して仲裁の利点はなんだろうか。
③ 日本で行われる国際仲裁件数はアメリカ、イギリス、フランス、中国に比べて非常に少ないが、それはなぜだろうか。

《キーワード》
機関仲裁、アド・ホック仲裁、日本商事仲裁協会（JCAA）、国際商業会議所（ICC）国際仲裁裁判所、UNCITRAL仲裁規則（UNCITRAL Arbitration Rules）、仲裁申立書（request for arbitration）、仲裁人の選任、第三仲裁人、答弁書、書面審理を中心とした計画審理、審問（hearing）、仲裁判断

《参考文献》

1. 松浦馨・青山善充編著『現代仲裁法の論点』(有斐閣、1998年)。
2. 中村達也『国際商事仲裁入門』(中央経済社、2001年)。
3. 近藤昌昭他『仲裁法コンメンタール』(商事法務、2004年)。

〔中　村　達　也〕

第2編　実践編

第1章 交　　渉

《交渉の基礎》

┌─《このケースのねらい》────────────────────────
│　このゲームは、1対1でお互いに相談や交渉をしないで行うから、現
│実の交渉とはかけ離れている。現実の交渉の結果は、あまりにもたくさ
│んの要素により左右される。したがって、どの要素がどのように結果に
│影響を与えたかの分析は困難である。この単純なゲームで、プレーヤー
│のどのような行動、どのような戦略が結果にどのような影響を与えたか
│を分析してみよう。たとえば、クレディブル・コミットメント（⇨第1編
│第3章第3）やミニ・マックス戦略（第1編第4章第1）は使えるだろうか。
└─────────────────────────────────

1．分割案提案ゲーム

┌─《ゲームの進め方》────────────────────────
│　XとYの二人組で行う。各自は100万円から好きなだけを、自分の取
│り分として紙に書いて要求する。お互いに相談してはいけない。
│　XとYの要求額の合計が100万円以下であれば、各自がその要求額を
│受け取る。XとYの要求額の合計が100万円より大であれば、各自は1
│円ももらえない。
│　以上の要求の仕合いを20回繰り返す。
│　その取り分額の総得点が多い方が勝ちである。
└─────────────────────────────────

第1章 交　　渉

X：名前　　　　　　得点
Y：名前　　　　　　得点

回数	X	Y	XYの合計(X+Y)
1			
2			
3			
4			
5			
6			
7			
8			
9			
10			
11			
12			
13			
14			
15			
16			
17			
18			
19			
20			
N			
得点			

［太田・野村］

2．社会的ジレンマ実験

─《このケースのねらい》───────────────
社会的ジレンマ状況を実体験してもらう。
合理性と判断の妥当性の区別を実感してもらう
ゲーム論の思考様式を体感してもらう。

（山岸俊男教授によるゲーム）
────────────────────────────

4人組を作り、ランダムに第1ゲームと第2ゲームを割り振る。

［第一ゲームのルール］

参加者4人に、100円ずつ配布されたとします。

① 参加者は100円から好きなだけ「寄付」できる。
② 1人の寄付額は、実験者によって2倍にされて、他の3人に平等分配される。

⇒ あなたは、いくら寄付しますか？
　　あなた：＿＿＿＿＿円　　相手①：＿＿＿＿＿円
　　相手②：＿＿＿＿＿円　　相手③：＿＿＿＿＿円

⇒ あなたの獲得額はいくらでしたか？
　　あなた：＿＿＿＿＿円　　相手①：＿＿＿＿＿円
　　相手②：＿＿＿＿＿円　　相手③：＿＿＿＿＿円

［第二ゲームのルール］

参加者4人に、100円ずつ配布されたとします。

① 参加者は100円から好きなだけ「寄付」できる。
② 1人の寄付額は、実験者によって2倍にされて、他の3人に平等分配される。

第 1 章　交　　渉

③　4人の中で一番寄付額が小さい人に対して罰を科すことができます。あなたが処罰費用 a 円を出せば、実験者によってその額が3倍の $3a$ 円の罰として最少寄付者に科されます（最少寄付者の獲得額から差し引かれる。マイナスにもなりうる。同額最少寄付者の場合は按分して処罰される）。こうして、最少寄付者以外の処罰費用支出額総額の3倍が最少寄付者から差し引かれます。ただし、あなたが最少寄付者の場合は、あなたは処罰費用を出しません。

①と②段階

⇒　あなたは、いくら寄付しますか？
　　あなた：＿＿＿＿＿円　　相手①：＿＿＿＿＿円
　　相手②：＿＿＿＿＿円　　相手③：＿＿＿＿＿円

⇒　あなたの獲得額はいくらでしたか？
　　あなた：＿＿＿＿＿円　　相手①：＿＿＿＿＿円
　　相手②：＿＿＿＿＿円　　相手③：＿＿＿＿＿円

③段階

⇒　あなたの支出する処罰費用：＿＿＿＿＿円
　　処罰費用総額：＿＿＿＿＿円
　　最少寄付者の最終額：＿＿＿＿＿円

《質問》

(1)　実際にこのシミュレーションをやってみてください。
(2)　第1ゲームのグループと第2ゲームのグループとで、差がでたか否か比較してください。
(3)　自己利益追求のみを考える合理人にとって、どのような戦略が合理的であろうか。
(4)　集団志向の人にとっては、どのような戦略が望ましいであろうか。
(5)　ルールの②が双方のゲームで、他の3人に配布されるのではなく、全員に平等分割されて配布されるのであったらなにか相違が出るであろうか。

〔太　田〕

3．ラクダの背中にて

―《このケースのねらい》――――――――――――――――
　選択肢をなるべく多く考え出す。
――――――――――――――――――――――――――――

　私は数年前エジプトに旅行した。楽しい旅行に水を差したのは、妙なトラブルに巻き込まれたことであった。ギザのピラミッドを見物にいったときのことだった。日本語の片言をしゃべるエジプト人が私に話し掛けてきた。ラクダの背中に乗ってみないか、そうして私の持っていたカメラで写真を撮ってあげよう、というのである。

　最初はあまり気乗りがしないので、「いや、結構です」とやんわりと断った。しかし彼はさらにこういうのだ。「面白いから乗ってご覧なさいよ、お金は要らないのですから」。しかもこう付け加えた。「私は日本人が大好きだから、私の好意なんですよ」

　それでも私は辞退してそこを離れようとした。しかし、彼はなおもついてきて、「すばらしい記念写真が取れるのに。それに只なんですよ。」と薦めるのである。

　とうとう私は「そんなに薦めるなら、しかも、お金は要らないんなら乗ってみよう」と折れてしまった。

　彼は私がラクダに乗るのを手助けし、アラブ風の帽子をかぶせて何枚かの写真を撮ってくれた。

　そこで私はラクダを座らせて降ろしてくれと頼んだ。ところが驚いたことに、彼は5,000円払えというのである。「だってさっきお金は要らないといったじゃないか」と私は抗議した。彼の答えはこうだ。「それをそのまま信じたの？　どうかしてんじゃない？」

　それからは、彼は自分に都合のよい日本語しかわからなくなってしまった。英語もフランス語も駄目。アラビア語しか話さない。その辺にほかにラクダ

第 1 章 交　　渉

に乗りたい人はいないので、彼は時間にかまわずゆったりとしている。私はラクダの背中の上で彼の捕虜になってしまった。

　私は完全に頭に来て、びた一文払う気にはなれない。しかも彼は金額を競り上げてきた。自分の貴重な時間をとっているからだというのである。明らかにアラビア語で悪態を吐いているらしい。そうして私の高価なカメラを振り回し始めた。私が何をいっても事態はますます悪くなる一方だった。

　貴方だったらどうするか？

〔西　潟〕

4．鉛筆販売ゲーム

《このケースのねらい》

　交渉の種々の技法（貸し借り、義理、返報性、好意など）を総動員して、説得する（第1編第1章）。
　セールスや営業の心理と技法を悟る。

第一段階

　ロバート・B・チャルディーニ（社会行動研究会・翻訳）『影響力の武器：なぜ、人は動かされるのか』（誠信書房、1991年）の「返報性」の章を読んでみんなで議論しよう。そこでのいろいろな事例や知恵を応用するというのが課題の核心なのである。

第二段階

1. 教師が鉛筆を新品で買って、参加者に1本ずつ配布する。参加者は、いくら以下なら自分はその鉛筆を買うかを考えない。
2. その自己評価額の何割か以上（できれば倍くらい）の値段を目標として設定する。
3. 放課後、誰か（できれば知らない人）をキャンパスで捕まえて、上記2で設定した目標価格で売りつけるように努力する。泣き落としでも、脅しても、すかしても、義理を作らせても、ともかくありとあらゆる交渉の技法を使って、できるだけ高く売りつける。
4. 売れても売れなくても、交渉の顛末についてのリポートを提出する。なお、売れた場合は、事情を話してゼミの課題であったことを告げ、金銭は返却し、鉛筆は協力の謝礼として渡しなさい。
5. 全員でいくらで売れたかを報告しあうと共に、使った交渉技法を披露しあう。お互いに、こうするべきだったとか、それはおかしいという批判や

議論もしなさい。

6. 最も高く売った人には「最優秀賞」、ブービーの人（下から2番目に安く売ってしまった人）にはブービー賞を教師が授与する。

〔太　田〕

《市民生活・民事・家事・行政事件》

5．製造物責任紛争シミュレーション（コタツ事件）

―《このケースのねらい》―――――――――――――
　PL関連の交渉を体験する（⇨第1編第3章）。
　企業と私人の交渉の設定のシミュレーションを実施する。

シミュレーションの仕方

1.　4人組になる。じゃんけんでX側2人（本人とその代理人）とY側2人（本人とその代理人）に分かれる。
2.　本人には秘密の事実関係が配布される。代理人には「共通の事実関係」以外は何も与えられない。
3.　本人は相手方はもとより自分の代理人にも、秘密の事実関係をそのまま見せてはいけない。
4.　代理人は本人からの説明を受けて相手方代理人と交渉する。交渉に本人は参加してはいけない。
5.　和解が成立したら、代理人は和解書を作成して、本人両者から署名捺印をもらわなければならない。

共通の事実関係

　ある朝未明（午前5時頃）被害者X（30歳男性）宅から火が出て、被害者の新築一戸建て住宅が全焼した（幸い、延焼はなし）。
　出火当時、被害者はコタツに入っていて、体にかなりひどい火傷を負ったが生命に別状はない。幸い、被害者の妻Aは旅行中だったので他に怪我人は

第1章　交　　渉

いない（子供等はいない）。
　消防署の調べで、出火原因は被害者宅のコタツと断定された。そのコタツはある企業Ｙの新製品だった。さてさて....

コタツ製造業者Ｙの秘密の事実関係　[→ CD]
被害者Ｘの秘密の事実関係　[→ CD]

〔太田勝造ゼミ生作〕

6．美容整形手術の失敗（エステ事件）

《このケースのねらい》

　主観的価値や情緒的要素の強い紛争での交渉を体感する（⇨第1編第3章第5）。
　交渉において感情や情緒が、武器としても障碍としても機能することへの対処を考える。

【シミュレーションの仕方】
　二人組みになる。できれば男女でペアになる。じゃんけんで男役と女役を決める。女役は浅野永子さんになる。男役は馬場医師になる。
　教師から秘密の事情をもらって、交渉する。和解したら、和解書を作成して両者が署名捺印をする。

【事実関係】
　広島在住の教員、浅野永子さんは常々、自分の鼻が大きくしかも段差があることになみなみならぬコンプレックスを抱いていた。そこで、結婚を控えた25才の春、一人決心をして鼻の美容整形手術をすることにした。そして、いくつかの医院に電話をかけ比較検討した結果、一番費用が安かった馬場整形美容外科の門をたたいた。
　永子さんは当初鼻の骨を削る手術をしようと考えていた。しかし、馬場医師と相談の結果、永子さんは左腰の背中に近い部分から自家組織である真皮を抽出して、それを鼻に移植し、鼻の段差が相対的に目立たなくなるようにする手術をうけた。
　ところが、手術後の自分の顔をみた永子さんはびっくり。鼻が前より大きくなってる！
　しかも、腰の傷は10センチにおよび大きく目立っており、傷痕は色は薄く

第1章　交　渉

なっても、一生残ることが判明した。

　永子さんは渋る馬場医師に再三訴え、真皮の除去手術をしてもらった。一度目の除去手術の結果になおも不満が残った永子さんは、馬場医師では信用できないと思い、知り合いの紹介で福岡の金子医師のもとでも、再度、真皮の除去手術を受けた。しかし、結局鼻は元どおりにはならず、以前より少し鼻が大きくなったままである。

　手術にかかった費用は以下の通り。

　　馬場医師による鼻への真皮の移植手術：21万7,000円

　　馬場医師による真皮の除去手術：10万2,000円

　　金子医師による真皮の除去手術：12万1,000円

　永子さんは、この美容整形手術の失敗について馬場医師に対し損害賠償を請求したいと考えている。一方馬場医師は、手術結果が気にいらないことは永子さんの勝手であり、何ら損害を賠償する必要はないと考えている。

　永子さんは馬場医師のもとにのりこみ、二人の交渉がスタートした。

【永子さん側の事情と認識】［→ CD］

【馬場医師側の事情と認識】［→ CD］

関連判例［→ CD］

【参考資料2：美容整形における賠償額】［→ CD］

〔山　本〕

7．家電顧客サービス事例

――《このケースのねらい》――――――――――――――――――――
① インターネット社会において典型的に生じるクレーム対応ケースを取り上げ、一般的なクレームやインターネット特有のトラブルへの対処の仕方を考える（⇨第1編第3章第9）。
② ハーバード流交渉術でも重視される「選択肢を多く考えること」について学ぶ（⇨第1編第2章第2）。
③ クレーマーとの交渉について学ぶ。
④ クレーム対応に適した組織作りについて考える。
――――――――――――――――――――――――――――――――

2人以上で集まって、三和電気と山田の双方にとって好ましい結果が得られるように、三和電気の交渉担当者と山田の二手に分かれて交渉しなさい（原案：東芝事件）。

《事案》[→ CD]

――《コメントと問題》―――――――――――――――――――――
設問(1)
　あなたが Max こと山田であるとする。三和電器のビデオ装置の欠陥について確信しているとする。クレーム対応問題（田中とのやりとり）などがまだ始まるまでだとする。三和電器に対して効果的であると思う抗議の方法を、5つ以上考えなさい。それらと、山田が上記の事例でとった行動との優劣を具体的に比較しなさい。

設問(2)
　あなたは、上記の事例の経過で田中とのやりとりになって罵倒された段階であるとする。あなたは怒り心頭に達している。三和電器側に対して、報復する上でもっとも効果的であると思う戦略を、5つ以上考えな

第1章 交　　渉

さい。それらと、山田が上記の事例でとった行動との優劣を具体的に比較しなさい。

設問(3)

　今度は、あなたは三和電気側だとする。Max こと山田から、ビデオの品質について抗議が来た段階だとする。あなたにとって、顧客サービスとしてもっとも効果的であると思う対応のあり方を5つ以上考えなさい。それらと、三和電気がとった上記の対応との優劣を具体的に比較しなさい。

設問(4)

　三和電気側のあなたは、Max こと山田のホームページで世間の集中砲火を浴びている段階だとする（仮処分申請前）。この問題に対処するうえで、もっとも効果的だと思うものを、①対山田、②対マスコミ、③対同業他社、④対販売網の業者さんたち、⑤対一般消費者、を考慮しつつ、5つ以上考えなさい。それらと、上記で三和が取った仮処分申請との優劣を検討しなさい。その際には、このような裁判所手続の利用が、どのような目的でなされ、どのようなリスクを持ち、どのような社会的機能を有しているかも考慮しなさい。

設問(5)

　上記の事例を参考にして、あなたが、家電業界から顧客サーヴィスの効率的システムのモデルを諮問されたコンサルタントだとして、どのようなシステム設計を提案するか、案を3つ以上、それぞれのメリット、デメリットを付して提案しなさい。その際には、可能なありうるすべてのタイプのクレーム（言いがかりや勘違いも含む）や事故（間接損害や自傷事故、保険金詐欺も含む）、消費者のタイプ（タレント、政治家、マスコミ、ヤクザ、宗教、右翼、外国人なども含む）を、できるだけたくさん列挙して、それらすべてにうまく対応できるシステムとなるようにしなさい。

設問(6)

二人組みになって、交渉をする。秘密の事情がそれぞれにあるとして（相手の事情は知らないとします）話し合ってみて下さい。

設問(7)

今度は相手方の秘密情報も見た上で、どのような交渉をすれば良かったか（あるいはどのような決裂の仕方をすればよかったか）について、話し合ってみなさい。

山田の秘密［→CD］

三和の秘密［→CD］

〔久保田〕

第1章 交　　渉

8．一人暮らしの老女に対する貸室返還交渉

> 《このケースのねらい》
> このケースでは、交渉技術の1つの要素である説得の技術について学ぶことを目的とする（⇨第1編第3章）。

(ケース)

夫と2人、20年以上に渡って、アパートの一室に居住してきたが、10年前に夫に先立たれ、ほかに身寄りもない老女に対し、大家が建物取り壊しとその後の再開発を意図して退室の明け渡し交渉をするという設定。

(教材としての意味)

年金で細々と暮らしている、身寄りや相談相手もいない、教育程度も高くない老女、ただ身体だけは丈夫で、当分死にそうにない。したがって、おそらくは将来に対し不安なイメージだけがあって前向きに問題を解決しようとする姿勢に乏しいと思われる賃借人を説得することになる。

交渉ゲームの進め方 [→ CD]
○大家側への指示 [→ CD]
○老女側への指示 [→ CD]
予想される経過 [→ CD]

〔豊　田〕

9. 反権力交渉

―《このケースのねらい》――――――――――――――――――
　警察、税務署、銀行、巨大企業、お役所、マスコミ、暴力団、といった庶民からみると圧倒的に権力を持っているところとの交渉がここでの学習例である（⇨第1編第3章）。
―――――――――――――――――――――――――――――

(教材としての意味)

　こうした力に大きな差のある場合の交渉方法は、ズバリ、自分の得意とする戦法に徹して、相手の弱点を突くということになる（味方の最大をもって敵の最小を撃つ、いわゆるリソース集中の原則）。方法論的にいえば、テーマ、相手、時、土俵を必ずこちらで選ぶということが必要になるし、世論を味方につけるための大義名分も考えなければならない。

　さらに、そこでは彼我の力関係を冷静に分析できる能力が求められる。その上、相手の弱点を見抜く戦略眼も必要となる。こうしたものが交渉能力であると筆者は考える。

(学習のポイント)

　以下では交渉ゲーム実施にあたって上の留意点を述べるが、ここで述べた結論を押しつけるのではなく、学生達が自然とこれらの諸点を意識できるように導きたい。

(1) 交渉の相手を選ぶ
・学生に、どこを相手にしたらとうてい勝ち目がないかを考えさせ、そこを交渉相手に選ばせる。上記の警察、税務署、銀行、巨大企業、お役所、マスコミ、暴力団といったところ以外にも、サラ金、暴走族、教師、弁護士、医師、地域ボス、労組ボス等々いろいろ挙げられると思う。

(2) 交渉の時と場所を選ぶ

第1章　交　　渉

・相手が強力なとき、相手の支配領域内での交渉は有利さをもたらさない。学生には、対象権力ごとに、いつ、どこで、誰を窓口にして交渉したらよいかを考えさえる。
(3)　わかりやすい大義名分を掲げる。
・どんな正当な言い分も、出発点においては、少数者の正義でしかない。当面の被害者は少数でも、同質の問題が社会的に大きな普遍性をもつ事柄であることがわかり易く表現される必要がある。個に出発し、絶えず個に原点を置きながら、普遍を探る工夫が「わかりやすい大義名分」の形をとる。
(4)　相手の「内部矛盾」を拡大する。
・強力な相手と闘う場合は、相手を別な相手と闘わせて、味方はなるべく力を用いないのが賢明な方法である（孔明が魏と呉を赤壁で戦わせたように。）。そのためには、相手側の実情をよく調査して、その内部矛盾をできるだけ拡大するように努力することが大切になる。

（交渉ケース）
〈設例①・警察署〉
　娘さんがストーカーにしつこくつきまとわれて困っていた。警察へ何度も助けを求めたが、男女関係のもつれということでろくに取り合ってもらえなかった。そうこうしているうちに娘さんはそのストーカーに殺されてしまった。娘を亡くした両親は警察の職務怠慢を責めて、娘の無念を晴らしたいがどうしたらよいか。
〈設例②・マスコミ〉
　Aさんは新聞の誤報で、破廉恥な猥褻犯人に仕立てられた。新聞社は誤りを認めたが、訂正記事を出さないと言う。警察の発表をそのまま書いたので、誤報に責任はないという立場をとっている。Aさんは自己の名誉回復のために新聞社に対し、どんな行動をとればよいか。
〈設例③・暴力団〉

Tさんは40代の敏腕な広告プロデューサー。大手の広告代理店に勤めて妻と子2人がある。社内外で才能を嘱望されている。たまたま知り合って、肉体関係を持った飲食店の店員に婚約者がいて、二人一緒に寝ているところをその婚約者に踏み込まれた。婚約者は激昂して、知り合いのやくざに解決を依頼し、やくざは「どう解決するのか」と迫ってきている。Tさんはどうしたらよいか。

〈設例④・弁護士〉

　医師Aは夫人Bから離婚調停を起こされており、Bには弁護士Cが代理人に就任している。Cは、以前にAが製薬会社から風俗店で接待を受け、店の女性と深い仲になったことと、この事実を認めないときは「法的手続きをはじめ、通常社会でとられている紛争解決手段をとって、事件に現れている医療界の病弊を含めて、これまでのことを詳細に広く社会に明らかにした上で、解決をはかる所存である」という内容が書かれた通告書をAに発送してBの要求に従うよう求めた。

　同時に、Cは、Aの勤務する病院の事務局長に対し、上記の通告書を交付するとともに、「本件がマスコミに流れれば、製薬会社と癒着している病院の実態が明らかになる可能性がある。自分はマスコミに影響力があるので、穏便に収まるよう尽力したい。」と述べて、Aが風俗店で接待を受けた内容を詳細に記した調停申立書を別便にて送付した。

　Aとしては、Cの行為は、離婚交渉を有利にするため、CのプライバシーにかかわるＣの問題を病院のスキャンダルとからめてCの職場に持ち込み、解決への圧力に使用したもので、弁護士としての正当な業務の執行の範囲を逸脱した行為だと考えている。Cに対して、Aにはどのような対抗措置が考えられるか。

〔豊　田〕

第1章 交　　渉

10. 夫婦財産契約ケース

―《このケースのねらい》―――――――――――――――――――
① 人生経験の少ない人でも容易に想像できるように、継続的関係の典型である夫婦間における財産契約を巡る最も基本的な交渉形態を取り上げた。
② 本人交渉も可能なので、交渉参加者の数を自由に増減できる。代理人を立てた場合には本人と代理人との関係を考える。
③ 法律の知識が交渉に与える影響について考える。
④ 簡単な契約書のドラフティングを学ぶ（⇨第1編第1章第4参照）。

《交渉の進め方》

　交渉当事者は、本人である邦夫およびマリが、代理人をそれぞれ1人立てて（場合によっては本人交渉も可）、次の要領で契約交渉をする。代理人は本人らの友人（ボランティアとする）でも構わない。配役は教師が適宜決めるものとする。
1　事実について　2人は両親や兄弟から一切援助や干渉を受けないものと仮定する。交渉を進める上で上記以外の事実が必要不可欠な場合には、事実を合理的に推定しなさい。
2　交渉のフォーマット　((1)から(5)の交渉ステップを逐次踏んで交渉すること、所要時間は教師が設定する)
　(1)　各人による準備（　　分）
　(2)　本人および代理人による打ち合わせ（　　分）
　(3)　代理人同士の交渉。本人は代理人と相談できるが、相手方とは話してはいけない（　　分）
　(4)　本人と代理人を交えた交渉。本人も発言してよい。（　　分）

(5) 合意が得られた場合には、契約書作成。原本1通、副本2通（　分）
3　交渉終了後、
(1) 交渉の経過と結果を報告して、他のグループと比較する。
(2) 自らの交渉を振り返って失敗した点や成功した点を報告する。
(3) 相手の交渉を(2)と同様に評価する。

《ケース》
　山田邦夫（男）は、大阪の名門国立大学である浪花大学医学部を卒業し、府内のT市の私立病院に勤務する35歳の内科医である。マリ・モノ（女）は、同じ大学の言語文化研究科で日本語を勉強する25歳の博士前期課程1年生のフランス人留学生である。2人は昨年4月に浪花大学の国際交流関係のパーティをきっかけとして親しくなり、この春に結婚を予定するまでになった。邦夫は、税引き後の平均月収が80万円程度（賞与を含む）ある。マリは、日本の国費留学生として月額18万5千円の奨学金（贈与）を受けている。邦夫は結婚後、自分の預金と銀行からのローンでT市かM市の閑静な住宅地に自分名義のマンションを購入し、そこに新居を構えたいと考えている。マリは、2年後に同研究科の博士後期課程に進学を希望しているが、博士号取得後には子供をもうけて子供の手が離れるまでは専業主婦に従事する考えである。
　マリは、結婚するにあたって、国際結婚から生じる将来の財産上のトラブルを避けるために、夫婦財産契約を結んで2人の結婚後の財産関係をはっきりさせたいと思っている。山田邦夫は、マリと結婚するためなら何でもしたいと思うが、夫婦財産契約など聞いたこともなく、友人達に聞いてもだれも知らないので、できれば愛のある2人の間で契約などという形式的なことはしたくない。浪花大学の法律相談部の友人に聞いても、日本では夫婦財産契約など民法に書いてあるだけで、「実際にそんな契約結ぶ人はだれもおれへん」と　笑に付された。マリは、反対に、愛する2人だからこそ、将来不幸にも2人が関係を解消するときには、感情的にならないで友好的に処理した

第1章　交　渉

いと考えており、とりわけ将来的なトラブルのリスクは契約を締結することによって少なくなると考えている。

　邦夫およびマリは、代理人をそれぞれ1人立てて、次の要領で契約交渉をしなさい。

1　事実について　2人は両親や兄弟から一切援助や干渉を受けないものと仮定する。交渉を進める上で上記以外の事実が必要不可欠な場合には、事実を合理的に推定しなさい。

2　交渉のフォーマット
　(1)　各人による準備（　　分）
　(2)　本人および代理人による打ち合わせ（　　分）
　(3)　代理人同士の交渉。本人は代理人と相談できるが、相手方とは話してはいけない（　　分）
　(4)　本人と代理人を交えた交渉。本人も発言してよい。（　　分）
　(5)　合意が得られた場合には、契約書作成。原本1通、副本2通（　　分）

〔野　村〕

11. 渉外離婚調停実施要領

― 《このケースのねらい》 ―
① 弁護士が依頼者から紛争に関する事実関係や利害をどのように聞き出すか。法律家としてのコミュニケーション技法、リーガルカウンセリング技法の訓練（⇨第1編第2章第5、第3章、第4章第1・第2）。
② 調停の進め方、調停委員の役割練習。
③ 調停における交渉と合意の練習。

《交渉の進め方》
(1) ケース（離婚交渉）

バングラディッシュ国籍の女性であるシルバは、日本人である栄作と1998年8月に福岡で婚姻し、その後福岡で暮らしてきた。シルバは、1999年10月に女児（美子）を出産した。シルバは、2002年7月に、福岡家庭裁判所に離婚の調停を申し立てた。

以上のような事実関係のもとで、①シルバ（1人）、②シルバの代理人弁護士（2人）、③栄作（1人）、④栄作の代理人弁護士（2人）、または⑤調停委員（2人）のいずれかとして、調停に参加しなさい。

(2) 実施要領

シルバの認識している事実関係と希望（希望は一応のものであって変わる可能性はある）、および栄作の認識している事実関係と希望（希望は一応のものであって変わる可能性はある）を、それぞれシルバ、栄作に、ネゴシエーションの授業の数日前までに書面で渡す（それぞれの秘密情報）。

ネゴシエーションの授業が始まったら、まず、シルバの弁護士、および栄作の弁護士は、それぞれ自己の依頼者から事実関係や希望を聞き出して、依頼者と話し合いながら調停にのぞむ一応の方針をたてなさい（それぞれ

第1章 交　　渉

20～30分程度。教師が立ち会えるよう、同時ではなく順次行うようにしなさい)。もちろん世の中の常として、依頼者が自分の弁護士に嘘を言わないという保障はなく、また、希望についても100％真意を述べるとは限らない。

　その後は、調停委員が調停を取りしきる形で、調停を進めなさい。進行方法は、調停委員の裁量にゆだねるが、一応、まず、シルバとシルバの弁護士を同席させて事情を尋ね、つぎに、栄作と栄作の弁護士を同席させて事情を尋ねるところから始めるのがよい（それぞれ20～30分程度か）。その後は、適宜、必要な人を呼んで話を聞くなり話し合わせるなりしなさい。弁護士や調停委員は、これも世の常として誰に対しても多少の駆け引きはするのではないかと思うが、「多少の駆け引き」の有無や程度は、すべてそれぞれの役者に任せる（もっとも、社会通念や職業倫理に著しく反するような行動――弁護士が暴力団をつかって相手方を脅迫するとか、調停委員が賄賂を受け取るとかいった行動――は差し控えなさい）。

　他方、調停の席以外でも、弁護士は自己の依頼者および相手方弁護士と、依頼者は自分の弁護士と、適宜連絡を取って話し合って結構です。ただし、授業中に同時進行で複数の話し合いが行われると教師が全体の進行を把握できないおそれがあるので、調停の場以外で話し合いをするときには（チームの弁護士同士、調停委員同士の話し合いをのぞく）、教師に一応声をかけてください。適宜、ストップをかけて少し待ってもらうこともあるかと思う。

　このようにして、調停委員は、できる限り調停を成立させるよう（しかも内容的に適切なものになるよう）努力し、双方の弁護士は、それぞれの依頼者ができる限り満足する結論になるよう努力し、シルバと栄作はそれぞれ自己が満足ないし納得できる結論になるよう行動する。さあ、調停は成立するであろうか、成立するとどのような内容の調停になるであろうか、それとも調停不成立に終わるのだろうか。

(1)渉外離婚栄作極秘事項［→ CD］
　　栄作（夫）の情報（栄作の認識している事実、栄作の希望等）
(2)渉外離婚シルバ極秘事項［→ CD］
　　シルバ（妻）の情報（シルバの認識している事実、シルバの希望等）

《参考文献》
・加藤新太郎（編）羽田野宣彦・伊藤博＝著『リーガル・コミュニケーション』（民事プラクティスシリーズ　1）（弘文堂、2002年）。

〔早　川〕

第1章 交　　渉

(3)離婚の和解契約

　　　　　　　　　合　意　書

　▲▲●●（以下「甲」といいます。）と▲▲▲▲（以下「乙」といいます。）と、▲▲△△（以下「丙」といいます。）および▲▲▽▽（以下「丁」といいます。）とは、本日、以下のとおり合意しました。

第1条　甲と乙は、本日、協議離婚することを合意し、乙において離婚届に署名、押印した上、甲に対して同届出書を預けてその届出を委任し、甲はこれを預かりました。甲は、速やかに離婚届を届出します。

第2条　甲と乙は、未成年の子、▲▲★★（平成★年★月★日生）と▲▲☆☆（平成☆年☆月☆日生）の親権者を母甲とし、同人において看護養育するものとします。

第3条　乙は甲に対して、未成年の子らの養育費として、1人当たり月額●万●千円を200●年●月から、各人が成年に達する月までの間、毎月末日限り、甲指定の預貯金口座に振り込み送金して支払います。

　2．前項に定めるほか、甲乙は、未成年の子らに関し、入学や入院等、特別な費用を要する場合は、双方協議して分担額を定めるものとし、経済事情の変化あるいは乙の収入などの変化があったときは、甲乙は適宜養育費の増減につき協議申し入れができるものとし、この場合、甲乙は誠実にこれに応ずるものとします。

第4条　乙が前条の養育費の支払いを遅滞したときは、遅滞の日の翌日から支払済みまで、年15パーセントの割合による遅延損害金を付加して支払います。

第5条　丙および丁は、本合意書による乙の債務を保証し、乙と連帯して、債務を履行することを諾約します。

第6条　乙、丙および丁は、本合意書中に記載されている債務を履行しない

ときは直ちに強制執行に服することを約し、その旨の文言を記載した公正証書を作成いたします。公正証書作成費用は乙の負担とします。

第7条　甲は、乙が未成年の子らと2ヶ月に1回（丙、丁をも加えて）、面接交渉することを認めます。ただし、面接交渉は、乙の申出の後、未成年の子らにとってもっとも適切な日時・場所を、甲および乙が協議の上甲が指定するものとし、面接するか否かは、未成年の子らの意思を可能な限り尊重して決めるものとします。

第8条　甲と、乙、丙および丁は、本合意書に定めるほか、甲と、乙、丙および丁の間に何らの債権債務の存在しないことを確認します。

上記を証するために、甲、乙、丙および丁はそれぞれ本合意書2通に自署、押印し、甲および乙が各1通を所持することとします。

200●年　　月　　日

　　　　甲：住所
　　　　　　　　　　　　　　　　▲▲●●

　　　　乙：住所
　　　　　　　　　　　　　　　　▲▲▲▲

　　　　丙：住所
　　　　　　　　　　　　　　　　▲▲△△

　　　　丁：住所
　　　　　　　　　　　　　　　　▲▲▽▽

〔大　村〕

第1章　交　　渉

―《コラム：愛情による譲歩は小出しに》―――――――――――――

　人生、人と人が交わるところには交渉がある。夫婦間でも例外ではない。夫婦間の交渉で大事なことは、要求や譲歩の裏に愛情があることをみせることである。しかし、愛情があることの証として相手方が譲歩を迫ってきた場合、これに安易に応ずることは夫婦間のバランスが崩れ危険になる。というのは、譲歩した側は、譲歩したことにより、相手方は愛情を感じ満足してくれると思うのだが、実際は、その効果は短い時間しか続かないのである。相手方は愛情の証としてさらなる譲歩を要求し、これに応ずると、さらにそれ以上の譲歩を要求するという具合になり、ついには夫婦関係が破綻するまで続くのである。これを避けるためには、譲歩はなるべく多数回に小分けして出すことである。そして4回に1回くらいは、断固として拒絶することが肝心である。このことにより夫婦間のバランスが回復し、拒絶後の譲歩が相手方にとって、新鮮に愛情に満ちたものに感ぜられるのである。　　　　　　〔草　野〕

12. 土地区画ゲーム

《このケースのねらい》
- 1つの出来事の調整をめぐり、複数の利害関係者の間で、公的立場、組織の立場、組織内の担当者の立場、金銭的利益を追求する立場、といったそれぞれの論理の対立、共有に着目しながら、妥協点を見定める（⇨第1編第3章）。
- 多人数で、多様な利害関係のあるものの間の利益調整の練習をする．
- 複雑利害対立を上手くまとめる手続を知る．

　開発中のA工業団地内における集団化利用の必要性がある民有地の換地計画の策定ゲーム［→CD］

《全員に共有されている情報》［→CD］

《段階化された交渉：その1》［→CD］

《段階化された交渉：その2》［→CD］

《段階化された交渉：その3：交渉》［→CD］

《分割案（交渉の第一段階）のための図面》［→CD］

☆秘密メモ：開発事業者用［→CD］

☆秘密メモ：自治体用［→CD］

〔服　部〕

第1章 交　　渉

《ビジネス・商事事件・国際・労働含む》

13．サブライセンス契約（フランチャイズ）交渉

─このケースのねらい：─

① 紛争の交渉ではなく、これからの取引に関する条件の交渉のケースである。将来の取引に関する交渉では、将来どのような紛争が起こる確率が高いかを予測し、予測される紛争の解決方法をあらかじめ交渉で決めておき、それを契約書に規定しておく、という作業となる。契約書になにも決めていない場合に、法の一般原則を適用すると不利な結果になりそうな当事者が、自分の利益を守るための条項を要求しなければならない。将来の紛争の予測とその結果予測が第1のポイントである。

② 将来の紛争は事実関係の紛争と、法律的紛争がある。法律的紛争は、このケースであれば、フランチャイズの法律参考書とそこに引用されている判例を読むことによって可能となる。たくさんの判例をよく理解していることが強みとなることを理解する。

③ 簡単な契約書のドラフティングを学ぶ（⇨第1編第1章第4参照）。

交渉のやり方：

タートル側とエヌケー側に分かれて、本契約案について交渉しなさい。教師は、頑なな態度で合理的理由もなしに譲歩を拒絶する側にペナルティを与える。

13. サブライセンス契約(フランチャイズ)交渉

1. 共通事実

　株式会社タートルサービス(以下「タートル」という)は、アメリカのSparkling International Inc.(以下「スパークリング社」という)との間で、特殊洗浄事業の日本国内における独占的実施契約を締結した。この契約に基づいてタートルは、スパークリング社が開発した特殊洗浄用機材を用いて、スパークリング社が有するトレードマークを利用して、建物等の洗浄サービスを行っていた。さらに、日本国内で特定の洗浄機器および株式会社トータルサービスが販売する「スパークリングウォッシュケミカル」を用いた建造物・車両・機械の特殊洗浄事業をみずから行うほか、サブライセンシーを募集してフランチャイズ事業を行っていた。

　㈱エヌケー(以下「エヌケー」という)は、神奈川県相模原市に事務所をもつ会社であり、従業員は社長以下5名であり、3カ所のコイン式洗車場の経営を行っていた。社長の鈴木一郎氏は、新聞折り込み広告でタートルによるスパークリングウォッシュ事業のフランチャイジー募集の公告を見た。広告には、「フランチャイジー募集!　画期的新技術による建物、機械、設備、車両等の洗浄事業。高収益が期待できます。」と記載してあった。鈴木一郎氏は、この広告を見て興味をもち、タートル社を訪問した。タートル社では、この技術がアメリカで開発されたものであること、まだ相模原市、厚木市、町田市一帯ではまだフランチャイジーがいないこと、もし、興味があればこの地域でスパークリングウォッシュ事業を始めた場合の採算予測(feasibility study)を作成してみるがどうか、と持ちかけた。鈴木氏は、自分の現在の事業と類似した事業であるので、現在の事業にも何らかの相乗効果が期待できるかもしれないと考え、タートル社に採算予測の作成を依頼した。

　できあがった採算予測では、DCF(Discount Cash Flow)ベースで投資効率は20%であった。鈴木氏は、当時のプライムレートが9%であったことから、投資効率が20%であることは、リスクを差し引いても十分に採算にのると考えた。また、当時はバブルの最盛期であり、資金については銀行がいつでも

第1章　交　　渉

貸してくれた。また、すべての事業が右肩あがりで成長していた。
　タートルは、エヌケーにつぎのような「スパークリングォッシュサブライセンシー契約案」（以下「本契約案」という）を提示した。

ライセンス契約書〔→ CD〕
　2．NK 社の秘密情報〔→ CD〕
　3．タートル社の秘密情報〔→ CD〕

〔柏　木〕

14. 同族会社の事業継承

―《このケースのねらい》――――――――――――――――――
1. 同族会社をめぐる紛争は、親しい親族関係にある関係者が長年協力し、一応の成果が出た後に起こる。個人と会社が分離できない混沌とした当事者の意識、近親憎悪、時代、経済情勢の変化、後継者、会社の従業員や得意先の事情などで、無数のバリエーションがある。このケースでは、最も典型的な、長女の婿と年下の長男との紛争を取り上げた。
2. 親族関係にある当事者間での紛争であるから自主交渉が原則であるが、親しい当事者間の紛争は解決が困難であるから、第三者が仲介者と入った場合の交渉も行う。
3. どのような解決方法があるか、できるだけ多くの方法を考えることと、その中でどの方法が有効かを考えさせる（⇨第1編第2章）。

《交渉のやり方》
次の、2種のやりかたを適宜選択する。
① 自主交渉
交渉当事者は、本人である川島耕作および小野高志が、代理人をそれぞれ1人立てて（場合によっては本人交渉も可）、次の要領で契約交渉をする。代理人は本人らの友人（ボランティアとする）でもかまわない。配役は教師が適宜決めるものとする。
② 仲介者介在型交渉
①に仲介者を入れて交渉する。仲介者は友人、裁判官、調停委員いずれでもよい。

第1章 交　　渉

　1　事実について［→ CD］
　2　交渉のフォーマット［→ CD］
　3　交渉終了後［→ CD］

《具体的ケース》［→ CD］

《基本データ》［→ CD］

〔草野・西潟〕

15. 会社の株式をめぐって

《このケースのねらい》

実際の経験に基づいたケースである。理論編のポイントまたは教師が強調したいポイントを入れて、模擬交渉事例を作成してほしい。

《交渉の進め方》[→ CD]

〔西　潟〕

第1章 交　　渉

16. 労使間の賃金交渉

―《このケースのねらい》――――――――――――――
　このケースは、学生を会社班と労組班の2班に分け、現実に賃上げ交渉を行わせるのであるが、交渉における準備の重要性について学ばせようというものである（⇨第1編第1章第1・第5、第3章第2）。交渉のための最低限必要な資料として、会社班、労組班が共同で、会社四季報などから適当な会社を選びだし、そこの損益計算書、貸借対照表、営業報告書、準備金、利益金、利息の配当に関する資料、過去3〜5年の賃上げ実績を準備する。

（要求づくり）［→CD］
（交渉ゲーム）［→CD］

〔豊　田〕

17. 肝疾患による長期療養と解雇

― 《このケースのねらい》 ―

　労働事件担当の弁護士として、労働者側・会社側双方の弁護士としてロールプレイングし、依頼人の事情を踏まえて交渉にあたる訓練を行う（⇨第1編第3章第10）。

第1．両者に共通の事実［→CD］

第2．山崎信長氏の言い分［→CD］

第3．会社（天下産業株式会社）側の言い分［→CD］

　　　山崎信長氏側の弁護士にのみ示す事情［→CD］

　　　会社側（天下産業株式会社）の弁護士にのみ示す事情［→CD］

〔豊　田〕

第1章 交　　渉

《英語でビジネス交渉をしよう》

―《このケースのねらい》――――――――――――――――

　以下の2つの事例は、国際契約交渉のシミュレーションで使われたものである。代理人によるクライアントの相談から始まる。その上、2カ月以上に渡り、ビデオ会議施設や電子メールを通じて、日本側のチームとアメリカ合衆国側のチームが交渉を重ねて、英文で契約書を作成する、という内容の大規模なシミュレーションである。ねらいは多岐にわたる。相談、交渉、契約書の読み書き、due diligence、買収契約の「四騎士」とその役割の理解、法律問題のみならずビジネス目的の重要性、外国法や外国のビジネス習慣への配慮の必要性、異文化間コミュニケーション、チームワーク等、さまざまな面が重要である（⇨第1編第1章―第4、第2章―第5、第3章）。

　2つの事例はいずれも5つの文書から成る：(1)日本側の代理人役への簡単なメモ、(2)日本側のクライアント役への秘密情報、(3)合衆国側の代理人への簡単なメモ、(4)合衆国側のクライアント役への秘密情報、そして(5)覚え書き（Memorandum of Understanding）.

①企業買収の事例

　このシミュレーションは日本の大手の企業による合衆国にある中小企業の買収の設定となっている。覚書きに提示された条件は売り主にとってかなり魅力的であるため、合意に達成するのは比較的容易ですが、知的財産権関係の問題、訴訟問題、不動産の所有に関する問題、環境問題、雇用問題等の法律問題に加えて、日米のビジネス習慣や雇用習慣の違いによる認識のギャップもある。

②合弁企業、特許ライセンスの事例

　このシミュレーションは上記①のシミュレーションよりもさらに複雑

である。合弁企業の設立のための契約も特許ライセンス契約も作成しなければならないのである。法律問題が多い。その上、それぞれの当事者の目的がかなりずれている。そのため交渉が難航しそうな事例である。

18. 企業買収の事例

Japan Law Firm Memo ［→ CD］
Facts for Seishoku ［→ CD］
U.S. Law Firm Memo ［→ CD］
Facts for Billy's Burgers, Inc. Representatives ［→ CD］
MEMORANDUM OF UNDERSTANDING ［→ CD］

19. 合弁企業、特許ライセンスの事例

Japan Law Firm Memo ［→ CD］
Facts for Kantotel ［→ CD］
U.S. Law Firm Memo
Facts for Modem Manufacturing Inc. Representatives ［→ CD］
Memorandum of Understanding ［→ CD］

〔Foote〕

第 2 章　訴訟・ADR

《ADR》

20．シミュレーション「事実と真実」
　　（ゴルフシャフト破損事件）

《このケースのねらい》

　交渉やADR、訴訟の過程で、事実関係の調査や証拠方法の探求の重要さを知る（⇨第1編第3章、第4章）。

　常識、経験則、世知、推論力などを駆使して、重要な事実関係や必要な証拠を探り当てる能力を涵養する。

　交渉において重要ないし価値のある事実や証拠と、法的に重要ないし価値のある事実や証拠の間の乖離を実感してもらう。

《交渉のすすめ方》

　このシミュレーションは、とある事故の補償問題を調停または仲裁で解決するまでの過程を扱う。

　参加者には、法律の専門家として、この事件に関わる人たちを演じていただく。すなわち、3人組となり、じゃんけんで代理人A、代理人B、仲裁人Cの役となる。これとは別に4名がオーガナイザに指名される。

　事件の主たる当事者は、すべてこのシミュレーションのオーガナイザ4名が務め、ほかの参加者は、調停人あるいは仲裁人、または当事者の代理人と

20. シミュレーション「事実と真実」

して、これらの当事者から事実を訊き出し、仲裁、調停に臨むことになる。

オーガナイザは、この資料をじっくり読んで頭に入れておくと共に、独自に事実関係や証拠方法を追加的に作成して、当事者や仲裁人からの問い合わせに応じられるようにしておかなければならない。また、不測の質問や証拠申請、証人申請が来たときには、適宜即興で対応しなければならない。ただし、複数の交渉チームでシュミレーションをしている場合は、できるだけ全てのチームに同じ対応をとるようにしなければならない（もちろん、同一ないし類似の質問や申請をしないチームに対応する必要もなければ、すべきでもない）。

このシミュレーションにおいては、全般的な事実を説明する資料は一切用意していない。すべての事実は、参加者が当事者から訊き出す必要がある。

このシミュレーションは、つぎのような2段階のスケジュールで行う。

> 初回
> 　概要説明
> 　本人との面談、事実調査
> 　次回の交渉方法打ち合わせ
> 2回目
> 　調停または仲裁（両代理人間での交渉、証人との面談／尋問）

初回のシミュレーションは、2つの部屋に分かれて行う。それぞれ全く別個に本人面談を行って、その結果を元に2回目のシミュレーションを行う。

> 代理人A：アサヒ商事の顧問弁護士
> 代理人B：別当さんの代理人弁護士
> 仲裁人C：仲裁人・調停人

A、B、Cの間の交渉と事実調査と紛争解決の比較がこのシミュレーションの眼目である。オーガナイザが当事者として、事実関係や証拠関係について、準備を尽くしていますので、交渉者は、当事者役であるオーガナイザに

質問や説明を求め、証拠関係や事実関係について、情報収集をする。収集した事実や証拠に基づいて、仲裁手続の中で、交渉や和解、請求や立証をする。したがって、クリエイティヴな発想で、キィーの事実や証拠を探知できたかどうかが勝負の分かれ目である。通り一遍の当事者面接では、何も出てこない。当事者は協力的ではないというか、法的知識も訴訟の知識もないので、ちゃんと聞かれないと、いかなる事実が法的に重要で、いかなる証拠が訴訟での重要な役割を演じ、交渉での説得材料となるか、皆目わからないという想定である。

1. 代理人A向けの説明［→CD］
2. 代理人B向け説明［→CD］
3. 当事者：別当正［→CD］
4. 当事者：阿部［→CD］
5. 主要事実一覧（当事者の確認知識）［→CD］
6. 人物設定［→CD］
7. シミュレーション「事実と真実」第2回［→CD］
8. オーガナイザが追加補充しておくべき事実関係や証拠の例［→CD］
9. 想定準備証拠方法［→CD］
10. 事情・経緯など（当事者役の4名はよく理解しておくこと）［→CD］

〔佐久間、木村、若松、川部〕

21. 調停型シミュレーション

《このケースのねらい》
- 架空の法律の条文を用いた交渉を調停手続として行う（⇨第1編第4章）。
- 調停の技法をレビン小林久子『調停者ハンドブック：調停の理念と技法』（信山社、1998年）や草野芳郎『和解技術論：和解の基本原理』（信山社、第二版、2003年）で勉強しておいて、そのスキルを実践する。
- 大学生の生活実感に即した交渉シミュレーションを行う。

1　調停シミュレーションについて［→CD］
2　中森A子の情報［→CD］
3　山本氏の情報［→CD］

〔畑　中〕

22. 調停「料理店賃貸借紛争」

―《このケースのねらい》――――――――――――――――

　この例題は、アメリカ合衆国のロースクール等で広く使われてきた例題をベースにして、日本の事情を配慮し改訂したものである[1]。

　商業用の店舗の賃貸借契約に絡む紛争を調停するものである。借り主は「森の家」という有名なレストラン・チェーンのフランチャイズ店を開くために店舗を借りることにして、5年間の賃貸借契約を結んだのである。開店に向けて、貸し主借り主双方が準備を進めたが、突然「森の家」チェーンが倒産したというニュースが舞い込んだのである。借り主はすぐ貸し主に連絡をして、契約の解約をお願いしたが、貸し主は逆に相当高い解約料を支払うように要求する手紙を借り主に送った、という状況設定になっている。

　想像しやすい状況なので、学生にとっては当事者の身になることは比較的容易であるはずである。当事者はお互いに感情的になっているので、調停員にとって、その感情的な雰囲気をどう乗り越えるかが1つのポイントとなる。当事者の資源に関してもかなりの差があり（それを反映して、貸し主はすぐ弁護士に相談したのに対して、借り主はいまだに弁護士に相談するお金がない、といっている）、そういう場合に調停員はどう対処すべきか、という問題も含まれている。法律面はもちろん重要であるが、法律以外のさまざまな要素も存在するので、調停において法律問題をどう取り扱うべきか、そして当時者による法律上の権利救済の判断が（BATNAの計算等の）交渉スタンスにどう影響するか、という側面も含まれている。この例題を利用する場合、金銭だけにしぼった調停も可能であるが、金銭以外の要素が多いので、より integrative なアプローチをとることも可能である（⇨第1編第2章第2、第3、第4）。

―――――――――――――――――――――――――――――

1　この例題は "The Red Devil Dog Mediation Role Play," Riskin, Leonard L. & James E. Westbrook, *Dispute Resolution and Lawyers* (1993 Supplement to Abridged Edition), p. 55, に基づいて作られたのである。

22. 調停「料理店賃貸借紛争」

1 調停員の情報〔→ CD〕
2 大森恵さん（借り主）の情報
3 高杉望さん（貸し主）の情報

〔フット〕

23.「杉の木隣人紛争」

> **ねらい**
>
> この例題は、土地に関する隣人の紛争を調停するものである。当事者は長年田園調布に住んできた定年退職者の三木薫さんと、2年前にその隣に移ってきた、外資系の投資銀行に勤めている30代のアメリカ人のジェーミー・リー（Jamie Lee）さんである。
>
> リーさんが移ってきてから、比較的小さなトラブルはいくつかあったが、紛争の中心は、3本の杉の木に絡むのである。その木は三木さんの家の後ろに並んでいて、境界線の近くにある、とのことである。三木さんは大事にしてきたようであるが、リーさんの家からの富士山の眺望の妨げになっていたようである。紛争の発端は、三木さんの外出中、リーさんがその3本の木を短く切ってしまったことである。三木さんは木を植え替えたいと言っているそうで、その費用としてリーさんに150万円を要求しているそうである。
>
> この例題は、隣人にありがちな、比較的想像しやすい状況設定となっているが、いくつかの要素が解決をむずかしくしている。当事者は、年齢、文化、価値観、ライフスタイル等が異なる。事実に関する理解にはそれほど大きな隔たりがないけれども、その意義と重大性に関してはかなりの差がある。元々直接な話し合いが十分できていないようである上に、今となってお互いにかなり感情的になっているので、相対交渉にはほとんど見込みがないようである。調停員にとって、その感情的な雰囲気をどう乗り越えるかが1つのポイントとなる。三木さんは150万円という金銭的な要求をしているので、金銭だけにしぼって、調停を行うことも可能であるが、金銭以外の要素が多いので、より integrative なアプローチをとることが有益であろう（⇨第1編第2章第2、第3章、第4章）。

23.「杉の木隣人紛争」

1　調停員の情報 [→ CD]
2　三木薫さん側の情報 [→ CD]
3　ジェーミー・リー（Jamie Lee）さん側の情報 [→ CD]

〔フット〕

第2章　訴訟・ADR

24. 農薬合弁会社株式買取事件

> 《このケースのねらい》
> 　このケースと類似の事例では、解決に至るまでに二年かかったという報告がある。なかでも事前交渉に1年半、ミニトライアルに1日半、総括会議に1日を費やしたそうである。このような長期的な事例を授業で行うのは困難だと思われるが、ぜひ疑似体験して欲しい（⇨第1編第1章第5）。

《交渉の進め方》

1　一般

　事件をできるだけ訴訟によることなく円満に解決するために、一方当時者から他方当事者にどのような主張をし、どのような解決案をいかに提案すべきかを考えながら交渉すること。

　① Mini-Trial に至る前の段階と、② Mini-Trial 中および後の和解交渉の2段階に分けて、契約書および参考資料を用いて立論し交渉をしてほしい。
（契約書および参考資料）
・合弁会社契約書（Joint Venture Agreement）の関係部分の写し［→ CD］

2　事前交渉について［→ CD］

――農薬合弁会社株式買取事件【R社側資料】――［→ CD］
――農薬合弁会社株式買取事件【T社側資料】――［→ CD］

参考資料1
本件製品の瑕疵に関する技術資料［→ CD］

参考資料2
各国の農薬登録に必要な安全性評価の主な試験［→ CD］

ミニトライアルについて［→ CD］

〔小　林〕

第2章　訴訟・ADR

《訴訟》

25. 家庭ごみ集積場所事件

―《このケースのねらい》―

　家庭ゴミの集積場所をめぐる紛争は絶え間なく起こっており、訴訟になったケースも多い。公表裁判例には、まったく異なった場所におけるまったく異なった事件であるにもかかわらず、紛争のパターンに類似性が見られるものがある。読者はこのケースを交渉して、当事者が交渉によって紛争を自立的に解決できる場合と訴訟に間で発展する場合の間にどのような違いがあるのかを、後掲の問題を参考にして考えてもらいたい。

《交渉の進め方》

　以下の紛争の解決を目的に、各自に割り振られた役柄に従って、定められた時間内に交渉しなさい。ただし、合意に達しなくてもかまわない。なお、どうしても必要な事実で、以下に書いていないものは、交渉当事者の合意と合理的な推定により、補足しても結構である。

Ⅰ　事実の概要［→CD］
Ⅱ　当事者の主張［→CD］
Ⅲ　詳細な事実［→CD］
Ⅳ　参考資料［→CD］
位置図（省略）
《問題とコメント》［→CD］

〔野村〕

26. 訴訟上の和解交渉事例
　　（土地訴訟）

―このケースの狙い―――――――――――――――

　法律的交渉を体験する（第1編第3章第10、第4章）。

　法律文書を読む。

　複雑な記録から事実関係を再構成して交渉する。

　　　　　　（H・T弁護士提供の訴訟上の和解事例から）

《交渉のすすめ方》

　二人組みになる。一方は原告代理人、他方が被告代理人の役になる（ジャンケンで決める）。

　以下の裁判記録を読んで、この裁判の原告側と被告側の代理人の役割の下、どのような交渉をするかを考える。

　その上で、和解交渉をしてみなさい。

1　訴状（抄）［→CD］

2　答弁書（抄）［→CD］

3　被告側の準備書面（抄）［→CD］

4　原告側の準備書面（抄）［→CD］

5－1　原告側代理人［→CD］

5－2　被告側代理人［→CD］

《コメントと問題》［→CD］

〔太　田〕

第2章 訴訟・ADR

《資料》

1．ブルウェアリズム（Boulwareism）についての判決の概要

―《このケースのねらい》――
法的交渉に関してアメリカ合衆国の非常に著名な判例を読んで見る。
コミットメント戦略が現実の労使紛争の場面で活用された事例として分析してみる。
交渉における文化の役割を考察してみる。
交渉倫理の観点から現実の交渉事例を分析してみる。

（太田勝造・抄訳）

(National Labor Relations Board [Petitioner] v. General Electric Company [Respondent] and International Union of Electrical, Radio, and Machine Workers [Intervenor], 418 *F.2d* 736, 1969 *U.S. App. LEXIS* 10268, *72 L.R.R.M.* 2530, 61 *Lab. Cas. (CCH) P10*, 439 (US Ct. of Appeals, 2nd Cir.), October 28, 1969 Decided)

Ⅰ．本件訴訟に至るまでの手続経過 ［→ CD］

2．デューディリジェンスとは ［→ CD］

〔大　村〕

3．企業買収の基礎知識 ［→ CD］

〔久保田〕

《資料》

4．M&Aの4騎士
米国での買収に伴うリスクの予知と予防＊ [→ CD]

―《この論文のねらい》――――――――――――――――――――――
　この論橋では、買収に伴うリスクを防ぐ2つの重要な方法、すなわち綿密な調査（due diligence）と買収契約草案の作成、を明らかにする。
――――――――――――――――――――――――――――――――

〔Zaloom〕

―《コメントと問題》――――――――――――――――――――――
1．「4騎士」とは、具体的に何なのか。それぞれの「騎士」はどの役割を果たすのか。お互いにどのように絡み合うのか。
2．リスクの予知／予防のために、綿密な調査（due diligence）と契約書の4騎士がどのように絡み合うのか。
3．こうした予知／予防の方法は企業買収以外にも有益なのだろうか。
4．綿密な調査および4騎士は、交渉とどのように関係するだろうか。
――――――――――――――――――――――――――――――――

―《キーワード》――――――――――――――――――――――――
M&A、企業買収、綿密な調査（due diligence）、リスクの予防、告知事項、約定事項、停止条件事項、損害賠償規定
――――――――――――――――――――――――――――――――

＊本論文は、*M&A Report*, vol.2, no.20, 20～22頁（発行年不詳）に掲載されたものである。著者の承諾を得て再掲載する。

事項索引

あ行

(あ)
IBM-富士通事件 …………………… 239
「あうん」の呼吸 …………………… 115
アド・ホック仲裁 …………………… 244
(い)
異文化 ………………………………… 104
異文化間交渉 ………………………… 166
異文化（間）コミュニケーション
  ……………………………………… 105
意味の世界 …………………………… 150
依頼者の利益の実現 ………………… 210
インセンティブ ……………………… 137
インフォーマル ……………………… 175
(う)
ウィン・ウィン（win-win）
  ……………………………… 37, 70, 76
ウィン・ウィン（win-win）ゲーム
  ………………………………………… 94
(え)
エスカレーション …………………… 161
エストッペル（禁反言）の原則 …… 112
エンド・ゲーム ……………………… 145

か行

(か)
外交官 ………………………………… 207
外交官特権 …………………………… 208
外交官の素質 ………………………… 187
外交交渉 ……………………………… 180
外交談判法 …………………… 97, 207
確約 …………………………………… 82
  →コミットメント
価値観と規範 ………………………… 167
カリエール（フランソワ・ド）
  ……………………………… 97, 207
仮差押 ………………………………… 220
仮処分 ………………………………… 220
感情 …………………………………… 127
間接戦略論 …………………………… 122
完全合意条項 ………………………… 29
(き)
議会ディベート ……………………… 176
機関仲裁 ……………………………… 244
危機管理 ……………………………… 198
基本型と応用型 ……………………… 233
基本合意書 …………………………… 222
客観的基準を強調 …………… 83, 158
教員 …………………………………… 14
教材 …………………………………… 15

309

事項索引

協力型交渉……………………232
(く)
クラウゼヴィッツ（カール・フォン）
　……………………………119
クラスルーム・ディスカッション…15
繰り返しゲーム………………135
クレディブル・コミットメント
　（credible commitment）…139, 154
クレーム対応…………………204
(け)
係留効果（アンカリング）………163
ゲーム論………………………135
権限……………………………105
言語技術………………………172
原則立脚型……………………76
　〜交渉………………77, 218
　〜方法…………………77
(こ)
合意……………………105, 107
合意範囲………………………89
交渉……………………………172
　〜作法…………………106
　〜スタイル……………133
　〜戦略……………119, 135
　〜中心型………………230
　〜と時間………………184
　〜と倫理………………129
　〜における文書作成………183
　〜の授業内容…………13
　〜の審査基準…………55
　〜の梃子………………221
　〜の秘訣………………99

　〜の評価基準………37, 55, 57
　〜のプロセス…………105
　〜の方法………………99
交渉アプローチ………………126
交渉家の素質…………………98
交渉教育……………………48, 54
　〜の目的………………10
交渉権限……………………188, 193
交渉コンペティション……48, 54
交渉シミュレーション…………92
交渉の要諦は準備にあり………7
交渉パタンの体得………………8
交渉範囲（bargaining range）
　……………………………125, 131
交渉力（negotiation power）
　……………………………80, 153
公信……………………………207
国際商業会議所（ICC）…………244
国際仲裁裁判所………………244
国際法…………………………183
コミットメント（commitment）
　……………………………138
コミュニケーション……………149
　〜前提…………………150
　〜能力…………………82
　〜・モデル……………151
コンセンサス主義……………195
コンプライアンス……………199

310

事項索引

さ行

(さ)
財産開示手続…………………221
(し)
シグナル………………………142
自己過信………………………165
事後処理法務…………………200
システム法務…………………201
「しっぺ返し」戦略（Tit-for-Tat strategy）…………84, 144, 217
シミュレーション……………20
　→交渉シミュレーション
社会正義の実現………………210
社会的ジレンマ………………170
囚人のジレンマ…………145, 217
集団意思決定システム………195
授業目的………………………13
受講者…………………………13
主尋問（direct examinaion）……248
準備……………………………127
ジョイント・ゲイン…………167
証拠保全………………………220
勝者の呪縛……………………164
証人尋問………………………248
情報……………………………128
　〜環境形成の相……………151
　〜の取り方・解釈の仕方…100
　〜の入手可能性……………164
　勝利の処方箋………………120
書面審理を中心とした計画審理…247

シラバス………………………18
信義誠実の原則………………111
心証中心型……………………230
信任状…………………………188
審問（hearing）………………247
信頼関係………………………115
信用できるコミットメント…139
　→クレディブル・コミットメント
(す)
スタイル………………………76
ステレオタイプ………………107
スパイ行為……………………100
(せ)
成功報酬制……………………215
世界貿易機構…………………237
　→WTO
説得技術………………………234
説得達成の相…………………151
説得の構造……………………157
説得力…………………………100
ゼロサム………………………70
　〜・ゲーム………………75, 233
世論……………………………186
戦争の9原則…………………120
洗脳……………………………5
戦略……………………………76
戦略的思考（法）……………119
戦略法務………………………201
(そ)
争議権…………………………209
相互依存………………………170
属人的な交渉技術……………100

311

事項索引

訴訟型ディベート･････････････････177
訴訟上の和解･･････････････････････228
訴訟の人口比率････････････････････214
訴訟を梃子にした交渉･･････････････214
ソクラテス方式････････････････････15
ソフト型･･････････････････････････76
損切り･･･････････････････････････203

た行

(た)
第三仲裁人･･･････････････････････246
代替案･･･････････････････････････125
タイプ・シグナル･････････････････140
対立・競争型交渉理論･････････････75
代理人交渉･･･････････････････････207
多数国間交渉･････････････････････180
団結権･･･････････････････････････209
団体交渉権･･･････････････････････209
(ち)
チーフ・ネゴシエーター･･････････95
知識は力なり･･･････････････････････5
仲裁･････････････････････････49, 176
　～手続････････････････････････244
　～判断････････････････････････249
　～申立書･･････････････････････245
仲裁人･･･････････････････････････246
仲裁人の選任･････････････････････246
仲裁法･･･････････････････････････239
仲調･････････････････････････････238
長期的な利益･････････････････････115
懲罰的賠償･･･････････････････････215

(て)
ディスカッション･････････････････174
ディスカバリー･･･････････････････215
提訴前の照会・証拠収集処分･･････220
提訴予告通知･････････････････････220
ディベート･･････････････23, 172, 176
的確で鋭敏な識別力･･･････････････98
敵対型交渉･･･････････････････････232
(と)
トゥールミン（スティーブン・E）
　････････････････････････････156
動議（motion）･･･････････････････175
当事者･･･････････････････････････126
当事者照会制度･･･････････････････221
東芝クレーマー事件･･･････････････205
答弁書･･･････････････････････････245
独占交渉義務･････････････････････222
独占交渉権･･･････････････････････222
特命全権大使･････････････････････188
トップダウン･････････････････････191
徒弟教育･････････････････････････31

な行

(な)
ナッシュ均衡･････････････････････137
(に)
２国間交渉･･･････････････････････180
ニコルソン（ハロルド）･････187, 209
日韓自由貿易協定交渉･････････････182
日米半導体合意･･･････････････････182
日本商事仲裁協会（JCAA）･･･････244

事項索引

日本人·················170, 177
　〜的交渉·······················156
日本の意思決定システム······194
認知バイアス····················161

は行

(は)
ハート（リデル）·········122, 123
ハード型···························76
ハーバード流交渉術······70, 75, 92
陪審·····························215
背水の陣························154
パイの大きさは決まっている······162
パイを大きくする················232
バトナ（→ BATNA）
判決三段論法····················177
反対尋問（cross examination）····248
反訳書（transcript）··············249
(ひ)
批准·····························208
批准書···························185
秘密交渉·························181
被申立人（respondent）··········245
評価······························17
　→交渉
評価基準··························56
　→交渉
(ふ)
フィッシャー（ロジャー）········104
フィッシャーとユリー············75
フォーマル······················175

付託事項書（terms of reference）
　······························248
付調停··························221
ブルウェアリズム················139
プレゼンテーション······22, 34, 45
文化······························89
文化心理学·····················166
文書化··························183
紛争解決交渉····················119
紛争調停委員会（DAB）·········238
　→ Dispute Adjudication Board
(へ)
ベイザーマン（マックス）········161
兵力集中の原則··················122
弁護士職務基本規程·············210
弁護士法························210
(ほ)
ポイズンピル条項················224
法·························157, 198
冒頭陳述（opening statement）····241
法律知識··················182, 198
保全処分························220
ボトムアップ····················191
ボトムライン（最低受忍限度）
　··························40, 80

ま行

(ま)
マインド・コントロール···········5
マスコミ対応····················204

313

事項索引

(み)
ミニ・トライアル (mini-trial) … 237
ミニ・マックス戦略…………………216
(め)
メンタル・モデル……………………150
(も)
申立人 (claimant) ………………245
模擬交渉………………………………16
目的……………………………………129
モルトケ(ヘルムート・G・フォン)
………………………………………119
漏れ聞かせる…………………………7
　〜説得……………………………154
問題解決型
　〜交渉……………………………70
　〜理論……………………………75

や行

(や)
約因 (consideration) ………………16
(ゆ)
UFJ グループの経営統合交渉……221
優越的地位の濫用……………………113
ユーザーユニオン事件………………111
(よ)
予防法務………………………………200

ら行

(ら)
ライファ(ハワード)………………88

(り)
リアリティ形成の相…………………151
利益………………………………99，183
利益相反………………………………126
利益の認識の誤謬……………………183
利害……………………………………104
利害関係………………………………129
立法事実アプローチ…………………157
利得行列………………………………136
了解覚書………………………………182
理論……………………………………76
稟議システム…………………………190
倫理……………………………………110
(れ)
レター・オブ・インテント…………240
(ろ)
労使交渉 (collective bargaining)
………………………………………162
労働運動指導者………………………209
労働組合………………………………209
労働者…………………………………209
ロール・プレイング…………………22
ロバート議事規則……………………175

わ行

(わ)
和解……………………………214，228
和解勧試………………………………221
和解条項の裁定………………………221
和解技術論……………………………233
枠づけ作用(フレーミング)………163

事項索引

分け前（分配型）交渉（distributive negotiation） ……………70, 72
「和」の文化…………………………115

(A)
ADR ………………………… 70, 237
　→ Alternative Dispute Resolution
　→ Amicable Dispute Resolution
all or nothing ………………………… 215
Alternative Dispute Resolution …… 237
Amicable Dispute Resolution ……… 237
arbitration …………………………… 244
(B)
bargain ……………………………… 162
bargaining range ……………… 125, 131
BATNA（Best Alternative To a Negotiated Agreement）
　………………… 8, 79, 125, 131, 198
Boulwareism ………………………… 139
(C)
claimant ……………………………… 245
collective bargaining ……………… 162
commitment ………………………… 138
conciliation ………………………… 236
consideraion ………………………… 16
credible commitment ……………… 139
cross examination ………………… 248
(D)
DAB（Dispute Adjudication Board） ………………………… 238
DCF（Discount Cash Flow） …… 285
debate ………………………………… 174

direct examinaion ………………… 248
distributive negotiation ……………… 72
Door-in-the-Face ……………………… 7
due diligence ……………………… 129
(E)
ENE（Early Neutral Evaluation）
　……………………………………… 237
Exhibit ……………………………… 245
(F)
feasibility …………………………… 284
first refusal right …………………… 28
entire agreement clause ……………… 29
Foot-in-the-door ……………………… 6
(H)
hearing ……………………………… 247
(I)
ICC …………………………………… 244
integrative（統合型）……… 298, 300
　→問題解決型交渉
Intercollegiate Negotiation Competition ……………………… 48
(L)
Low-Ball ……………………………… 7
(M)
Med-Arb …………………………… 238
mediation …………………………… 236
memorandum ………………………… 30
Memorandum of Understanding
　………………………………… 292, 293
mini-trial …………………………… 237
motion ……………………………… 175
MOU

315

事項索引

→ Memorandum of Understanding

(N)
Nash equilibrium ··················· 137
negotiation power ···················81

(O)
OEM (Original Equipment Manufacturer)
 ·· 240
opening statement ················· 241

(P)
parol evidence rule ··················29

(R)
respondent ··························· 245

(S)
signal ···································· 142
Socratic Method ······················15

(T)
terms of reference ················· 248
Tit-for-Tat strategy ·········· 86, 144
transcript ······························ 249

(U)
UNCITRAL 仲裁モデル法 ········· 239
UNCITRAL 仲裁規則 ··············· 244

(W)
win-win ······················37, 70, 76
WTO (World Trade Organization)
 ·· 237

編者紹介

太田　勝造（おおた・しょうぞう）

東京大学大学院法学政治学研究科教授。
東京大学法学部助手，名古屋大学法学部助教授，東京大学大学院法学政治学研究科助教授を経て現職。大学対抗交渉コンペ（Intercollegiate Negotiation Competition）運営委員。専門は，法社会学，現代法過程論，法と経済学，法と交渉，紛争解決。

主　著

『裁判における証明論の基礎』（弘文堂，1982年），『民事紛争解決手続論』（信山社，1990年），『社会科学の理論とモデル7　法律』（東京大学出版会2000年），"Traffic Accident in Japan:Law and Civil Dispute Resolution," in Ewoud Hondius(ed.), Modern Trends in Tort Law:Dutch and Japanese Law Compared, Kluwer Law International, 1999, pp. 79-93,「財の分配をめぐる紛争の手続的解決：ブラームス＆テイラー『公平な分け方』（1996年）の紹介」（小島武司（編）『ADRの実際と理論Ⅱ』中央大学出版部，2005年）40-67頁所収。

野　村　美　明（のむら・よしあき）

大阪大学大学院国際公共政策研究科（OSIPP），同高等司法研究科教授。
大阪大学法学部助手，大阪大学法学部教授を経て現職。大学対抗交渉コンペ（Intercollegiate Negotiation Competition）運営委員。専門は，国際取引法，国際私法，紛争解決。

主　著

『サイエンス・オブ・ロー事始め』共著（有斐閣，1998年），『論点解説　国際取引法』共編著（法律文化社，2002年），「債権流動化と国際私法—立法試案」単著『大阪大学法学部創立50周年論文集』（有斐閣，2002年），「米国の裁判管轄ルールからみたハーグ管轄判決条約案と日本の立場」単著『国際私法年報』第4号国際私法学会214-271頁（2003年），「国際的社債関係と強行法規の適用理論」単著『国際法外交雑誌』第102巻3号59-91頁（2003年），「法律家としての交渉力を高めるために—経験から学べるか—」単著『月刊司法書士』2004年7月号（No. 389）2-14頁。

交渉ケースブック

2005年4月14日　初版第1刷発行

編　者　太　田　勝　造・野　村　美　明

発行者　松　澤　三　男

発行所　株式会社　商事法務
〒103-0025　東京都中央区日本橋茅場町3-9-10
03(5614)5643(営業) ／ 03(5614)5649(編集)
http://www.shojihomu.co.jp/

落丁・乱丁はお取り替えいたします。　　印刷／中和印刷
© 2005 Shozo Ota, Yoshiaki Nomura　　Printed in Japan
Shojihomu Co., Ltd.

ISBN4-7857-1236-8
※定価はカバーに表示してあります。